Rainer Funk

Ich und Wir

Psychoanalyse des
postmodernen Menschen

Deutscher Taschenbuch Verlag

Von Rainer Funk herausgegeben
sind im Deutschen Taschenbuch Verlag erschienen:

Erich Fromm: Gesamtausgabe in zwölf Bänden (59043)
Erich Fromm heute. Zur Aktualität seines Denkens (36166)

Originalausgabe
Januar 2005
© 2005 Deutscher Taschenbuch Verlag GmbH & Co. KG,
München
www.dtv.de
Umschlagkonzept: Balk & Brumshagen
Umschlagbild: ›Abstraktes Bild‹ (1997) von Gerhard Richter
Satz: Greiner & Reichel, Köln
Gesetzt aus der Concorde 9,25/11,7˙
Druck und Bindung: Kösel, Krugzell
Gedruckt auf säurefreiem, chlorfrei gebleichtem Papier
Printed in Germany · ISBN 3-423-24444-5

Inhalt

Vorwort

Ich und Wir: Der Titel dieses Buches weckt vermutlich ganz unterschiedliche Vorstellungen. Mit »Ich« und »Wir« sind keine abstrakten philosophischen oder psychologischen Konzepte gemeint, vielmehr benennen sie das Erleben von immer mehr Menschen. Viele sagen heute ganz bewusst »ich« und wollen sich in ihrem Ich erleben, ohne deshalb egoistisch zu sein.

Es ist aber nicht nur das neue »Ich-Sagen« und »Ich-Erleben«, das für die einen so unverzichtbar und für andere so gewöhnungsbedürftig ist. Es gibt auch ein neues »Wir-Erleben«, eine neue Art von Sozialität und Gemeinsinn, die sich in einem »Wir-Gefühl« niederschlägt, das für die einen ebenfalls immer unverzichtbarer wird, von anderen skeptisch beäugt oder aber als neues Verantwortungsgefühl gepriesen und – missverstanden wird.

Gemäß dem hier gewählten psychoanalytischen Verstehensansatz resultieren beide neuen Formen des Ich- und des Wir-Erlebens aus einer *Ich-Orientierung*, um deren Beschreibung und Deutung es in diesem Buch vor allem geht. Mit »Ich-Orientierung« ist eine psychische Grundstrebung – eine neue Charakterorientierung – gemeint, die zunehmend das Denken, Fühlen und Handeln von Menschen kennzeichnet, welche von postmodernen Lebensverhältnissen und Lebenswelten geprägt sind.

Bei der Illustration der Persönlichkeits- und Charakterzüge des postmodernen Menschen kann der Eindruck entstehen, dass nun alle Menschen ich-orientiert seien. Jede charakterologische Typisierung leidet darunter, dass sie das Typische in einer Weise herauszuarbeiten versucht, als ob es gar nichts anderes mehr gäbe. Was die postmoderne Ich-Orientierung betrifft, so sollte man sich vergegenwärtigen, dass sie nach bisherigen empirischen Untersuchungen in Deutschland derzeit nur bei etwa acht bis zwölf Prozent der Bevölkerung als dominierende Grundstrebung nachzuweisen ist. Allerdings zeigt sie sich vor allem bei jenen Menschen, die beruflich mit der Inszenierung von Lebenswelten und mit den diese vermittelnden Medien zu tun haben, so dass ihre öffentliche Präsenz stärker ist.

Bei den meisten Menschen lässt sich eine Mischung aus unterschiedlichen Charakterorientierungen ausmachen, die – weil Charakterorientierungen immer als triebhaft erlebte Grundstrebungen zu begreifen sind – auch verständlich machen, warum in einer Umbruchszeit wie der gegenwärtigen so viele Menschen in ihrem Verhalten uneindeutig und widersprüchlich sind.

Empirische Befunde für die hier vorgestellten Beobachtungen und psychoanalytischen Deutungen der Ich-Orientierung werden nicht mitgeteilt, obwohl die Entstehung dieses Buches begleitet war von meiner Mitarbeit an einer empirischen Untersuchung, die vom Sozialwissenschaftlichen Institut für Gegenwartsfragen Mannheim (SIGMA) durchgeführt wird und den postmodernen Charakter, der hier analysiert wird, zum Gegenstand hat. Eine Veröffentlichung ist in nächster Zukunft an anderer Stelle geplant.

Durch die Mitarbeit an dieser empirischen Untersuchung habe ich viele Erkenntnisse über das »postmoderne Milieu« gewonnen, das seit den neunziger Jahren von Jörg Ueltzhöffer, dem Schöpfer des Modells des »Sozialen Milieus« und Leiter von SIGMA, erforscht wird. Von ihm und den Politologen Gerd Meyer und Rolf Frankenberger, die diese empirische Untersuchung ebenfalls mit vorbereitet haben, erhielt ich viele Hinweise und Anregungen für die Ausarbeitung der Persönlichkeitszüge postmoderner Menschen. Die gemeinsame Arbeit an der Formulierung von Items zur empirischen Erforschung des postmodernen Charakters und der fruchtbare Gedankenaustausch vor allem mit Gerd Meyer haben zugleich den Blick für Gemeinsamkeiten und Unterschiede soziologischen und psychoanalytischen Fragens geschärft.

Zu danken habe ich aber auch vielen Gesprächspartnern und Kennern des Werkes von Erich Fromm, von dessen psychoanalytisch-sozialpsychologischem Ansatz aus ich diese neue Charakterorientierung entwickelt habe. Stellvertretend für die zahlreichen Gespräche mit Mitgliedern der Internationalen Erich-Fromm-Gesellschaft in den letzten fünfzehn Jahren seien hier neben Gerd Meyer (Tübingen) Bernd Sahler (Freiburg), Michael Maccoby (Washington), Salvador Millán und Sonia Gojman (Mexico City), Wolfgang G. Weber (Innsbruck) und Peter Kuron (Bremen) genannt.

Wenn Gedanken, die über viele Jahre diskutiert wurden und gereift sind, schließlich die Form eines Buches annehmen, bedarf es

weiterer anregender und kritischer Prüfung des zu Papier Gebrachten. Hier möchte ich meiner Frau Renate Oetker-Funk und
meinem Sohn Martin für die vielen Verbesserungsvorschläge und
Korrekturen bei der Durchsicht des Manuskripts ebenso danken
wie Jan Dietrich. Beflügelt hat mich die gute Aufnahme der Buch-
idee beim Deutschen Taschenbuch Verlag. Hier gilt mein besonderer Dank Dr. Andrea Wörle und Hannelore Hartmann, die das
Buch mit Sprachgefühl und Hingabe lektoriert hat.

Tübingen, im Sommer 2004   Rainer Funk

Einleitung: Den postmodernen Menschen verstehen

Jede grundlegende Veränderung in Wirtschaft und Gesellschaft führt auch zu einer Veränderung der Persönlichkeit. Solche Persönlichkeitsveränderungen fallen dort besonders auf, wo sie gehäuft in Erscheinung treten, etwa in einer bestimmten gesellschaftlichen Schicht, Berufsgruppe, Altersgruppierung, Szene, Subkultur, Lebenswelt beziehungsweise in einem bestimmten Milieu. Hier bildet sich ein neuer Persönlichkeitstypus aus, der das Verhalten beim Denken, Fühlen und Handeln der betreffenden Menschen wesentlich beeinflusst. Aber nicht nur das Verhalten bestimmt sich weitgehend von diesem neuen Persönlichkeitstypus her. Mit ihm sind auch Wertvorstellungen und Bilder von sich selbst, vom anderen, von der Umwelt, von der Zukunft, von den eigenen Möglichkeiten und Grenzen verknüpft, durch die sich dieser neue Persönlichkeitstypus von anderen etablierten Typen unterscheidet. Das gehäufte Auftreten eines neuen Persönlichkeitstypus hat deshalb immer auch etwas Provokatives, durch das sich Menschen dieses Typus faktisch abgrenzen und unterscheiden.

»Ich bin ich, insofern ich ich bin«

Die Provokation der gegenwärtig zu beobachtenden neuen Art zu leben lautet: »Ich bin ich, insofern ich ich bin.« Offensichtlich ist es immer mehr Menschen ein Bedürfnis und eine Lust, frei von allen Vor- und Maßgaben, Bindungen, Bevormundungen und allem Angewiesensein über sich selbst bestimmen und verfügen zu können. Das Credo ihrer Lebensart und Lebenskunst ist deshalb eine provozierende Selbstsetzung: »Ich bin ich, insofern *ich* bin, und du bist du, insofern du *du* bist.« Dies klingt ziemlich egoistisch oder gar narzisstisch, ist es aber, wie zu zeigen sein wird, nicht.

Auch geht es dieser Ich-Orientierung nicht um eine Überwindung autoritärer Strukturen und totalitärer Abhängigkeiten. Im bewussten Erleben richtet sie sich primär überhaupt nicht *gegen* etwas, sondern ist *für* etwas: für die freie, spontane Ich-Setzung als Antwort auf eine Lebenserfahrung, die einerseits ungeahnte Möglichkeiten einer faszinierenden Selbsterzeugung von Wirklichkeit beinhaltet, andererseits eine sinnvolle Reaktion auf das Wegbrechen aller stützenden Strukturen und Wertorientierungen in Wirtschaft und Gesellschaft darzustellen scheint.

Die Ich-Orientierung ist eine neue Art zu leben. Sie entspringt einem Persönlichkeitstypus, den es in dieser Verbreitung und öffentlichen Anerkennung als Modell eines zeitgemäßen Lebens bisher noch nicht gegeben hat. Der neue Persönlichkeitstypus ist ein sozialpsychologisches Phänomen, das nicht nur im Zusammenhang mit den großen Veränderungen in Wirtschaft und Gesellschaft zu sehen ist, sondern auch mit der so genannten Postmoderne in Philosophie, Kunst, Literatur- und Sozialwissenschaft, insofern diese ihren Niederschlag in postmodernen Lebenswelten und Lebensstilen gefunden hat.

Wer sich mit der postmodernen Ich-Orientierung befasst, wird – nach herkömmlichen Vorstellungen und Maßstäben – mit widersprüchlichen Verhaltenseigentümlichkeiten konfrontiert, die der Postmoderne aber widerspruchsfrei lebt. Der Wunsch nach freier und spontaner Selbstbestimmung schließt seinen Wunsch nicht aus, dazuzugehören und in einem Team zu Hause zu sein. Mit sich selbst identisch erlebt er sich höchstens in einer Art Patchwork-Identität, so dass es kein durchgängiges »Eigentümliches« mehr gibt, und gleichzeitig hängt für ihn fast alles davon ab, wie authentisch ein anderer oder er selbst ist. Für die meisten postmodernen Menschen ist es kein Widerspruch, völlig ich-bestimmt zu leben und zugleich ein starkes Bedürfnis nach Verbundensein zu spüren und zu realisieren. Ich-Orientierung und Wir-Gefühl schließen sich nicht aus. So sehr sich zwar Ich-Orientierung und *Ge*bundensein ausschließen, so wichtig und zentral ist das Erleben von *Ver*bundensein für den Ich-Orientierten.

»Verbunden zu sein macht frei«

Das zweite Credo des Ich-Orientierten lässt sich mit Jeremy Rifkin (2000, S. 322) so formulieren: »Verbunden zu sein macht frei.« Das ist in der Tat für alle, die mit dem Wunsch nach Freiheit von Bindungen groß geworden sind, eine provozierende Alternative.

Wie lassen sich nun die vom postmodernen Ich-Orientierten widerspruchsfrei gelebten Bekenntnisse psychodynamisch als Ausdrucksweisen ein und derselben Charakterorientierung erklären?

Für die Lösung dieses Problems hat Erich Fromm ein Modell geliefert, als er bei der autoritären Orientierung, der es immer um ein Angezogensein von Herrschaft geht, zwischen einer »aktiven« und einer »passiven« Form unterschied: Es gibt eine Leidenschaftlichkeit, Herrschaft in einer mehr oder weniger sadistischen Weise auszuüben, und eine Leidenschaftlichkeit, Herrschaft in einer mehr oder weniger masochistischen Weise zu erleiden. Die sadistische Ausrichtung manifestiert sich sowohl gegenüber der Welt außerhalb des eigenen Selbst (als Wunsch nach Beherrschung anderer) wie auch gegenüber dem eigenen Selbst (als Selbstbeherrschung, Selbstdisziplinierung usw.). Die masochistische Ausrichtung manifestiert sich sowohl anderen gegenüber als Wunsch, sich zu unterwerfen, niedergemacht und beherrscht zu werden, wie auch sich selbst gegenüber als Wunsch, sich zu quälen, zu leiden, sich aufzuopfern, selbstlos zu sein usw.

Ähnlich wie bei der autoritären Orientierung lässt sich auch bei der postmodernen Ich-Orientierung zwischen einer aktiven und einer passiven Art unterscheiden. Diese Unterscheidung ermöglicht die Erklärung vieler widersprüchlich anmutender Verhaltensmerkmale und Charakterzüge und fördert zugleich die Sensibilität für jene gesellschaftlichen Phänomene, die, weil der passiven Art der Ich-Orientierung entspringend, von den meisten Soziologen und Sozialpsychologen übersehen, nicht mit dem postmodernen Persönlichkeitstypus in Verbindung gebracht oder als Überwindung der Ich-Orientierung auf eine neue Sozialität hin interpretiert werden.

Eine »postmoderne« Charakterorientierung

In diesem Buch wird die postmoderne Ich-Orientierung als Persönlichkeitstypus und Charakterorientierung vorgestellt. Mit Recht darf gefragt werden, was hier eigentlich unter »postmodern« verstanden wird. Tatsächlich interessiert beim Begriff »postmodern« und seinem Gebrauch im charakterologischen Zusammenhang weniger der Anspruch postmoderner Philosophie als vielmehr die Rezeption postmoderner Lebensart, die sich freilich ihrerseits auf Repräsentanten der Postmoderne bezieht.

Die Literatur zur Postmoderne und der Gebrauch des Begriffs vor allem in Philosophie, Kunst, Literatur- und Sozialwissenschaften ist kaum noch zu überblicken, von Wolfgang Welsch aber eindrucksvoll zur Darstellung gebracht worden (W. Welsch 1997, vgl. auch J.-F. Lyotard 1999 und Z. Bauman 1999). Postmodernes Denken wurde vor allem in der Architektur und Philosophie entwickelt, aber auch durch vergleichende kulturanthropologische und ethnologische Forschungen gefördert, die alle darauf hinweisen, dass unsere Sicht von Mensch und Wirklichkeit immer unser eigenes Konstrukt ist, so dass es *die* Wirklichkeit als eine definitiv erkennbare, vorgegebene Realität nicht gibt. Will man Wirklichkeit erkennen, so gilt es, sie zu inszenieren und zu konstruieren, und zwar so, dass alles Vorgegebene »dekodiert« und »dekonstruiert« wird. Dies gilt auch für jede Vorstellung und für jedes Bild von dem, was der Mensch ist. Selbst die Vernunft ist »plural« geworden. »In der Dekonstruktion grundlegender Koordinaten modernen Selbstverständnisses sind vor allem Vorstellungen von Einheit, Kontinuität, Kohärenz, Entwicklungslogik oder Fortschritt in Frage gestellt worden« (H. Keupp 1999, S. 30).

Was der Moderne mit ihrer aufklärerischen Ratio heilig war, wird durch postmodernes Denken in Frage gestellt. In dieser Hinsicht zeigt sich sogar eine gewisse Gemeinsamkeit zwischen psychoanalytischem und postmodernem Denken. Beide zweifeln generell am Vorgegebenen und Behaupteten, und beide setzen auf die Dekodierung, Demaskierung und Relativierung dessen, was als »natürlich«, »vernünftig«, »sachgemäß« und als »gesunder Menschenverstand« ausgegeben wird. Die psychoanalytische Vorstellung allerdings, dass es hinter der bewussten Realität noch eine andere – verhüllte, entstellte, verfremdete, unbewusste – Realität gibt, die es aufzudecken gilt, teilt postmodernes Denken nicht. Dieses will meist zu keiner tieferen oder anderen Wirklichkeit vorstoßen. Im Gegenteil, es sieht in einem solchen Versuch die eigentliche Hybris und Bevormundung durch Aufklärung und Moderne.

Es ist hier nicht der Ort, philosophisch auf Grenzen postmoderner Ansprüche einzugehen. Denn sie kümmern wenig, wenn es um die postmoderne Art zu leben geht. Die wichtigsten Hinweise zur Beschreibung der postmodernen Charakterorientierung sind denn auch dort zu finden, wo die postmoderne Lebensart propagiert und inszeniert wird: in den zur Schau gestellten Lebenswelten der Unterhaltungs- und Freizeitindustrie, in der Werbung, in der Trend- und so genannten Zukunftsforschung, in der Milieu- und Konsumforschung, in den Marketingstrategien erfolgreicher Wirtschaftsunternehmen oder etwa in den Publikationsorganen und Medien, die sich dem postmodernen Lifestyle verschrieben haben.

Psychoanalytische Zugänge

Während von soziologischer und sozialpsychologischer Warte aus eine ganze Reihe von Beschreibungen spät- oder postmoderner Gesellschaftsverständnisse vorliegt, deren wichtigste im deutschen Sprachraum die von Ulrich Beck und Gerhard Schulze sind, gibt es bisher nur wenige psychoanalytisch ausgerichtete Versuche, diesen neuen Persönlichkeitstypus zu beschreiben und insbesondere seine Psychodynamik aufzuweisen. Ein solcher Versuch muss gleich mehrere Hürden nehmen. Zum einen ist in der Öffentlichkeit soziologisches Denken eher verbreitet, dem gegenüber psychologisches Fragen und Verstehen bereits ein gewagtes Unterfangen darstellt. Zum anderen dominieren in der Psychologie kognitions- und verhaltenspsychologische Ansätze, die – um (natur-)wissenschaftlichen Standards gerecht zu werden – gesellschaftliches Verhalten unabhängig von den sich verhaltenden Subjekten zu erforschen suchen. Gleichzeitig hat sich die Psychoanalyse immer mehr auf die Erforschung unbewusster pathogener Aspekte des Einzelnen konzentriert und die eigenen fruchtbaren Ansätze für eine psychoanalytische Sozialpsychologie – wie etwa die von Erich Fromm – vernachlässigt.

Die Psychoanalyse versucht, zwischen bewusstem und unbewusstem Denken und Wahrnehmen zu unterscheiden; sie gibt sich nie nur mit dem Alltagsbewusstsein von Menschen zufrieden, sondern fragt weiter nach dem unbewussten Ich-Erleben. Darüber hinaus geht sie davon aus, dass es einen Grund gibt, warum bewusstes und unbewusstes Ich-Erleben manchmal verschieden sind. Diesen Grund sieht sie darin, dass menschliches Verhalten nicht nur auf bestimmte Reize reagiert, sondern ganz oft von eigenen, triebhaft erlebten Strebungen bestimmt ist. Da solche Strebungen zu den Bildern und Erwartungen, die andere von einem haben oder die man selbst von sich hat, in Widerspruch stehen können, dürfen sie nicht zu Bewusstsein kommen beziehungsweise müssen sie verdrängt werden.

Jede psychoanalytische Persönlichkeitstheorie geht davon aus, dass die typischen Verhaltensreaktionen des Menschen durch psychische Antriebskräfte (dynámeis) mitbestimmt sind, die dem Verhalten eine ganz bestimmte bewusste oder auch unbewusste Leidenschaftlichkeit verleihen und zugleich der Grund für ein relativ persönlichkeitskonformes (= charakterliches) Verhalten sind. Sie versucht also, Verhalten »psychodynamisch« von solchen psychischen Antriebskräften her zu erklären.

Mit diesem psychoanalytischen Ansatz wird in diesem Buch die Ich-Orientierung als neue Charakterorientierung analysiert. Charakter-*Orientierung* meint dabei immer eine Grundstrebung, die dem Verhalten einen ganz bestimmten leidenschaftlichen Wollensausdruck verleiht. Ist dieser unbewusst, so lässt er sich nur über eine Deutung von Verhaltensmerkmalen ermitteln. Solche Deutungen sind für viele ein Stein des Anstoßes; sie sehen darin eine Besserwisserei und ein wertendes Wissenschaftsgebaren der Psychoanalyse. Ersteres mag manchmal zutreffen; Letzteres beruht auf einer Verwechslung von deutendem Verstehen und Wertung.

Seit Sigmund Freud werden solche Antriebskräfte als Charakterorientierungen aufgefasst, die sich in spezifischen Charakterzügen manifestieren. Im Unterschied zu anderen Verhaltensmanifestationen (wie etwa modischem Verhalten, reflexartigem oder suggeriertem Verhalten) zeichnet sich charakterbedingtes Verhalten also dadurch aus, dass es von bewussten und unbewussten psychischen Antriebskräften motiviert wird.

Wenn die postmoderne Ich-Orientierung tatsächlich eine eigenständige Charakterorientierung ist, dann lässt sich das, was postmodernes Verhalten auszeichnet, nicht auf eine andere Charakterorientierung und die für diese typische Ich-Bestimmung (wie Egoismus, Narzissmus, Autismus, Subjektivismus, autoritäre Bevormundung, Ich-Vermarktung, Autonomiestreben) zurückführen, sondern stellt eine Antriebskraft sui generis dar. Um den Aufweis der Psychodynamik der postmodernen Ich-Orientierung als Charakterorientierung soll es in diesem Buch gehen.

Von Freud zu Fromm

Die von Sigmund Freud entwickelte Charaktertheorie hat durch das von Erich Fromm erarbeitete Konzept des Gesellschafts-Charakters eine wesentliche Erweiterung erfahren. Der Gesellschafts-Charakter hat nämlich unter anderem auch die Funktion eines Filters für das, was bewusst wird, und für das, was unbewusst bleiben oder mittels Verdrängung und Verleugnung unbewusst gemacht werden muss. Mit der von Fromm entwickelten Analytischen Sozialpsychologie lässt sich nicht nur die postmoderne Ich-Orientierung charakterologisch fassen und in ihrer psychischen Dynamik von anderen Charakterorientierungen abgrenzen, sondern lassen sich auch das gesellschaftliche Unbewusste und Verdrängte ermitteln. Fromm selbst hat dies für einige Gesellschafts-Charakterorientierungen wie etwa die autoritäre Orientierung oder die Marketing-Orientierung getan, nicht mehr jedoch für die postmoderne Ich-Orientierung. Die hier vorgelegten Erkenntnisse zur Psychoanalyse des postmodernen Menschen referieren zwar nicht Fromm, sind aber gleichwohl das Ergebnis der Anwendung seines psychoanalytischen Ansatzes auf die gegenwärtige Situation.

Mit »Psychoanalyse« verbinden die meisten Menschen Freuds Theorie eines Sexualtriebs, der sich im Laufe der ersten Lebensjahre nach einer ihm innewohnenden Dynamik entwickelt. Der Umwelt kommt bei der Ausbildung der zahlreichen bewussten und unbewussten Teilstrebungen nur eine modifizierende Rolle zu. Das Triebkonzept Freuds schien besonders geeignet, die fordernde und »triebhafte« Eigenart seelischen Wollens begrifflich zu sichern. Tatsächlich zeichnet sich zwanghaftes, süchtiges und anderes neurotisches und symptomatisches Verhalten, aber auch charakterbedingtes Verhalten dadurch aus, dass es sich selbst dann durchzusetzen trachtet, wenn es kontraproduktiv oder für den Betreffenden schädlich ist. Das wie von einem Trieb gesteuerte »*triebhafte*« *Erleben* rechtfertigt dennoch nicht, das seelische Wollen mit einer Art biologischem Trieb zu erklären. Vor allem der interkulturelle Vergleich und der sozialpsychologische Versuch, Gemeinsamkeiten des Denkens, Fühlens und Handelns in sozialen Gruppen zu erklären, brachten Psychoanalytiker schon früh dazu, das triebhafte Erleben nicht mit dem Triebkonzept zu erklären.

Bei der Frage, wie es zu einer Charakterbildung kommt, die Menschen ähnlich denken, fühlen und handeln lässt, hat sich Fromm schon in den dreißiger Jahren des letzten Jahrhunderts von der Triebtheorie Freuds losgesagt. Für Fromm hängen die Inhalte des Gesellschafts-Charakters »von den Notwendigkeiten einer bestimmten Gesellschaft ab, die den Charakter des Einzelnen so formen, dass die Menschen das tun *wollen*, was sie tun *müssen*, damit das richtige Funktionieren der Gesellschaft gewährleistet ist. Was sie zu tun wünschen, hängt von den in ihrem Charakter dominierenden Leidenschaften ab, die von den Notwendigkeiten und Erfordernissen eines bestimmten gesellschaftlichen Systems geformt wurden« (E. Fromm 1979a, GA VIII, S. 307).

Dem Gesellschafts-Charakter kommt also eine wichtige, gesellschaftsstabilisierende Funktion zu, denn es ist seine Aufgabe, »die Energien der Mitglieder dieser Gesellschaft so zu formen, dass ihr Verhalten nicht von ihrer bewussten Entscheidung abhängt, ob sie sich an das gesellschaftliche Modell halten wollen oder nicht [...], und dass es ihnen zugleich eine Befriedigung gewährt, sich den Erfordernissen der Kultur entsprechend zu verhalten« (E. Fromm 1962a, GA IX, S. 90).

Das charakterbedingte Streben wird also sehr wohl wie ein triebhaftes Streben erlebt, doch entspringt das rivalisierende, fürsorgliche, destruktive oder helfende Streben keiner intrinsischen Triebdynamik, sondern ist das Ergebnis eines Anpassungsprozesses psychischer Bedürfnisse an gesellschaftliche Erfordernisse. Dabei ist es die Gesellschaft, die bestimmt, welche Gedanken und Gefühle ins Bewusstsein des Einzelnen gelangen dürfen und welche unbewusst bleiben müssen. »Genauso wie es einen Gesellschafts-Charakter gibt, gibt es auch ein *gesellschaftliches Unbewusstes*« (E. Fromm 1962a, GA IX, S. 96).

Die Entwicklung und Prägung von Gesellschafts-Charakterorientierungen lassen sich Fromm zufolge nur adäquat aus dem »gemeinsamen Lebensschicksal« (E. Fromm 1930a, GA VI, S. 16 sowie ders. 1931b, GA I, S. 32) beziehungsweise der »Lebenspraxis der Gruppe« (1992e [1937], GA XI, S. 173) begreifen, die für jene Menschen kennzeichnend ist, die sich durch ein ähnliches Denken, Fühlen und Handeln auszeichnen. Dies gilt natürlich auch dort, wo es um die Entstehung einer neuen Gesellschafts-Charakterorientierung wie der postmodernen Ich-Orientierung geht.

Soziologische Zugänge

Im Bereich der deutschsprachigen Sozialwissenschaften hat vor allem Ulrich Beck aufgezeigt, wie die Modernisierung »zu einer dreifachen ›Individualisierung‹« führt: nämlich erstens zu einer »*Herauslösung* aus historisch vorgegebenen Sozialformen und -bindungen«, die den Menschen freisetzt; zweitens zu einem »*Verlust von traditionalen Sicherheiten*« und drittens zu einer »*neuen Art der sozialen Einbindung*« (vgl. U. Beck 1986, S. 106). Die Auswirkungen der »zweiten Moderne« haben zum gegenwärtigen Epochenbruch und zur »Risikogesellschaft« geführt. Diese ist durch ökologische Krisen, zurückgehende Erwerbsarbeit, Individualisierung, Globalisierung und Geschlechterrevolution gekennzeichnet; gleichzeitig haben »die leitenden Ideen und damit auch die aufeinander verweisenden institutionalisierten Kernantworten der ersten Moderne ihre Selbstverständlichkeit und Überzeugungskraft« verloren (U. Beck 1999, S. 28). Das »Rollenmodell des sozialen Lebens, nach dem das eigene Leben als Kopie nach der Vorgabe traditionaler Blaupausen gelebt werden konnte«, laufe aus. »Das Bildungssystem, die Arbeitsmarktdynamik, Karrieremuster, ja Mobilität und Märkte ganz im Allgemeinen haben individualisierende Konsequenzen. Flexibilisierung der Erwerbsarbeit bedeutet Individualisierung von Risiken und Lebenszusammenhängen« (U. Beck 2001, S. 3). So führt für Beck der Individualisierungsdruck dazu, dass »die Kopisten-Existenz durch die dialogische Existenz, dialogische Imagination, in welcher die Gegensätze der Welt überbrückt werden«, ersetzt werden müsse (a. a. O. S. 4; vgl. auch U. Beck und W. Bonss (Hg.) 2001 sowie U. Beck und P. Sopp 1997).

Für Gerhard Schulze (2003) ist die »Idee des Mehrkönnens« jene gesellschaftliche Leitidee, die in der Gegenwart dominiert. Keine andere Idee »hat Denken, Alltagsbeziehungen, Institutionen und Konstruktionen so sehr geprägt« (a. a. O., S. 183). Schulze hat dabei auch jenen Bereich im Blick, der für eine psychologische Betrachtungsweise besonders relevant ist. Die Idee des Mehrkönnens verwirklicht sich nämlich auch »beim Umgang mit sich selbst als Hinausschieben der Grenzen, die einem auf Grund körperlicher, emotionaler und kognitiver Eigenschaften zunächst gesetzt sind« (a. a. O.). Die Faszination des Mehrkönnens führt zu einer gegenwärtigen Überbetonung der »Sichtweise des Könnens«, weshalb ihr Schulze als zweite Dimension eine »Sichtweise des Seins« an die Seite stellt (a. a. O., bes. S. 181–189) und eine Soziologie des Seins (S. 273–303) entwirft.

Das soziologische Verstehen des postmodernen Menschen bei Schulze zeigt eine gewisse Affinität zu dem hier vorgelegten psychoanalytischen Erklärungsversuch. Wie in Teil III aufgezeigt wird, bestimmt die Bevorzugung »gemachten Vermögens« (das heißt des im weitesten Sinne instrumentellen Könnens) gegenüber dem »menschlichen Vermögen« (dem Erleben des Seins auf Grund der Praxis von menschlichen Eigenkräften) die Psychodynamik der postmodernen Orientierung. Damit ist aber auch schon das Ende der Gemeinsamkeit eines soziologischen und eines psychoanalytischen Verstehensansatzes angezeigt.

Mit Entschiedenheit wehrt sich Schulze gegen den Versuch, die Sichtweise des Könnens und die Sichtweise des Seins als Alternativen, ähnlich der von »Haben oder Sein« bei Fromm, zu fassen. »Aus dem historischen Ungleichgewicht zugunsten des Könnens lässt sich nicht die Forderung nach einem neuen Ungleichgewicht zugunsten des Seins ableiten« (G. Schulze 2003, S. 189). Dass mit der bewussten Überbetonung der Sichtweise des Könnens (oder der Orientierung am Haben) auch ein unbewusstes Defizit bei der Sichtweise des Seins kompensiert werden kann, liegt für eine soziologische Betrachtungsweise außerhalb der gewählten Perspektive und wird deshalb als »Utopie einer neuen Eindimensionalität des Seins« (a. a. O., S. 369) abgetan.

Eine solche soziologische Perspektive ist nur am »Alltagsbewusstsein« interessiert, und dieses »kümmert sich nicht um die philosophische Entfremdung seiner Begriffe« (a. a. O., S. 181) und – so ließe sich ergänzen – erst recht nicht um die Entfremdung der Träger dieses Alltagsbewusstseins. An diesen Trägern aber ist eine psychoanalytisch orientierte Sozialpsychologie interessiert.

Andere soziologische Perspektiven kommen dem Erkenntnisgegenstand psychoanalytischer Sozialpsychologie in dieser Hinsicht näher. So versucht etwa das von Jörg Ueltzhöffer entwickelte Modell des »Sozialen Milieus«, »die Tiefenstruktur sozialer Differenzierung zu erfassen«; mit seinen Milieumodellen zielt dieser Ansatz »auf den *ganzen* Menschen, auf das gesamte Bezugssystem seiner Lebenswelt« (J. Ueltzhöffer, B. B. Flaig und Th. Meyer 1997, S. 57 f., vgl. J. Ueltzhöffer 2000, S. 15–17).

Kontrovers wird zwischen psychoanalytischen und soziologischen Ansätzen vor allem die psychologische *Wertung* der postmodernen Ich-Orientierung diskutiert. Dabei geht es nicht um die Frage, ob die postmoderne Ich-Orientierung etwas Anormales ist, im Gegenteil, sie wird mehr und mehr zur Normalität, und es steht außer Zweifel, dass Menschen umso erfolgreicher sind und sich positiv selbst erleben können, je besser und konfliktfreier sie psychisch mit den Erfordernissen der postmodernen Ich-Orientierung identifiziert sind und diese internalisiert haben. Es geht vielmehr um die Frage der psychischen Gesundheit, die wesentlich davon abhängt, wie sich Menschen unbewusst erleben. Je mehr bewusstes Erleben und unbewusste Befindlichkeit im Konflikt miteinander sind, desto stärker und stabiler müssen die psychischen Abwehrkräfte gegen das Bewusstwerden der eigenen unbewussten Befindlichkeit sein. Sind sie es nicht, dann kommt es zu psychischen und psychosomatischen Symptombildungen und Leidenszuständen.

Auch bei der Wertung des postmodernen Menschen wird auf ein Verständnis von Erich Fromm zurückgegriffen. Fromm unterscheidet sehr klar zwischen dem, was eine bestimmte Gesellschaft zu ihrem Funktionieren an psychischer Anpassungsleistung in Form von charakterbedingtem Verhalten braucht, und dem, was der Mensch zu seinem *menschlichen* Gelingen charakterologisch braucht. Zu Letzterem hat Fromm mit seinen Vorstellungen zur »produktiven Orientierung« ein Modell gelingenden Menschseins skizziert. Das, was eine Gesellschaft zu ihrem Funktionieren psychisch vom Einzelnen fordert, kann dazu führen, dass sich der Mensch bei seiner Anpassung an das gesellschaftlich Erforderliche immer weiter von dem entfernt, was er zu seinem menschlichen Gelingen braucht. Der Mensch entfremdet sich dann immer mehr von seinen eigenen Möglichkeiten, indem er diese erst gar nicht entwickelt oder sie verdrängt und verleugnet, um dem gesellschaftlich Normalen gerecht zu werden. Aus psychoanalytischer Perspektive, das heißt unter Einbezug der unbewussten Befindlichkeit, muss in diesem Fall davon gesprochen werden, dass der gesellschaftlich gut Angepasste und Funktionierende in Wirklichkeit an einer Pathologie der Normalität leidet, weil er seinen eigenen produktiven Möglichkeiten entfremdet ist.

Zu Aufbau und Inhalt des Buches

Was erwartet den Leser auf den folgenden Seiten? In Teil I geht es um die *Entstehung der postmodernen Ich-Orientierung*. Aus der Fülle der wirtschaftlichen und gesellschaftlichen Entstehungsbedingungen werden jene hervorgehoben, die unter psychologischer Perspektive die Herausbildung der postmodernen Ich-Orientierung besonders begünstigen. Die Frage, welchen *Stellenwert* wirtschaftliche und gesellschaftliche Entwicklungen bei der Entstehung einer neuen Charakterorientierung haben, soll hier nicht im Einzelnen diskutiert werden. (Vgl. dazu die Ausführungen in R. Funk 2005 sowie R. Funk 2000 und 2003a.)

Teil II gibt eine detaillierte *Beschreibung des postmodernen Menschen*, und zwar sowohl des aktiven Typus als auch des passiven Typus. Auf der deskriptiven Ebene bleibend, werden zunächst die Persönlichkeitszüge des aktiven, dann die des passiven Ich-Orientierten vorgestellt. (Ein tabellarischer Überblick findet sich im Anhang.) In einem weiteren Abschnitt werden ausgewählte Charakterzüge der aktiven und passiven Ich-Orientierung im Vergleich beschrieben, um diese neue Charakterorientierung möglichst plastisch vor Augen zu führen.

In Teil III geht es um die *Psychoanalyse der postmodernen Ich-Orientierung*. Erst in diesem Teil kommen der psychoanalytische Ansatz und das psychoanalytische Verständnis der postmodernen Ich-Orientierung als einer *nicht-produktiven* Charakterorientierung zum Ausdruck. Diese Deutung ergibt sich aus der Berücksichtigung des unbewussten Ich-Erlebens des Ich-Orientierten und führt zum Aufweis der Entfremdungsdynamik des Ich-Orientierten. Von hier aus ist es dann möglich, die pathogenen Wirkungen der Ich-Orientierung zu erörtern, wobei sich diese Erörterung auf die psychopathogenen Wirkungen beschränkt und andere, vor allem die soziopathogenen Auswirkungen, unberücksichtigt bleiben.

Die aus der psychoanalytischen Deutung erwachsende kritische Sicht der postmodernen Ich-Orientierung als einer *nicht-produktiven* Charakterorientierung macht die Untersuchung des unterschiedlichen Menschenbildes postmodernen und psychoanalytischen Denkens unausweichlich. Vor allem lässt die kritische Deutung der Ich-Orientierung fragen, unter welchen Voraussetzungen psychoanalytisch von einer *produktiven* Charakterorientierung gesprochen werden kann. Unter dem Blickwinkel *Produktivität und postmoderne Ich-Orientierung* wird in Teil IV zunächst diesen Fragen nachgegangen. Dabei wird Fromms Verständnis von produktiver Charakterorientierung aufgenommen, um in einem abschließenden Abschnitt die Möglichkeiten auszuloten, inwieweit postmoderne Menschen auch über eine produktive Charakterorientierung verfügen und wie sich produktive von nicht-produktiven Postmodernen unterscheiden.

Teil I

Zur Entstehung der postmodernen Ich-Orientierung

Die Entwicklung der Marktwirtschaft

Jede Produktions- und Lebensweise bestimmt sich von den aktuellen Notwendigkeiten und Möglichkeiten her und baut zugleich auf bisher erworbenen auf. Die Möglichkeiten der handwerklichen und der industriellen Produktion sowie der Massenproduktion bestehen heute fort, bestimmen aber nicht mehr die »Kräfteverhältnisse« unserer Produktions- und Lebensweise, die von zahlreichen Beobachtern als »postmodern«, als zur »zweiten Moderne« gehörig (U. Beck) oder als »spätmodern« (H. Keupp) etikettiert werden.

In den folgenden Abschnitten sollen drei Faktoren näher skizziert werden, welche für die Entstehung der postmodernen Ich-Orientierung eine besondere Relevanz haben. Der erste ist die Entwicklung der Marktwirtschaft bis hin zum gegenwärtigen Kulturkapitalismus. Der zweite Faktor ist der technische Fortschritt; er betrifft die Auswirkungen der umwälzenden Veränderungen, die mit der Digitalisierung und den medientechnischen Innovationen einhergingen und -gehen, auf die »gesellschaftliche Lebenspraxis«. Schließlich sollen drittens die Macht der Suggestion und die Suggestibilität des Menschen wenigstens ansatzweise reflektiert werden.

Bezüglich der Entwicklungen der Marktwirtschaft wird nachfolgend nur ein – wenn auch zentraler – Aspekt gegenwärtigen Wirtschaftens herausgegriffen, dem unter sozialpsychologischer Perspektive eine besondere Bedeutung für die Psychogenese der postmodernen Ich-Orientierung zukommt: der Stellenwert, den das Marketing für die marktwirtschaftliche Praxis hat.

Marktwirtschaftliche Produktionsweise und Marketing

Bedingt durch neue Produktionstechniken, Materialien, Verwertungs-, Handels- und Absatzmöglichkeiten hat sich im 20. Jahrhundert ein fundamentaler Wandel hin zu einer Wirtschaftsform vollzogen, die man mit dem Begriff »marktwirtschaftliche Produktionsweise« oder kurz »kapitalistische Marktwirtschaft« bezeichnen kann. Wichtigstes Merkmal der Marktwirtschaft ist ein verändertes Verständnis vom Markt und von dem, was auf dem Markt geschieht, sowie ein verändertes Verständnis von Arbeit und Ware. Arbeit hatte vormals in erster Linie den Sinn, mit der Ware einen Gebrauchswert herzustellen. Der Markt diente dazu, Gebrauchsgüter zu verkaufen und zu kaufen: Was der Mensch zum Leben brauchte, das kaufte er. Was der Mensch zur Realisierung seiner eigenen Fähigkeiten und Möglichkeiten benötigte, das eignete er sich an. Die Absatzstrategie, das Marketing, war unkompliziert: Als *Verkäufer* präsentierte man seine Waren an Marktständen und in Geschäftsauslagen beziehungsweise informierte man potenzielle Kunden über das Angebot; als *Käufer* fragte man nach den Produkten beziehungsweise suchte man bei Bedarf den Händler oder Produzenten auf. Immer aber war der Mensch mit seinen Bedürfnissen das Subjekt des Marktgeschehens.

Mit den Möglichkeiten der Technik und der maschinellen Massenproduktion kam es zur Entstehung der kapitalistischen Marktwirtschaft, die einen regen Warenaustausch zu ihrem Funktionieren braucht. Waren ließen sich jetzt nicht mehr nur von ihrem Gebrauchswert her sehen; vielmehr gewann der Aspekt des Tauschwerts eine immer größere Bedeutung. In gleichem Maße, wie der Warenaustausch zunahm, musste die Nachfrage gesteigert werden, damit das massenhaft Produzierte verkauft werden konnte. Es bedurfte neuer Instrumente des Marketings in Form von Produktgestaltung, Distributionspolitik, Preispolitik und Kommunikation. Letztere versucht den Käufer direkt über die Werbung durch das Evozieren von Bedürfnissen zu beeinflussen (und ist naturgemäß für die Entstehung einer neuen Charakterorientierung von besonderer Relevanz). Das Entwerfen von Marketingstrategien als Instrumenten zur Steigerung der Nachfrage rückte auch angesichts der Sättigung der Märkte und eines immer härter werdenden Verdrängungswettbewerbs in den Mittelpunkt des Interesses.

Eine ähnliche Entwicklung gab es auch im Dienstleistungsbereich. Dienstleistungen wurden allerdings – sieht man von der Sklaverei und ähnlichen Einrichtungen ab – nur in begrenztem Maße unter dem Aspekt ihres Tauschwerts und ihrer Verkäuflichkeit gesehen. Niemand wäre auf die Idee gekommen, für Dienstleistungen zu werben, die der geistigen, psychischen, körperlichen oder sozialen Not eines Menschen aufhelfen sollten. Wenn jemand ärztliche Hilfe brauchte, dann bekam er sie, weil er wieder gesund werden wollte. Gesundheit war keine Ware, die durch ihren Tauschwert definiert worden wäre. Vielmehr war Krankheit ein Übel, das man zu lindern und zu beseitigen suchte und auf dessen Beseitigung mit Hilfe der Krankenkasse man einen Anspruch hatte. Zu verkaufen hatte die Krankenkasse aber nichts. Heute wirbt sie für sich und gibt vor, Gesundheit zu verkaufen. Noch vor fünfzig Jahren wäre es als unsinnig erachtet worden, die Nachfrage für Medikamente, Altersheime oder Psychotherapien steigern zu wollen. Mit Recht waren deshalb weite Bereiche des Dienstleistungssektors dem Wettbewerb des Marktes entzogen und kannten keine Werbung.

Produktorientiertes Marketing

Um die Nachfrage zu steigern, entwickelte man, wie angedeutet, eine *produktorientierte* Marketingstrategie. Damit ist nun gerade nicht gemeint, dass es um die hervorragenden Qualitäten des Produkts und um seinen Gebrauchswert geht. Unter produktorientiertem Marketing versteht man vielmehr, dass dem Produkt Qualitäten zugesprochen werden, die höchstens ansatzweise etwas mit dem Produkt selbst zu tun haben. Versuchte die Werbung bisher, das Produkt zu idealisieren (das Waschmittel reinigte strahlend weiß, dann supraweiß, dann ultraweiß), versteht die Wirtschaftslehre inzwischen unter einem Produkt ein Bündel von Eigenschaften. Der eigentliche Nutzen einer Ware spielt eine untergeordnete Rolle. Entscheidend ist ihr »Zusatznutzen«. »Design und Produktimage werden zur Hauptsache, Nützlichkeit und Funktionalität zum Accessoire« (G. Schulze 1992, S. 13).

Anders als früher bestimmt heute der durch Werbung und Marketing suggerierte Zusatznutzen – und nicht der Grundnutzen – den Gebrauchswert eines Produkts. Deshalb wird einem Produkt zugeordnet, was sich verkaufen lässt: Gefühle, Bedürfnisse, Stimmungen, Symbolisierungen der Zuwendung, des Erlebens, des Erfolgs oder des Vorteils. Meist geht es um Werte wie Sicherheit, Vertrauen, Zärtlichkeit, Aktivität usw. – um Eigenschaften also, die eigentlich mit dem Menschen und einem gelungenen Lebensvollzug zu tun haben, die aber auf die Produkte übertragen werden und mit den Produkten verkauft werden sollen. Den Käufer wird glauben gemacht, wer Reebok-Schuhe trage, sei aktiv, und wer Marlboro rauche, erlebnisfähig, und wer Chantré trinke, zärtlich. Selbst ein kritischer Autotest bleibt der gleichen Logik verhaftet, wenn einem neuen VW-Modell attestiert wird: »Was ihm dagegen fehlt, ist ein Schuss Emotion – ein Element, das gerade im Autogeschäft viel bewegen kann« (J. Spiegler 2003). Die produktorientierte Verkaufsstrategie verkauft in Wirklichkeit keine Produkte, sondern menschliche Sehnsüchte, Eigenschaften und Fähigkeiten.

Dabei werden die Produkte belebt und vermenschlicht. Wenn die Verkäuflichkeit von Waren das eigentliche Agens des Wirtschaftens ist, scheint es nur folgerichtig, dass die zu Markte getragenen Waren auch belebt werden, einen menschlichen Namen haben, sich durch menschliche Eigenschaften auszeichnen. Ökonomisch geht es immer um eine »Belebung« des Marktes. Wie der Markt belebt werden kann und mit welchen Produkten, Waren, Angeboten ist sekundär. Hauptsache, der Markt bleibt in Bewegung und der Kreislauf von Angebot und Nachfrage bricht nicht zusammen. Der Markt lässt sich nicht nur mit einem menschlichen, belebten Körper vergleichen, sondern er *ist* es: Er atmet, pulsiert, bewegt sich, kann kollabieren.

Die Belebung und Vermenschlichung des Marktes und der Waren sind heute unübersehbar. Mit Meister Proper kommt neues Leben ins Haus, obwohl es sich bei Meister Proper nicht um einen Handwerksmeister namens Proper, sondern um eine Mischung aus Chemikalien handelt, die selbst Mikroben den Garaus macht. Da sitzt die Drei-Generationen-Familie an einem Junimorgen in der blühenden Allgäuwiese, der Hahn kräht, im Hintergrund läuten Kirchenglocken, der Opa ist die Vitalität in Person, und die Enkelkinder spielen Ringelreihen. Die Botschaft lautet: Mit der Frühstücksmargarine stellen sich Harmonie und Familienglück ein. Die EC-Karte kann jetzt noch mehr (auch wenn sie bei immer mehr Menschen wegen der Überschuldung gar nichts mehr »kann«), die VISA-Karte macht frei. Den Produkten werden

Persönlichkeitsprofile verpasst. Sie haben alles, was ein Mensch besitzen sollte: Sie haben die besten menschlichen Eigenschaften; sie sind lieb, zärtlich, selbstbewusst, hingebungsvoll, clever und einfühlsam; sie sind beziehungsfähig, haben Persönlichkeit, einen Charakter und ein Identitätserleben.

Die Vermenschlichung der Produkte des Menschen zeigt sich auch im Dienstleistungsbereich. Das Marketing für Dienstleistungen ist dann besonders erfolgreich, wenn der zu verkaufenden Dienstleistung menschliche Attribute zugeschrieben werden. Hier wird Freundlichkeit verkauft, dort Treue und Zuverlässigkeit. Die Banken sind »jugendlich« oder »seriös-vertrauensvoll«; die Krankenkassen mutieren zu »Gesundheitskassen«; die Volkshochschule bietet »Bildungserlebnisse« an, und die Hörerzeitung einer Rundfunkanstalt verkauft ihre Dienstleistung unter dem Titel: »Radio ist Gefühl.« Werden die Dienstleistungen mit menschlichen Qualitäten wie Leben, Zufriedenheit, Glück, Gefühl, Gesundheit in Verbindung gebracht, dann kommen sie an.

Es werden aber nicht nur den Produkten und Dienstleistungen Persönlichkeitsprofile verpasst. Eine entsprechende Psychologie tut alles, um auch den Menschen selbst wie ein Produkt zu vermarkten und ihm ein Persönlichkeitsprofil zu verleihen, mit dem er erfolgreich ist und sich verkaufen kann. Die Botschaft der Persönlichkeitspsychologen lautet: Wer sich ein Persönlichkeitsprofil zulegt, durch das er sich wortgewandt und selbstbewusst zur Darstellung bringen kann, mit dem er attraktiv und unwiderstehlich ist, der kommt gut an und ist ein Verkaufserfolg. Wer sich verkaufen will, muss als Könner, als Bester, als Glücksfall, als Größter, Kompetentester, Vertrauensvollster usw. auftreten. Der Wunsch, sich verkaufen zu wollen, führt zu dem starken egoistischen Streben, sich immer und überall gut zu präsentieren, um gut anzukommen und von anderen anerkannt und bewundert zu werden. Dieses Buhlen um Anerkennung und Bewunderung kommt im Gewand narzisstischer Selbstaufblähung daher, ist aber (meist) kein Narzissmus, sondern Egoismus als Verkaufsstrategie. Es geht ja darum, beim anderen anzukommen, und eben nicht um die eigene Grandiosität.

Die Kunst zu leben und erfolgreich zu sein besteht genau darin, sich mit den selbst erzeugten Persönlichkeitsmerkmalen in einer

Weise zu identifizieren, dass weder man selbst noch die anderen merken, was Original und was Produkt ist. Man macht mit sich genau das Gleiche wie McDonald's mit dem Big Mac, wenn dieser mit Attributen wie jugendlich, lustig, aktiv und gesund ausgestattet wird.

Der Erfolg der produktorientierten Marketingstrategie hat dazu geführt, dass sie als Steuerungsinstrument bei den öffentlich finanzierten Dienstleistungen, im Verwaltungs- und Gesundheitswesen, in der Sozialarbeit, im Beratungs- und Therapiebereich Eingang gefunden hat und die alten, mehr oder weniger autoritären Steuerungsmechanismen zur Organisation von Kompetenz, Aufgaben- und Mittelverteilung, Effektivität und Effizienz abgelöst hat. Dabei wird vorausgesetzt, dass sich das produktorientierte Marketing, das vor allem im Bereich der Sachproduktion erfolgreich ist und war, als Steuerungsinstrument auch auf Bereiche übertragen lässt, die wenig berechenbar sind wie die Bereiche Erziehung, Pflege, ärztliche und therapeutische Heilhandlung. Die Faszination für das Erfolgsrezept »produktorientiertes Marketing« zeigt sich bereits darin, dass man sich nicht scheut, die Dienstleistung (früher nannte man sie »Hilfe«) als ein »Produkt« für »Kunden« zu verstehen. Als erfolgreicher und guter Arzt wird angesehen, wer einen hohen Umsatz erzielt. Ärzte und pflegende Kräfte haben sich in erster Linie als Leistungserbringer nach vorgeschriebenen und berechenbaren Leistungsstandards zu begreifen; ihr Tun wird zum Produkt, zu einer Ware, die es zu vermarkten gilt, und zwar sowohl gegenüber dem Kunden – sprich dem Kranken – als auch gegenüber dem Geldgeber und seinem verlängerten Arm in Gestalt von Verwaltungen und Qualitätsmanagern. Qualitätssicherung ist das bevorzugte Mittel, um eine Dienstleistung so gut darzustellen, zu vermitteln, zu präsentieren und zu verkaufen, dass sie beim Kunden ankommt.

Produktorientiertes Marketing in Wirtschaft und Gesellschaft führt nicht zur postmodernen Ich-Orientierung, sondern zu dem, was Fromm bereits 1947 die »Marketing-Charakterorientierung« (E. Fromm 1947a, GA II, S. 47–56) nannte und dreißig Jahre später als »Orientierung am Haben« beschrieben hat. (Vgl. E. Fromm 1976a, GA II, S. 319–331 und S. 374–378; ders. 1989a, GA XII, S. 393–483 sowie R. Sennett 1998; R. Funk 2002b.) Anders als die postmoderne Ich-Orientierung, der es um die freie und spontane Selbstsetzung des Ichs geht, orientiert sich der Marketing-Charakter daran, wie er sich verkaufen kann, wie er erfolgreich sein, gut ankommen und sich gut rüberbringen kann. Im Mittelpunkt seines Interesses stehen immer die Verkäuflichkeit und die Optimierung der Verkäuflichkeit durch entsprechende Verkaufsstrategien.

Die Produktion von Wirklichkeit als Marketingstrategie

Die produktorientierte Marketingstrategie wurde im wirtschaftlichen Bereich in den letzten zwanzig Jahren konsequent weitergeführt: Es ging den Marketingstrategen im Bereich der Sachproduktion und der produktorientierten Dienstleistungen mit der Zeit immer weniger um das Produkt, sondern um die Inszenierung von Eigenschaften und Qualitäten, die auf das Produkt zwar übertragen wurden, mit diesem selbst aber kaum etwas zu tun hatten. Von hier aus war der Schritt nahe liegend, sich statt dem Produkt eine illusionäre Wirklichkeit zuzuschreiben, direkt auf die Produktion von (bevorzugt illusionären) Wirklichkeiten zu konzentrieren, und zwar weitgehend unabhängig von den Produkten. Genau diese Entwicklung scheint der entscheidende wirtschaftliche Faktor bei der Psychogenese der postmodernen Ich-Orientierung zu sein.

Erfolgreiche Wirtschaftsunternehmen gingen in den letzten Jahren mehr und mehr dazu über, sich selbst aktiv den Markt für ihre Produkte zu erschaffen und alle Energie in die *Produktion von Lebenswelten und Bedürfniswirklichkeiten* zu investieren. Statt Sachgüter und Dienstleistungen werden nun Wirklichkeiten – Lifestyles, Lebens- und Erlebniswelten – produziert und verkauft. Dabei geht es meist nicht um das Verkaufen, sondern um das Anbieten von Nutzungsmöglichkeiten. Denn Eigentum, so hat Jeremy Rifkin (2000) aufgezeigt, hat sowohl auf Seiten der Wirtschaft wie auf Seiten des Konsumenten immer weniger Bedeutung. An seine Stelle treten der Zugang (»access«) und die Nutzung.

Mit der Produktion von Erlebniswelten und Lebensstilen soll bestimmten Zielgruppen die Möglichkeit gegeben werden, sich in diesen Welten zu Hause zu fühlen und sich mit ihnen zu identifizieren. Auch hier illustriert ein Blick auf die Werbung die Entwicklung. Erfolgreiche Werbung inszeniert heute Erlebniswelten und Lifestyles und vermittelt den Eindruck, dass die Produkte Teil dieser Lebenswelten sind. Der Werbespot erzeugt eine Welt aus Erlebnis oder süßem Traum, eine Welt von faszinierender Schönheit oder auch schmutziger Brutalität, in der die Sehnsüchte und Bedürfnisse der Menschen verwirklicht und zugleich der Joghurt oder das Bier oder das Powerauto zu Hause sind. Geschaffen wird eine Welt voller Abenteuer und Jugendlichkeit, zu der die Konsumenten bestimmter Zigarettenmarken dann dazugehören. Die Gestaltung der hergestellten Wirklichkeiten und Märkte richtet sich nach »emotional designs«, welche die Werbepsychologen über Tests und Trendscouter ermitteln.

Wenn zum Beispiel in einer bestimmten Zielgruppe das Ausleben von Aggressivität ersehnt wird, dann ist diese Sehnsucht das »emotional design« für eine Werbung bei der betreffenden Zielgruppe. Folgerichtig wird im Werbespot eine Wirklichkeit erzeugt, die durch destruktive »Action« ausgezeichnet ist. So könnte etwa ein Frontalzusammenstoß des beworbenen Autos gezeigt werden. Das Beispiel macht deutlich, dass die erzeugte Wirklichkeit keine reale Verbindung mit dem Produkt mehr haben muss, denn eigentlich ist das Zeigen eines furchtbaren Unfalls keine Empfehlung für diese Marke. Eine solche Verknüpfung von erzeugter Wirklichkeit und realem Produkt wird aber heute weder in der Werbung angestrebt noch vom Zuschauer gesucht. Gesucht wird von der Zielgruppe vielmehr die destruktive Action, und dieses Bedürfnis bekommt die umworbene Zielgruppe mit der Autowerbung befriedigt. Weil eine ersehnte Wirklichkeit erzeugt wird, ist die Werbung erfolgreich und darum verkauft sich das Produkt.

Wirklichkeit wird hergestellt, erschaffen, erzeugt, ohne dass die »gemachte« sich noch an einer gegebenen Wirklichkeit zu messen hätte. Dieser Vorgang lässt sich auf allen Ebenen beobachten: Die künstlichen Welten von Disneyland und Miss Saigon sind aufregender und spannender als das Erleben der Natur oder die Beziehung zu den Kindern; die vermittelte Nachricht ist glaubwürdiger als die selbst ermittelte; die über das Internet hergestellte Beziehung zu unbekannten Menschen in Australien und Kalifornien ist attraktiver als die zum Nachbarn. In virtuellen Welten fühlt man sich mehr zu Hause als in den eigenen vier Wänden; im ICE auf den Monitor am Sitz zu starren ist attraktiver als aus dem Fenster hinauszuschauen. »Cyberwelt« ist »in«, weil die selbst erzeugte Wirklichkeit als wirklicher erachtet wird und willkommener ist als die reale Wirklichkeit. Auch die Faszination für Drogen und halluzinogene Manipulationen und Wirkstoffe erklärt sich aus der Bevorzugung selbst erzeugter Wirklichkeit und Wirklichkeitswahrnehmung. Die Beispiele ließen sich beliebig vermehren und können aus fast allen Bereichen des Lebens angeführt werden, die Politik nicht ausgenommen.

Das Erfolgsrezept der gegenwärtigen Marktwirtschaft lautet: ersehnte Wirklichkeiten produzieren. Diese Marketingstrategie findet auch Anwendung auf das Bild, das man von sich selbst hat. Jeder kann, statt der zu sein, als der er sich wahrnimmt, seine eigene Wirklichkeit neu produzieren, indem er sich mit dem ersehnten Bild von sich identifiziert. Die Produktion von Wirklichkeit macht also vor der eigenen Persönlichkeit nicht Halt. Wieder sind es die Psychologen und Persönlichkeitsbildner und -trainer, die einem beibringen, wie man sich selbst neu erschafft und sich besser präsentiert. Zur Illustration sei hier ein Zeitungsbericht zitiert, der die Ergebnisse von drei psychologischen Untersuchungen in sieben Empfehlungen zusammenfasst (U. Flade 1994):

»1. Machen Sie Komplimente! Der Mensch kann nie genug davon hören, aber ehrlich gemeint sollten sie sein. Sagen Sie Ihrem Gegenüber ganz offen, was Ihnen an ihm/ihr gefällt. Vielleicht ist es die neue Frisur, ein neues Kleidungsstück, die Art, wie Ihr Gegenüber auf Sie eingeht.

2. Interessieren Sie sich für andere! Nehmen Sie Anteil an den kleinen und großen Problemen ihrer Freunde, Kollegen und Nachbarn, stellen Sie mehr Fragen. Man wird Ihr Leben und Sie selbst ebenfalls interessant finden.

3. Aktivieren Sie Kontakte! Haben Sie neue Leute kennen gelernt, die Ihnen sympathisch sind, dann pflegen Sie die Verbindung. Telefonnummer und Adresse notieren, mal anrufen und sich melden, einen Termin zum Wiedersehen vereinbaren: zum Spaziergang, zum Wochenendausflug, zum Glas Wein. Menschen, die Initiative zeigen, mag man.

4. Schenken Sie Anerkennung! Es ist leicht, ehrlich zu sagen: ›Ich finde es toll, wie Sie mit Ihren Kindern umgehen, wie Sie Beruf und Haushalt in Einklang bringen.‹ Oder: ›Das haben Sie aber gut und schnell gemacht.‹ Das Lob schafft ein gutes Klima.
5. Zuhören! Nicht immer mit eigenen Geschichten glänzen wollen. Nein, den anderen animieren, von sich zu erzählen.
6. Lächeln – das kostet nichts und ist doch so wirksam. Lächeln stimuliert, baut Aversionen ab, macht einfach gute Stimmung.
7. Seien Sie aufmerksam! Auch wenn Ihre Partnerschaft schon länger dauert: Überraschen Sie den anderen immer wieder mal …«

Der Trend zur Produktion ersehnter Wirklichkeit macht vor dem Selbsterleben nicht Halt. Ist dieses zum Beispiel durch Desinteresse, Angst und Schüchternheit gekennzeichnet, können anhand der Praxis solcher Empfehlungen die eigene Persönlichkeit und das eigene Selbsterleben neu geschaffen werden.

Kultmarketing und Kundenbindung

Weil heute immer weniger der Besitz von Ressourcen zählt, sondern die Möglichkeit der Vernetzung sowie des Zugangs und der Nutzung, hängt der Erfolg eines Unternehmens von anderen Faktoren ab. Ein zentraler Indikator ist die Stärke der Vernetzung. Er betrifft zum einen das Unternehmen selbst, insofern es die Produkte und Dienste anderer nutzt. Hier zählen Stabilität und Sicherheit, durch juristisch ausgefeilte und wasserdichte Verträge hergestellt, mit denen man Zugriff auf Nutzungsmöglichkeiten hat und wiederum selbst abhängig ist. Die Stärke der Vernetzung ist aber vor allem ein wichtiger Indikator im Hinblick auf die Nutzer der eigenen Produkte, also die Kunden. Mit Kundenbindung ist in einer auf Vernetzung aufbauenden Wirtschaft nichts anderes gemeint als das Angewiesensein des Nutzers auf den Anbieter. Solche Kundenbindung setzt besonders auf das so genannte »Kultmarketing« (vgl. hierzu bes. N. Bolz und D. Bosshart 1995). Das Zauberwort der Marketingstrategen, die sich der Produktion von Wirklichkeit verschrieben haben, heißt *Kultmarke-*

ting. Dabei erinnern sich die Marketingstrategen religionswissenschaftlicher Erkenntnisse, nach denen nicht alltägliche Wirklichkeiten durch gemeinsam vollzogene Kulte, Rituale, Gesten und durch gemeinsam anerkannte Formeln, Erkennungsmerkmale, Symbole usw. etabliert und am Leben gehalten werden. Kultmarketing schafft eine von vielen Menschen geteilte Welt und Weltanschauung, indem es der »Welt« der Camel-Raucher, McDonald's-Fans, Coca-Cola-Trinker und Benetton-Shirt-Träger ein bestimmtes Profil und Image gibt, das den Wünschen, Sehnsüchten und Bedürfnissen der Zielgruppe entspricht. Man zeigt gemeinsame Kultvollzüge und Rituale, die für diese »Welt« typisch sind und deshalb ein Identitätserleben ermöglichen und ein Gefühl des Zu-Hause-Seins vermitteln. Kultmarketing versucht, die produzierten Wirklichkeiten zu pflegen und im Bewusstsein der Menschen mit Hilfe von Logos, Slogans, »claims«, Melodien, Idolen aus Sport und Musik, mit Maskottchen und Erkennungsmerkmalen usw. zu verankern. Naomi Klein (2001) hat mit ihrem Bestseller ›No Logo!‹ diese Art des Kultmarketings überzeugend dargestellt. Und Frédéric Beigbeder, als Creative Director selbst unübertroffener Schöpfer von »claims«, formulierte in typisch postmoderner Selbstironisierung: »Man hatte den Lógos [das schöpferische Wort, die Vernunft] durch Logos ersetzt ...« (F. Beigbeder 2002, S. 55).

Der eigentliche Zweck des Kultmarketings ist allerdings, eine Bindung des Käufers oder Kunden zu der von der Marke oder Firma produzierten Wirklichkeit aufzubauen und dadurch zu festigen, dass diese von vielen anerkannt und begeistert gefeiert wird. Nicht die Produktbindung wird angestrebt, sondern die Bindung an die erzeugte Wirklichkeit und Lebenswelt, die Bindung an deren Symbolisierungen in Firmenlogos und anderen Erkennungsmerkmalen und die damit verknüpfte (meist illusionäre) Erfahrung und Befriedigung der menschlichen Fähigkeiten, Sehnsüchte und Bedürfnisse. Was gerade im Dienstleistungsbereich als »Kundenorientierung« (statt »Produktorientierung«) propagiert wird, entpuppt sich deshalb meist als *Pflege der im Kunden erzeugten Wirklichkeit* und nicht als Pflege der menschlichen Beziehung zum Kunden.

Die Bedeutung der *Kundenbindung* als Marketingstrategie einer Wirklichkeiten und Lebenswelten produzierenden Wirtschaft ist im Hinblick auf die postmoderne Ich-Orientierung nicht zu unterschätzen. War es bisher die Absicht des Verkäufers gewesen, den Käufer »zu wiederholten Käufen anzuregen« und »ein Band diskreter Transaktionen« zu knüpfen, geht es den neuen Unternehmen darum, sich als Anbieter zu verstehen, die Nutzer zu binden und »dauerhafte Beziehungen zwischen sich und ihren Kunden zu knüpfen« (S. M. Davis und C. Meyer 1998, S. 48). Die Marketingberater Don Peppers und Martha Rogers sind da direkter: »Ganz gleich, wie kreativ und innovativ Ihr Unternehmen ist, die einzige Software von Wert ist die *Beziehung zum Kunden.*« Denn: »All Ihre Produkte sind kurzlebig. Nur Ihre Kunden sind real« (D. Peppers und M. Rogers 1993, S. 394). Das neue Marketingziel lautet, sich mehr auf Kundenanteile denn auf Marktanteile zu konzentrieren und sich am Aufbau von Beziehungen statt am Produkt zu orientieren. Das Produkt ist keine Ware oder Dienstleistung, sondern der offerierte Zugang und die daraus entstehende Kundenbindung. Darum will man nicht ein einzelnes Produkt an möglichst viele Kunden verkaufen, sondern einem einzelnen Kunden so viele Produkte wie möglich. Ebendies ist nur durch Techniken der Kundenbindung erreichbar, die faktisch auf ein Angewiesensein, wenn nicht gar auf eine Abhängigkeit der Nutzer vom Anbieter hinauslaufen.

Die bevorzugten Techniken einer Kundenbindung, mit der Abhängigkeiten geschaffen und Zugänge kontrolliert werden, sind neben den herkömmlichen Instrumenten des Abonnements, der Mitgliedschaften, Darlehens- und Ratenverträge sowie den Vorauszahlungssystemen (Bausparverträge, Lebensversicherungs-, Renten- und Vorsorgeverträge) heute vor allem *Leasingsysteme*, das *Outsourcen* von Funktionen und Dienstleistungen, die Kapital anstelle von Kunden binden, und das *Franchising*. Weitere Instrumente sind das *Gainsharing*, das heißt das An-sich-Binden von Dienstleistungsunternehmen durch Gewinnteilung, das *kostenlose Errichten von Netzwerken* und die *kostenlose Produktabgabe* (etwa von Handys, Software oder Druckern, für deren Nutzung, Support, Wartung oder Verbrauchsmaterial man umso mehr zahlen muss) bis hin zur *Patentierung* von Genen, gentechnischem Wissen und gentechnisch hergestellten Produkten, von denen die Medizin oder die Landwirtschaft abhängig gemacht werden kann. Man versucht vor allem, junge Kunden für langfristige Beziehungen zu gewinnen, weil sich dadurch besonders hohe »Lifetime-Values« (LTV) erzielen lassen. Damit sind Gewinnabschöpfungen aus einer lebenslangen Kontrolle der Nutzungsrechte eines Kunden gemeint.

Um die Beziehung zum Kunden zu pflegen und zu gestalten, werden so genannte »B-Techniken« – Beziehungstechniken – eingesetzt. Bezahlt jemand mit seiner Kundenkarte, weiß das betreffende Geschäft mit jeder Zahlung mehr über ihn, seine Kaufgewohnheiten, bevorzugten Kaufzeiten, Preisniveaus, Markennamen usw. Die Kundenkarte ermöglicht dem Unternehmen ein ständiges kybernetisches Feedback und erlaubt ihm, die Bedürfnisse seiner Kunden vorherzusehen und Veränderungen sofort gerecht zu werden. Durch den Einsatz dieser und anderer B-Techniken lässt sich das herstellen, was Marketingfachleute »Kundenintimität« nennen. Und welcher Kunde freut sich nicht, wenn zum Geburtstag ein Glückwunschschreiben oder gar ein Gutschein ins Haus geschickt wird oder in der E-Mail-Box eintrifft!

Ein weiteres Instrument der Kundenbindung ist die Bildung von Gemeinschaften, um so langfristige kommerzielle Beziehungen zu knüpfen und den Lifetime-Value der Kunden zu erhöhen. Mit Hilfe von Veranstaltungen, Zeitschriften, Zusammenkünften, Reisen usw. sollen Kunden zusammengebracht werden, damit diese ihre gemeinsamen Interessen an der Marke des Unternehmens miteinander teilen und feiern. Von Vorteil ist, wenn die Kundenbindung schon im Vorschulalter aufgebaut wird, wie das folgende Beispiel, das Jeremy Rifkin (2000, S. 149 f.) mitteilt, eindrücklich illustriert: »Der Kids Club von Burger King bringt Kinder in einer ›Interessengemeinschaft‹ zusammen. Die vier Millionen Clubmitglieder erhalten Rabatte auf Mahlzeiten und eine Reihe von Vergünstigungen, unter anderem auch eine Zeitschrift, die sich gezielt an Dreijährige richtet. Ein Club für Brieffreundschaften vermittelt Kontakte zwischen zueinander passenden Mitgliedern des Kids Clubs. Das Unternehmen versorgt die Kinder mit speziellen Schreibwaren und Stiften von Burger King. Im Jahr 1994 war der Club in mehr als fünfundzwanzig Ländern aktiv. Das Unternehmen spricht freimütig über den Zweck seines Kids Clubs […]: ›Wir wollen die Herzen und Köpfe der Kinder fangen und sie halten, bis sie sechzig sind.‹ Seit der Gründung des Clubs im Jahre 1990 ist der Verkauf von Kindermahlzeiten von Burger King um das Dreifache gestiegen.«

Eine zentrale Veränderung in Wirtschaft und Gesellschaft wird erst erkennbar, wenn man das Augenmerk auf das richtet, wozu Menschen heute vor allem Zugang bekommen wollen. Was wird überhaupt offeriert? Eine Antwort auf diese Fragen lässt sich am ehesten bei jenen Branchen finden, die mit den heute allgegenwärtigen medialen Netzwerken direkt operieren, also bei der Kommunikations- und Unterhaltungsbranche; sie ist aber auch für Branchen gültig, die Konsumgüter und Dienstleistungen an Mann und Frau bringen wollen. Was bieten Printmedien, Kulturträger, Filme, Musicals, Discos, Radio, Fernsehen, Videos, CD-ROMs, DVDs, Handys, Internet, PC-Programme und -Spiele an? Und was bevorzugen die User dabei?

Die Vermarktung von Erlebnissen und Gefühlen

Eine Wirtschaft, die auf die Produktion von Wirklichkeit in Form von Lifestyles, Lebens- und Erlebniswelten setzt und deren Geschäft nicht der Verkauf und Transfer von Besitz in Form von Sachgütern oder Dienstleistungen ist, sondern das Offerieren (und Abhängigmachen) von Zugängen, will Nutzer vor allem dadurch binden, dass sie Leben und Erlebnisse vermittelt: vom Einkaufserlebnis über den Erlebnisurlaub zum Freizeiterlebnis, Wellness-Erlebnis, Gefühlserlebnis, Krafterlebnis, Erlebnisbahnhof, Erlebnisgottesdienst, Satori-Erlebnis bis hin zum Katastrophenerlebnis und dem manchmal desaströsen, manchmal lustvollen Beziehungserlebnis. Eine Zugang vermarktende Wirtschaft wirbt nicht nur damit, sondern muss mit Hilfe der neuen Medien und Vernetzungsmöglichkeiten tatsächlich Zugänge zu Erlebnissen ermöglichen.

Lebendig zu sein und etwas zu erleben ist für die meisten Menschen außer an das sinnliche Erleben vor allem an das Erleben von Gefühlen geknüpft. Erst wenn man sich stark, gut, zufrieden, freudig, begeistert oder auch traurig, verlassen oder niedergeschlagen *fühlt*, spürt man das Leben und ist man lebendig. Deshalb sind die Produktion und Vermarktung von Erlebnissen und Erlebniswelten auf weiten Strecken identisch mit der Inszenierung, dem Anbieten und der Vermarktung von Gefühlen und Gefühlswelten. Dabei sind bevorzugt jene Gefühle gefragt, die der Mensch von heute am meisten vermisst, wie Liebe, Glück, Zufriedenheit, zärtliche, schmusige und »familiäre« Gefühle sowie die narzisstischen Gefühle, grandios, überlegen, der Beste, unverletzlich, fehlerlos, etwas Besonderes zu sein.

»Verkaufsrenner« sind aber auch Gefühle, die in einer Welt, in der man »offiziell« nur noch positiv denkt und fühlt, nicht mehr direkt gespürt werden dürfen, nämlich destruktive Gefühle, mörderische, neidische, eifersüchtige, geizige, habgierige, schadenfrohe, rachsüchtige Gefühle. Der Versuch, diese Gefühle unmittelbar zu vermarkten, gelingt bisher nur ansatzweise. So lassen sich als Eis am Stiel »Sieben Todsünden« kaufen, und eine Elektronikmarktkette findet: »Geiz ist geil!« Relativ ungeniert angeboten und verkauft werden die Lust an der Bloßstellung und Beschämung anderer und die Schadenfreude zum Beispiel in so genannten »Comedy«-Sendungen. Grausamkeiten sind schon seit langem in Comics erlaubt.

Doch Comics profitieren bereits von einem Verfremdungseffekt, indem sie ein aktuelles Geschehen in ein Fantasieprodukt verwandeln. Dies hat es der Literatur (selbst der religiösen, und nicht nur dem Kriminalroman), dem Theater, dem Mysterienspiel, der Oper schon immer ermöglicht, destruktive Gefühle erleben zu lassen. Heute übernehmen diese Funktion in viel stärkerem Maße der Film, das Musical, der Videoclip. Alte Mythen und Sciencefiction (also Stoffe, die mit ihrer Fremdheit und Maskerade vorgeben, mit der Gegenwart nichts mehr oder noch nichts zu tun zu haben) werden bemüht, um dem Destruktiven eine Bühne zum Miterleben zu verschaffen. Je dramatischer und aufwändiger der Kampf mit den Mächten des Bösen in den großen Fantasy-Produkten der Gegenwart (wie zum Beispiel in ›Herr der Ringe‹), desto erfolgreicher das Geschäft mit den Gefühlen.

Vor diesem Hintergrund ist es nur zu verständlich, dass die Kulturindustrie in Gestalt der Kommunikations- und Unterhaltungsindustrie der Sachgüterindustrie und den klassischen Dienstleistungen den Rang abläuft. Letztere verlieren immer mehr an Bedeutung, es sei denn, sie verknüpfen ihre Angebote mit dem Geschäft der Kulturindustrie und verkaufen keine Autos, sondern das »Erlebnis des Fahrens« oder »Autos zum Leben«, und keine Anzüge, sondern »das besondere Trageerlebnis«. Denn es ist vor allem die kapitalistische Kulturindustrie, die sich zum Ziel gesetzt hat, Zugang zu Erlebnissen und Gefühlen mit Hilfe von simulierten Welten und veränderten Bewusstseinszuständen zu ermöglichen.

Das, was bisher weitgehend vom Kommerzdenken verschont war, die Kommunikation und das Kulturelle (in Form von bildender Kunst, Religion, Literatur, Mythen, Musik, Wissenschaft, Ethik usw.), ist zum wichtigsten Markt geworden. Das reiche Fünftel der Weltbevölkerung gibt für kulturelle Erlebnisse bereits genauso viel Geld aus wie für Fertigerzeugnisse und Dienstleistungen (vgl. J. Rifkin 2000, S. 15). Hatte der Kapitalismus über mehrere hundert Jahre materielle Ressourcen in Eigentum verwandelt, so verwandelt der immer mächtiger werdende Kulturkapitalismus heute alle kulturellen Ressourcen in Erlebnisse und Vergnügungen, die käuflich zu erwerben sind. Der Zugang zu Erlebnissen und Gefühlen tritt an die Stelle des klassischen Eigentums. (Vgl. a.a.O., S. 183 f. und 193 f.) Die Produzenten von heute sind die »Erlebnis-Macher«, die »das flüchtigste und doch langlebigste Produkt herstellen: das menschliche Erleben« (A. Toffler 1970, S. 234, 236 f.).

Welche nachhaltigen Veränderungen das Anbieten von Erlebnissen und Gefühlen zur Folge hat, lässt sich am besten an den elektronischen Medien verdeutlichen. Sie bieten nämlich dem Nutzer die Möglichkeit, in simulierte Welten einzutauchen, welche die Wirklichkeit neu und anders, gefühlsintensiver und erlebnisreicher erschaffen. Die Attraktivität des Simulierten wird bereits beim Telefon erkennbar, wo wir den Eindruck haben, mit jemandem im gleichen Raum zu sprechen, obwohl der Gesprächspartner in Wirklichkeit Hunderte von Kilometern entfernt ist. Noch eindrucksvoller ist dieses Erleben, wenn Fantasiewelten und Fantasiegestalten Realität simulieren oder wenn man in die virtuellen Welten des »Cyberspace« (von »cybernetic space«, wörtlich übersetzt also »konstruiertes Weltall«) eintaucht.

Simulierte Welten werden aber nicht als »gemacht«, konstruiert, irreal, fantasiert oder künstlich erlebt, sondern als »hyperreal« – als realer, interessanter, gefühlsintensiver, bunter, abwechslungsreicher, leidenschaftlicher, vor allem aber erlebnisreicher als die sonstige Wirklichkeit. Dass dies so erlebt wird, hat weniger mit den Fantasien und Geschichten zu tun, die sich darin ereignen; diese sind meist noch banaler als das wirkliche Leben. Es hat vielmehr mit der elektronischen Gestaltung dieser Welten zu tun – einer Gestaltung, mit der mehr möglich wird als in der realen Welt oder in den in Dichtung und Kunst, Mythen und Märchen fantasierten und vorgestellten Welten.

Zwei besondere Vorzüge virtueller und simulierter Welten sollen eigens hervorgehoben werden: Der eine ist die *Intensivierung der sinnlichen und affektiven Wahrnehmung* durch eine oft durchgängige Überreizung von Augen und Ohren, Tastsinn und Geruchssinn durch Enge, Hitze, Bewegung oder durch das Hervorrufen starker Affektreaktionen wie Angst, Freude, Lust, Schmerz usw. In der hyperrealen Welt einer Disco, Love-Parade, eines Szene-Happenings oder eines Action-Films »geht's ab«, da ist »was los«, kann keine Langeweile aufkommen, fühlt sich jeder quicklebendig.

Der andere Vorzug virtueller und simulierter Welten hat mit ihren *interaktiven Gestaltungsmöglichkeiten* zu tun. Der Konsument ist eben kein Konsument mehr, sondern mittendrin im Computerspiel, auf der Internet-Plattform oder im Chat-Room. Während der Film dem Publikum nur eine Realität vorführt, verleiht der virtuelle Raum jedem im Publikum einen virtuellen Körper und eine Rolle. Printmedien und Radio *erzählen*, Bühne und Film *zeigen*, der Cyberspace lässt *dabei sein* und *selbst erleben* (vgl. R. Walser 1990 sowie N. Döring 2003). Die Attraktivität von simulierten und virtuellen Welten hat, so paradox dies klingen mag, tatsächlich damit zu tun, dass man in ihnen mit anderen verbunden sein, in eine Interaktion treten kann, ohne eine sichtbare, hautnahe, von Nähewünschen oder Näheängsten bestimmte reale Beziehung eingehen zu müssen.

Bei vielen unserer täglichen Kommunikationen und Interaktionen mit anderen Menschen bedienen wir uns bereits einer virtuell hergestellten Verbindung: über Telefon, Fax, E-Mail, Handy, Internet usw. Niemand muss alleine sein, niemandem muss es langweilig sein, niemand muss sich dem vielleicht mühsamen realen Umgang mit einem Lebenspartner, der gerade »stinkig« ist, aussetzen. Jeder kann – wenn ihm danach ist – mit Menschen seiner Wahl über ein Medium verbunden sein. Jeder kann sich jene Welt herunterladen oder sich Zugang zu jener Sphäre verschaffen, mit der er gerade kommunizieren möchte (und kann natürlich auf diese Weise auch jener realen Welt entfliehen, die ihn sonst frustrieren würde). Je vielfältiger und attraktiver diese konstruierten Erlebnisräume sind, desto mehr werden sie zum tatsächlichen Lebensraum, also zu jener Welt, in der das Leben spielt und in der noch etwas erlebt wird.

Der Endpunkt einer solchen Entwicklung ist eine Welt, in der praktisch jede Aktivität zum *gemachten* und *angeeigneten* Erlebnis wird. Das Leben selbst wird zur Ware. Die Kommunikations- und Kulturindustrie stellt es für uns her, und wir kaufen ihr das Leben, die Erlebnisse und die Gefühle ab, indem wir für den Zugang zu den angebotenen Erlebniswelten zahlen. Darum ist für Menschen, die auf diesen Zug bereits aufgesprungen sind, das Dabeisein, das Anteilhaben, das Dazugehören, das Verbundensein, das Zuganghaben zu einem entscheidenden Leitwert des beruflichen und persönlichen Lebens geworden. Darum aber auch floriert eine Wirtschaft, die den Zugang zu Erlebniswelten, Lifestyles, Gefühlen und Belebendem anbieten kann und diese Zugänge finanziell kontrolliert.

Die Relevanz der technischen Innovationen für die Entstehung der postmodernen Ich-Orientierung

Große Veränderungen in der Produktionsweise und der gesellschaftlichen Lebenspraxis des neuzeitlichen Menschen sind immer von wissenschaftlich-technischen Innovationen ausgelöst worden – von der Dampfmaschine bis zur Erfindung des Computers. Die bisherigen Möglichkeiten, die unsere Lebensweise entscheidend mitbestimmen und zu neuen Dynamiken des Wirtschaftens, der Produktion und Arbeitsorganisation, des gesellschaftlichen Zusammenlebens und der politischen Organisation, des kulturellen und spirituellen Lebens und Erlebens geführt haben, verdanken ihre Entstehung vor allem der *digitalen Technik* (mit ihren ungeahnten rechen- und messtechnischen sowie simulationstechnischen Möglichkeiten) und den *elektronischen Medien*. Sie sind die Voraussetzungen für den gegenwärtigen Modernisierungsschub und die damit einhergehende Entgrenzung von Raum und Zeit; für einen sekundenschnellen Wissens- und Informationstransfer, eine raum- und zeitunabhängige Kommunikation, Wissensaneignung oder Unterhaltung; für die Mobilisierung, Globalisierung und Flexibilisierung fast aller Produktionsprozesse und der an ihnen Beteiligten; für die Entschlüsselung der genetischen Codes oder die Erforschung des Weltraums.

Da die neuen Möglichkeiten, welche sich durch die digitale Technik und die elektronischen Medien eröffnen, die gegenwärtige (persönliche, berufliche, soziale, kulturelle, gesellschaftliche, politische) Lebenspraxis vieler Menschen zum Teil grundlegend verändern, sollen einige besonders hervorgehoben werden:

(1) Mit der digitalen Technik und den elektronischen Medien lassen sich *Raum und Zeit entgrenzen, so dass man von ihnen unabhängig sein kann*: Jeder kann jederzeit und an (fast) jedem Ort mit jedem und jeder in Kontakt treten, seine berufliche Arbeit verrichten, Bestellungen aufgeben, sich Zugang zu Wissen, Bildung, Unterhaltung, Befriedigung verschaffen, die Nacht zum Tag und den Tag zur Nacht, den Sonntag zum Arbeitstag und den Werktag zum Feiertag machen, sich mit Hilfe perfekt inszenierter Erlebnisräume in die Vergangenheit oder in die

Zukunft, in die Antarktis, auf die Seychellen oder in den Weltraum versetzen.

(2) Mit der digitalen Technik und den elektronischen Medien lässt sich *Wirklichkeit neu, anders und besser schaffen*: Die uns umgebende und die eigene körperliche, seelische und geistige Wirklichkeit kann in Form von virtuellen oder simulierten Erlebniswelten um vieles besser, »hyperrealer«, authentischer und attraktiver gestaltet werden; die mit Hilfe der neuen Medien geschaffene Wirklichkeit kann farbiger, sinnlicher, emotionaler, affektiver, lehrreicher, »reizvoller« sein als die vorgegebene; vor allem aber bietet die Neuschaffung die Möglichkeit, die Schattenseiten, Begrenztheiten, Enttäuschungspotenziale der eigenen Wirklichkeit klein zu halten oder gar zu überwinden: Mit Gentechnik sollen Erbkrankheiten und Behinderungen aus der Welt geschafft werden, mit Psychotechnik lassen sich Angst- und Ohnmachtgefühle, mit Wellness-Produkten das Leiden an sich selbst, mit Pharmatechnik depressiv machende Transmitter ausschalten, während die Simulationstechnik die Fehlerhaftigkeit des Menschen entscheidend reduzieren kann.

(3) Mit der digitalen Technik und den elektronischen Medien kann man *von Vorgaben und Sachzwängen unabhängig sein und sich selbstbestimmt verwirklichen*: Gegenüber einer Welt, die durch Traditionen, Vorschriften, Privilegien, Ausgrenzungen, Rechtsansprüche, Zugangsbeschränkungen, Öffnungszeiten, Tarifbestimmungen, Gebrauchs- und Gebührenordnungen usw. geregelt und verwaltet wird, befreien die neuen Möglichkeiten von Vorgaben und Sachzwängen, deregulieren faktisch zahlreiche Arbeits- und Lebensbereiche und schaffen für den Einzelnen neue Verwirklichungsmöglichkeiten und Zugänge zu Ressourcen, über die er selbst verfügen kann.

(4) Mit der digitalen Technik und den elektronischen Medien kann man *von anderen Menschen unabhängig sein und selbstbestimmt mit anderen verbunden sein*: Je mehr Menschen auf andere Menschen angewiesen sind, wenn sie ihre eigenen Lebensmöglichkeiten wahrnehmen möchten, desto eher wird dieses Angewiesensein dazu benutzt, Abhängigkeiten zu schaffen – ob in der Erziehung, im Bildungsbereich, im Berufsleben, im Gesundheitswesen oder im persönlichen Beziehungsleben. Hier ermög-

lichen die neuen Medien völlig andere Beziehungsmuster und Nähe-Distanz-Modelle, die sich sowohl durch eine größere persönliche und emotionale Unabhängigkeit auszeichnen als auch durch ein stärkeres, jedoch selbstbestimmtes Verbundensein über die medialen Kontaktmöglichkeiten. Vor allem schaffen die neuen Medien mit ihren interaktiven Möglichkeiten eine neue Art von Aktivität, die das nur einseitige Kommunizieren und das passive Konsumieren von Information oder Unterhaltung überwinden hilft.

(5) Mit der digitalen Technik und den elektronischen Medien kann jeder, *von individuellen Vorgaben befreit, die eigene Wirklichkeit produzieren:* Vor allem die eigene physische, soziale, kulturelle und affektiv-emotionale Verfasstheit und »Eigentümlichkeit«, die bisher unser Selbst- und Identitätserleben maßgeblich bestimmt hat, lässt sich mit Hilfe von mediengestützten Kommunikations- und Selbsterfahrungstrainings selbstbestimmt verändern und neu schaffen. Dies geschieht in Abhängigkeit davon, in welcher Rolle man sich in welcher Situation und bei welcher Kontaktnahme am echtesten fühlt und man vor sich und anderen glaubwürdig erscheint. Indem sie vom Druck des überkommenen Identitätsgefühls befreien, ermöglichen die neuen digitalen Techniken und elektronischen Medien Spiel, Fantasie und Kreativität, ja erzeugen geradezu eine Lust, in Chat-Rooms, MUDs (»multi user dungeons«) und auf Internet-Plattformen sich selbst neu zu erfinden und zu inszenieren. Viele PC- und »Gesellschafts«-Spiele sind gerade deshalb so attraktiv, weil sie die Möglichkeit bieten, das vorgegebene Identitätserleben durch bestimmte, selbstgewählte Bilder von sich selbst zu ersetzen und dadurch dessen Grenzen zu sprengen.

Die genannten fünf Aspekte können nur andeuten, welche Veränderung der gesellschaftlichen Lebenspraxis durch die technischen Innovationen der letzten vierzig bis fünfzig Jahre möglich geworden ist. Ebenso skizzenhaft und vorläufig müssen die aus dem bisher Ausgeführten resultierenden Gedanken über die Macht der Suggestion und die Suggestibilität des Menschen bleiben, mit denen die Überlegungen zur Entstehung der postmodernen Charakterorientierung abgeschlossen werden sollen.

Die Macht der Suggestion und
die Suggestibilität des Menschen

Wenn Menschen etwas suggeriert wird, dann soll ihnen etwas nahe gebracht und »schmackhaft« gemacht werden. Es wird ihnen nicht nur etwas angeboten und vorgeschlagen, sondern sie werden dazu gedrängt. Die Kunst der Suggestion besteht darin, den Eindruck zu erwecken, dass dem Menschen etwas nur angeboten und vorgeschlagen wird und dass es ganz seiner Willensfreiheit und Entscheidungskraft überlassen ist, ob er das Angebot wahrnimmt oder nicht, gleichzeitig aber seine Willensfreiheit und Entscheidungskraft so zu manipulieren, dass er glaubt, ganz frei und unabhängig von äußeren Einflüssen die gewollte Entscheidung fällen zu können.

Soll dem Menschen etwas suggeriert werden, dann muss ihm – so die bisherige Taktik – auf der einen Seite beteuert werden, dass er als Kunde ein »König« ist und deshalb völlig frei in seinen Entscheidungen, auf der anderen Seite müssen die Möglichkeiten ausgelotet werden, ihn in seinem Willen und seiner Entscheidung so zu manipulieren, dass er die Suggestion nicht bemerkt. Dies ist das klassische Verständnis von »Verführung«, das vor allem Vance Packard in seinem Enthüllungsbuch ›Die geheimen Verführer‹ schon vor fünfzig Jahren für das Medienzeitalter aktualisiert hat.

Die Techniken der Suggestion und Manipulation sind zwischenzeitlich dank der Wirklichkeitsinszenierungen mittels digitaler Technik und elektronischer Medien um vieles komplizierter und raffinierter geworden. Wirklichkeitsinszenierungen setzen in zunehmendem Maße auf die suggestive Kraft, die von Illusionierungen ausgeht (worüber am Ende von Teil III, S. 178–184, noch ausführlicher gehandelt wird). Illusionäre Wirklichkeitsinszenierungen sind inzwischen so ausgefeilt, dass sie tranceähnliche Bewusstseinszustände ermöglichen, die eine quasihypnotische Wirkung haben, also genau das erreichen, was die Hypnose auf eindrucksvolle Weise zustande bringt: einen Menschen so zu programmieren, dass er vermeintlich aus eigenem Antrieb und völlig spontan Dinge denkt, fühlt und tut, die ihm zuvor suggeriert wurden. Um mit den Worten eines Werbetexters zu sprechen: »Es ist die totale Magie: Leuten Lust zu machen auf etwas Neues, das sie sich nicht leisten können und zehn Minuten vorher auch noch nicht brauchten. [...] ›Du wirst schon noch reden‹, sagte man früher zu Menschen unter der Folter; heute heißt es: ›Du wirst schon noch wollen‹« (F. Beigbeder 2002, S. 42 und 48).

Die Inszenierung illusionärer Wirklichkeiten verwendet Simulationstechniken, die kaum noch zwischen einer inszenierten und einer »realen« Wirklichkeit unterscheiden lassen. So segensreich diese Techniken im Bereich der Weltraumforschung, in der medizinischen Operationstechnik oder bei psychologischen Testverfahren sind, so verführerisch und suggestiv sind sie bei der Vermarktung von Erlebniswelten, Lifestyles und Gefühlen.

Auch die suggestive Kraft sinnlicher Verführung hat vor allem im Konsumbereich inzwischen ungeahnte Dimensionen erreicht. Dass visuelle und akustische Reize das Verhalten beeinflussen, ohne dass man sich dessen bewusst ist, machen sich nicht nur Werbepsychologen und Marketingstrategen zunutze. Die für den Verbraucher kaum wahrnehmbare sinnliche Verführung durch Düfte und Gerüche, die zum Beispiel aus dem Kühlaggregat der Wurstabteilung ausströmen, oder die Geschmacksverstärker in den Kartoffel-Chips, die einem keine Ruhe lassen, bis die Tüte leer ist, sind dabei noch harmlose Beispiele.

Die größten Möglichkeiten der Manipulation liegen in jenen sinnlichen Reizen, die für den Menschen überhaupt nicht wahrnehmbar sind, die aber dennoch einen Reiz auslösen. So wurde erst vor kurzer Zeit ein sechster Sinn entdeckt, das so genannte vomeronasale Organ, von dem kurz berichtet werden soll. »Es befindet sich beidseitig im unteren, vorderen Teil der Nasenscheidewand. Die geruchliche Wahrnehmung erfolgt nicht wie bei unserem ersten Nasensinn über das bekannte Riechfeld mit seinen Riechzellen und Riechhärchen, sondern über einen eigenständigen winzigen Schleimhautsack, der durch Einstülpung der Nasenschleimhaut gebildet wird. Am hinteren Schlauchende befinden sich Sinneszellen, die Nervenfasern enthalten. [...] Die aufgenommenen Duftstoffe sind eher geruchsneutral oder werden gar nicht wahrgenommen. Auch werden sie von unserem Gehirn nicht bewusst verarbeitet. Es handelt sich um Erkennungs- und Sexuallockstoffe, so genannte Pheromone« (J. Bensel 2003).

Das Faszinierende und zugleich Bedrohliche an diesem Sinn ist, dass man »die unbewusste Beeinflussung, zumindest die emotionale Erstreaktion nicht verhindern« kann (a.a.O.). Dies legt zumindest das folgende Experiment nahe: Das vom Mann vor allem im Achselschweiß produzierte Androstenol wirkt bei Frauen über ihren ersten Geruchssinn als Sexuallockstoff, der sich allerdings innerhalb kurzer Zeit in Androstenon verwandelt und dann speziell für Frauennasen nach Urin riecht. Offensichtlich wird Androstenon aber vom zweiten Geruchssinn, dem vomeronasalen Organ, dennoch als anziehend und verführerisch wahrgenommen. »In einem Experiment in einer Zahnarztpraxis wurde der unattraktivste Stuhl des Wartezimmers gegenüber der Empfangstheke heimlich mit Androstenon unterhalb der Wahrnehmungsschwelle eingesprüht. Auf den so behandelten Stuhl setzten sich weibliche Patientinnen dreimal häufiger als in einem vorherigen Kontrollversuch ohne Androstenon« (a.a.O.).

Die Kraft sinnlicher Verführung ist aufs Ganze gesehen nur *eine* Möglichkeit der Beeinflussung des Menschen, die dieser kaum oder gar nicht mehr wahrnehmen kann. Die Transmitterforschung in den Neurowissenschaften hat ein anderes, weites Feld der Möglichkeiten von Beeinflussung und Manipulation eröffnet. Das Vorhandensein einer Quantität von verschiedenen Botenstoffen beeinflusst unter anderem auch die psychischen Stimmungen und das affektive und emotionale Erleben des Menschen. Der Segen der modernen Psychopharmaka liegt darin, dass man in ihnen chemische Mittel und somit Wege gefunden hat, die Botenstoffe zu beeinflussen, so dass unerträgliche psychische Befindlichkeiten und Krankheiten mit Hilfe solcher Medikamente reguliert werden können.

Man kann sich aber auch unabhängig von einem psychischen Leidensdruck mit Proxan oder ähnlichen Psychopharmaka für den Alltag so fit machen, dass man immer gut drauf ist und nur noch positiv denkt und fühlt. Die einen versuchen, den Transmitter Serotonin, der für das Glücksgefühl zuständig ist, mit Hormonen zu beeinflussen; andere stimulieren mit Vitamin B^6 den Stoffwechsel im Gehirn, um dadurch den Serotoninspiegel zu erhöhen. Wieder andere machen die Erfahrung, dass sich die depressive Stimmung nach sechzig Minuten Joggen auflöst. Dass über das Auge aufgenommenes Licht in der dunklen Jahreszeit das seelische Schweregefühl vermindert, gehört heute ebenso zum Allgemeinwissen wie die Tatsache, dass angenehme Beziehungserfahrungen das seelische Befinden ganz wesentlich beeinflussen. Neurowissenschaftliche Erkenntnisse und Untersuchungen mit Placebos bestätigen, was vor allem in den östlichen Weisheitstraditionen und in der Religion schon immer praktiziert wurde und in der Kognitionstherapie Beachtung findet, dass nämlich bereits bestimmte Vorstellungen und Denkinhalte Vorgänge im Gehirn auslösen, die das psychische Erleben positiv oder negativ beeinflussen. Manche ziehen daraus den Schluss, es gehe darum, sich nur noch mit positiven Vorstellungen zu beschäftigen, um ein glücklicheres Leben zu führen. Jeder, so glaubt man, habe es heute selbst in der Hand, ob es ihm gut geht oder nicht. Man müsse nur die richtigen Methoden oder Techniken zum Einsatz bringen.

Die zuletzt erwähnten Erkenntnisse haben die Einstellung der meisten Menschen gegenüber Manipulationen und suggestiven Techniken grundlegend verändert. Selbst kritische Zeitgenossen interessiert immer weniger, ob einem etwas suggeriert wird oder nicht – im Gegenteil, was mit Beeinflussung zu tun hat, weckt Interesse. Dies lässt sich auch an der Wertschätzung festmachen, die autosuggestive Techniken zur Steigerung des Wohlbefindens und des Glückserlebens erfahren. Natürlich macht es einen Unterschied, ob jemand mit Hilfe autosuggestiver Techniken etwas mit sich selbst macht oder ob mit einem etwas gemacht wird, von dem man keine Ahnung hat. Dennoch ist die Empfindlichkeit und kritische Einstellung gegenüber allem Suggestiven und Manipulativen deutlich zurückgegangen und zum Teil durch ein Interesse daran ersetzt worden.

Diese veränderte Einstellung zu Suggestion, Autosuggestion, Simulation und anderen Manipulationsmöglichkeiten steht in einem direkten Bezug zur postmodernen Wirklichkeitswahrnehmung. Nicht zuletzt die überwältigenden Möglichkeiten, Wirklichkeit mit der digitalen Technik und den elektronischen Medien neu und anders herzustellen, haben die Faszination für das Machbare und Gemachte noch einmal gesteigert und zu einer immer größeren Wertschätzung von allem »gemachten« Vermögen geführt. Mit »gemachtem« Vermögen, darüber wird ausführlich in

Teil III (S. 103–109, bes. S. 108 f.) gehandelt, ist bevorzugt alles gemeint, was eine vom eigenen menschlichen Vermögen weitgehend unabhängige Potenz und Wirksamkeit hat. Dazu gehören nicht nur die technischen Errungenschaften, sondern alles Know-how, alles Wissen darum, wie etwas geht und wie man etwas beeinflussen kann. Wichtig ist nur, dass etwas funktioniert und man die Gebrauchsanweisung kennt – egal, ob es um rhetorische Technik, Psychotechnik, Meditationstechnik oder um die Anleitung zur Beeinflussung von Transmittern geht. Diese Faszination für das »gemachte« Vermögen relativiert die Frage, ob etwas manipulativ, suggestiv oder autosuggestiv ist.

Die postmoderne Wirklichkeitswahrnehmung führt darüber hinaus auch zu einer verstärkten *Suggestibilität* des Menschen. Wenn so viel neu und anders gemacht werden kann und soll und möglichst nichts mehr gilt, was bisher gegolten hat, dann kommt es zu einem zunehmenden Verlust von überliefertem Handlungswissen, von Handlungsanleitungen und gelernten Fähigkeiten, von Wertvorstellungen und ethischen Maßstäben, Kommunikationsformen und Beziehungsmodellen usw. Dieser Verlust führt – psychologisch gesehen – zu einer Ich-Regression, die sich in einer manchmal fast kindlichen »Gläubigkeit« und Offenheit für alles zeigt, was neue Orientierung gibt. Mit den heutigen Möglichkeiten der Wirklichkeitserzeugung geht faktisch eine tief greifende Desorientierung des Menschen einher, die ihn notwendigerweise empfänglich macht für alles, was trendig und neu ist und ihm sagt, wie etwas geht. Der Buch- und Illustriertenmarkt, aber auch Radio- und Fernsehprogramme leben zu einem großen Teil von ihrer Ratgeberfunktion nach dem Motto: »Wir sagen Ihnen, wie es geht.« Die größere Offenheit des postmodernen Menschen bedeutet auch eine erhöhte Suggestibilität. Er ist nicht nur beeinflussbarer, sondern auch eher bereit, sich beeinflussen zu lassen, weil ihn oft nur noch interessiert, ob sein Umgang mit »gemachtem« Vermögen effektiv ist.

Ungeachtet dieses Pragmatismus drängen sich zwei Fragen auf. Ob mit Medikamenten oder mit positiven Kognitionen, mit Suggestion oder Autosuggestion das Gewünschte erreicht wird – zu fragen ist zum einen, was sich der Postmoderne denn überhaupt wünscht. Ist eine *nachhaltige* Wirkung das Ziel, so ist diese nur dadurch zu erreichen, dass etwas wächst und sich mit dem Wachstum auch etwas im Menschen verändert. Ob man diese nachhaltige Wirkung psychologisch mit dem Begriff der »Veränderung des Charakters zu mehr Produktivität« beziehungsweise mit dem Begriff des »psychischen Wachstums« bezeichnet oder ob man neurologisch vom Wachstum von Dendriten und Synapsen und der mit diesem Wachstum in Gang kommenden Eigendynamik spricht, ist nur eine Frage des Zugangs zum gleichen Phänomen: Es gibt Beeinflussungen, die eine nachhaltige Wirkung haben, und andere, die keine nachhaltige Wirkung haben.

Beeinflussungen ohne nachhaltige Wirkung müssen stets von neuem vorgenommen werden. Psychopharmaka zeigen ihre Wirkung nur bei einer Dauermedikation. Autogenes Training, so hilfreich es in der konkreten Situation ist, hat im Allgemeinen keinen nachhaltigen Effekt in dem Sinn, dass es nicht wieder zu Verspannungen oder Einschlafstörungen kommt. Auch andere autosuggestive und suggestive Techniken führen nur vorübergehende Veränderungen herbei, es sei denn, sie sind mit einer – meist anstrengenden – Praxis von körperlichen, seelischen und geistigen Eigenkräften des Menschen verbunden. Unter der Perspektive des Menschenmöglichen ist die Anwendung von »gemachtem« Vermögen, das keine nachhaltige Wirkung zeigt, nicht zufrieden stellend, ja letztlich enttäuschend. Dies ist denn auch der Grund, warum der postmoderne Mensch in diesem Buch unter charakterologischer Perspektive untersucht wird, das heißt unter der Fragestellung, welche nachhaltigen Wirkungen diese neue Art zu leben hat.

Die zweite Frage bezieht sich auf den Trend, mit suggestiven und autosuggestiven Techniken nur noch positive Kognitionen und Gefühle spüren zu wollen. Dabei wird nicht gefragt, ob dies möglich ist, sondern ob man sich und seiner Umwelt wirklich etwas Gutes tut, wenn man alles Widerständige, Unangenehme, Schwierige, Frustrierte und Frustrierende aus der Selbstwahrnehmung und dem Bezogensein auf andere herauszuhalten versucht. Nach allem, was über die Prozesshaftigkeit des Lebens, besonders aber über psychische Entwicklung bekannt ist, ist alles Lebendige einem Wechsel von Werden *und* Sterben, von Bindung *und*

Trennung, von Zuwendung *und* Aggression unterworfen. Man kann sich nicht trennen und nicht entwickeln, wenn man nicht auch aggressiv ist und zu seinen Distanzierungsgefühlen steht. Offensichtlich gibt es Eigengesetzlichkeiten des menschlichen Lebens, die der postmodernen Machbarkeit Grenzen setzen.

Im Folgenden soll das Ergebnis des psychischen Anpassungs-vorgangs an die wirtschaftlichen, technischen und anderen Ver-änderungen beschrieben werden, das in der postmodernen Ich-Orientierung zu Tage tritt. Dabei spielt die Frage, ob die neue Charakterorientierung eine produktive oder nicht-produktive Wir-kung für den Menschen hat, noch keine Rolle. (Davon handelt Teil III.) Es geht zunächst nur darum zu zeigen, wie die genann-ten Veränderungen der Lebenspraxis internalisiert und als leiden-schaftliche Charakterorientierung und Charakterzüge *bewusst* erlebt werden.

Teil II

Der postmoderne Mensch

Die postmoderne Ich-Orientierung

»Nur wenn du etwas aus dir machst, bist du was!«

Der postmoderne Ich-Orientierte strebt leidenschaftlich danach, frei, spontan, unabhängig und ohne Begrenzungen durch Vor- und Maßgaben selbst bestimmen zu können. Das entscheidende Movens ist die postmoderne *Lust an der selbstbestimmten, ich-orientierten Erzeugung von Wirklichkeit,* und zwar der den Menschen umgebenden Wirklichkeit, die er sich selbst schafft, ebenso wie der Wirklichkeit, die er selbst ist, indem er sich selbst erschafft – nach dem Motto: »Nur wenn du etwas aus dir machst, bist du was!« Diese Lust an einer ich-orientierten Wirklichkeitserzeugung ist der Grund, warum diese Gesellschafts-Charakterorientierung postmoderne *Ich-Orientierung* genannt wird.

Die Grundüberzeugung *postmoderner Ich-Orientierung* lautet: »Lass dir von niemandem sagen, wer du bist. Du bist der, der *du* bist.« (»Bleib du du!« war schon vor Jahren der Slogan der Zitronenlimonade »Sprite«.) Nur in der radikalen Ich-Orientierung einer spontanen und freien Selbstsetzung und Selbstinszenierung lässt sich das Authentische und Eigene postmodern in Erfahrung bringen. Alles ist beliebig. Mit jedem und allem kann und soll spielerisch umgegangen werden. Es gibt nichts, was es nicht gibt, und deshalb geht alles. Und alles, was geht, ist o. k. Es gibt nichts, was nicht im Fluss wäre. Alles ist fließend. Keiner hat das Recht zu sagen, was gut oder böse, richtig oder falsch, gesund oder krank, echt oder unecht, realitätsgerecht oder illusionär ist. Was zählt, ist allein die ich-orientierte Erzeugung von Wirklichkeit: »dass ich ich selbst bin«.

Um die Leidenschaftlichkeit dieser *postmodernen Ich-Orientierung* mit Hilfe eines Vergleichs zu verdeutlichen: Die alltäglichste Erfahrung von Wirklichkeitserzeugung ist heute der Druck auf den Powerknopf des Fernsehers beziehungsweise auf die Programmtasten der Fernbedienung. Mit dem Druck auf den Knopf erzeuge ich eine Wirklichkeit, die sich meist fundamental von der mir vorgegebenen im Wohnzimmer unterscheidet. Der postmoderne Ich-Orientierte tut genau dies mit großer Leidenschaftlichkeit: Indem er seine eigene, ihn umgebende Wirklichkeit selbstbestimmt erzeugt, ist er sein eigener Fernsehproduzent und Programmdirektor. Deshalb kann er sich mit sich selbst identisch erleben, und zwar auch dann, wenn er durch seine Programme zappt.

Ähnlich wie bei anderen Charakterorientierungen nehmen auch bei der postmodernen Ich-Orientierung bestimmte Berufe eine Vorreiterrolle ein. Dies sind in erster Linie Berufe, die mit den neuen digitalen Techniken und Medien zu tun haben beziehungsweise diese nützen. Das Spektrum reicht von den IT-Branchen, den Programmierern, Softwareherstellern und Webdesignern über die »Kultur produzierenden« Berufe in Film, Fernsehen, Unterhaltungsindustrie, Printmedien bis zu den Künstlern, Meinungsmachern, Unterhaltungsmachern, Journalisten, der Werbebranche, den Markterzeugern und jenen so genannten Lebenswissenschaftlern, die sich anschicken, die Schöpfung zu erneuern und zu verbessern. Was heute zählt, ist das Erzeugen einer Wirklichkeit, die selbstbestimmt und deshalb neu, anders und besser ist.

Die postmoderne Ich-Orientierung in Abgrenzung von anderen Ich-Orientierungen

Die Leidenschaftlichkeit der postmodernen Ich-Orientierung gewinnt noch deutlichere Konturen, wenn sie von anderen leidenschaftlichen Strebungen der Selbstbestimmung und Ich-Orientierung abgegrenzt wird (auch wenn es in der Realität zu Mischungen mit diesen kommen mag).

(1) Die postmoderne Ich-Orientierung ist zunächst vom *Narzissmus* und von mehr oder weniger psychotischen Wirklichkeitsverzerrungen abzugrenzen. Auch wenn heute unter Narzissmus ziemlich alles verstanden wird, was mit Selbstinteresse, Eitelkeit oder Überbetonung des Eigenen zu tun hat, tut man gut daran, ihn im Sinne Fromms (vgl. vor allem E. Fromm 1964a, GA II, S. 199–223) klar zu definieren als verzerrte – weil überdimensionierte – Wahrnehmung des eigenen Selbst, die in der Regel auch eine verzerrte Wahrnehmung von allem zur Folge hat, was nicht zum eigenen Selbst zählt. Der Narzisst nimmt sein eigenes Selbst

als grandios wahr – im positiven wie im negativen Sinn –, auch wer sich als größter Sünder oder nichtswürdiger Mensch erlebt, leidet an einem ins Negative gewendeten grandiosen Bild von sich selbst. Dabei verleugnet er die entsprechende andere Seite (das Erleben der eigenen Schwäche, des eigenen Versagens, der Fehlerhaftigkeit, Ängstlichkeit, Bedürftigkeit, Abhängigkeit beziehungsweise das Erleben der eigenen Fähigkeiten, Potenzen, Talente, Würde usw.) bei sich selbst und findet sie in der Projektion auf die Umwelt wieder. Diese Verleugnungs- und Projektionsnotwendigkeit bestimmt die Beziehung des Narzissten zu seiner Umwelt. Das Beziehungsgeschehen ist bei der narzisstischen Selbstidealisierung durch Entwertung der Umwelt, bei der narzisstischen Selbstentwertung durch Idealisierung der Umwelt gekennzeichnet. Im Falle des postmodernen Ich-Orientierten lässt sich weder eine solche Verleugnungs- und Projektionsnotwendigkeit beobachten noch die für den Narzissten typische Idealisierungs- und Entwertungsdynamik.

Selbst wenn der Ich-Orientierte bevorzugt illusionäre Wirklichkeiten inszeniert beziehungsweise gerne in illusionäre Wirklichkeiten eintaucht, um alles andere zu vergessen, sieht er im Allgemeinen keine Notwendigkeit, das Ausgeblendete in seiner Umwelt wahrzunehmen und sich selbst vom Leib halten zu müssen. Dass der Illusionen inszenierende und konsumierende Ich-Orientierte die von den Illusionen ausgeblendete Wirklichkeit dennoch verleugnet und außerhalb seines eigenen Wahrnehmungsbereichs unterbringen muss, widerspricht dem Gesagten nicht. Fakt bleibt trotzdem, dass der Narzisst das Verleugnete wahrnimmt und bekämpft, während der Ich-Orientierte es nicht wahrnimmt und auch nicht bekämpft, es aber – wie zu zeigen sein wird (siehe Teil III) – mit Hilfe der projektiven Identifikation außerhalb des eigenen psychischen Raumes unterbringt.

(2) Eine zweite Form der Ich-Bestimmung, die von der postmodernen Ich-Orientierung unterschieden werden sollte, ist der *Egoismus*. Auch mit diesem Begriff werden heute alle möglichen Formen der Selbstliebe, Selbstbehauptung, Selbstsucht und Egozentrik konnotiert, so dass es sinnvoll ist, sich – mit Fromm – auf eine Bedeutung zu verständigen, die psychologisch plausibel ist (und auch in der Begriffsgeschichte immer im Vordergrund stand):

»Egoismus ist seinem Wesen nach eine Form der Gier. Der Egoist möchte alles für sich selbst haben, er möchte nicht mit anderen teilen, er sieht in anderen eher eine Bedrohung als potenzielle Freunde« (E. Fromm 1979a, GA VIII, S. 299). Im Allgemeinen hat der Egoist im Unterschied zum Narzissten sogar eine besondere Fähigkeit, seine Umwelt genau und richtig wahrzunehmen, eben weil er sich auf Grund seiner egoistischen Gier einen Vorteil verschaffen will. Für den postmodernen Ich-Orientierten ist – wie auch Heiner Keupp (2000, S. 32 f.) unterstreicht – diese egoistische Gier untypisch. Der Postmoderne kann zwar in seiner ehrgeizigen, durchsetzungsstarken Verhaltensweise sehr rücksichtslos sein, aber seine Leidenschaft ist nicht egoistisch-gierig; auch sucht er nicht seinen Vorteil zum Schaden eines anderen, wie dies für egoistische Menschen typisch ist.

(3) Relativ einfach ist die Abgrenzung der postmodernen Ich-Orientierung zum *Autismus*. Auch wenn dieser Begriff in den letzten Jahren eine ähnliche Bedeutungsinflation erfahren hat wie der des Narzissmus und des Egoismus und jeder, der seine eigene Welt lebt, gleich autistisch genannt wird, ist doch ganz offensichtlich die Lust des Ich-Orientierten an der freien und spontanen Erzeugung von erlebnisreicher Wirklichkeit gerade das Gegenteil einer autistischen Abkapselung.

(4) Unschwer ist auch die Abgrenzung der postmodernen zur *autoritär-sadistischen* Selbstbestimmung und *Ich-Orientierung*: Wann immer eine Autorität sagt, *ich* bestimme hier, *ich* habe hier das Sagen, *ich* weiß, was besser ist für dich, *ich* bestimme, was wahr ist, dann versucht dieses Ich unter Umständen auch, Wirklichkeit zu erzeugen. Doch ist klar, dass diese Art von Selbstbestimmung und Ich-Orientierung von der Leidenschaftlichkeit bestimmt ist, Herrschaft ausüben zu wollen und abhängig zu machen oder zu halten, was die postmoderne Ich-Orientierung nicht im Sinn hat.

Es wird immer wieder geklagt, dass gerade die postmodernen ich-orientierten Führungspersönlichkeiten einen rücksichtslos autoritären Führungsstil pflegten. Eine charakterologische Betrachtungsweise würde in den meisten Fällen erbringen, dass die leidenschaftliche Grundstrebung, die diesen Führungsstil hervorbringt, nicht autoritär-sadistisch ist. Rücksichtsloses Bestimmen ist eine typische Charaktereigenschaft von Narzissten oder von postmodernen Ich-Orientierten, während autoritäre Führungskräfte Herrschaft ausüben wollen und Lust daran haben, andere zu bevormunden, zu quälen und klein zu halten.

(5) Ein weiterer Art der Ich-Orientierung, die der postmodernen auf den ersten Blick sehr ähnlich sieht, ist das selbstbewusste, gewinnende, sich selbst zur Darstellung bringende Auftreten des *Marketing-Charakters.* Der Marketing-Charakter eignet sich jenes Persönlichkeitsprofil an, mit dem er ankommt, erfolgreich ist, sich verkaufen kann. Auch er hat kein Ich, »an dem er festhalten könnte, das ihm gehört, das sich nicht wandelt. Denn er ändert sein Ich ständig nach dem Prinzip: ›Ich bin so, wie du mich haben möchtest‹« (E. Fromm 1976a, GA II, S. 374). Auch der Marketing-Charakter versucht, Wirklichkeit zu erzeugen, indem er sich kompetent, einfühlsam, interessiert, zuvorkommend, kommunikativ, durchsetzungsfähig usw. zeigt. Doch genau hier wird der Unterschied zum postmodernen Ich-Orientierten deutlich. Dieser will Wirklichkeit erzeugen aus Lust an der Selbstinszenierung, die durchaus Unterhaltungswert für andere haben kann. Der Marketing-Orientierte hingegen bemüht sich, auf dem Markt anzukommen, begreift sich selbst als Produkt, das es zu verkaufen gilt, und erzeugt zu diesem Zweck eine Wirklichkeit, mit der er sich erfolgreich verkaufen kann. Beim Marketing-Charakter ist die Wirklichkeitserzeugung Verkaufsstrategie und Mittel zum Zweck, bei der postmodernen Ich-Orientierung ist sie Selbstzweck.

(6) Der Versuch, die postmoderne Ich-Orientierung als Ausbund von *Subjektivismus* zu verstehen, setzt voraus, dass es bei dieser Charakterorientierung doch so etwas wie ein Subjekt und Subjekterleben gibt. Das Fehlen der Subjektfähigkeit und eines Subjekterlebens im Sinne eines abgegrenzten, unabhängigen Subjekts ist aber für viele Autoren gerade ein wesentliches Merkmal postmodernen Selbsterlebens. »Wir seien nicht länger Subjekte, sondern Terminals, in denen zahlreiche Netze zusammenlaufen«, resümiert Hans-Joachim Busch (2002, S. 7) mehrere Autoren, die sich mit dem postmodernen Subjekterleben befassen. Und Elisabeth List (2000) gebraucht zur Kennzeichnung der postmodernen Subjekte den Begriff »Terminal Bodies«. – Darüber hinaus gilt es zu bedenken, dass mit »subjektivistisch« zumeist konnotiert wird,

dass jemand die Dinge nur aus seiner festgelegten eigenen Sicht betrachten kann – nur durch *seine* Brille – und gerade keine Offenheit für anderes und andere Sichtweisen hat, während der Ich-Orientierte so »open-minded« ist, dass kein Eigenes mehr erkennbar ist.

(7) Am schwierigsten ist die Abgrenzung der postmodernen Ich-Orientierung von der *Autonomie der produktiven Charakterorientierung.* Beiden geht es um freie, spontane Selbstsetzung und Selbstbestimmung ohne jede Form der Fremdbestimmung. Und doch gibt es einen auffälligen Unterschied: Wenn ein produktiv Orientierter seine Autonomie verwirklicht, sich also aus sich selbst bestimmt, dann bestimmt er sich aus seinem Sein, aus seinen in ihm wurzelnden Kräften, Gefühlen und Bedürfnissen – kurzum aus allem, was er an Eigentümlichem und unverwechselbar Eigenem als zu sich und seiner Identität gehörig erlebt. Vermag er in dieser Weise autonom aus sich selbst zu leben, dann gefährden Ansprüche und Erwartungen anderer auch nicht seine Autonomie. – Der postmoderne Ich-Orientierte kann mit einer solchen Beschreibung von Autonomie vermutlich überhaupt nichts anfangen, weil sich für ihn die freie und spontane Selbstbestimmung in der Erzeugung einer Wirklichkeit realisiert, die das Ich ohne Vorgabe und Inhalt – das heißt aus dem Nichts – je neu schafft und sich gerade darin selbstbestimmt und autonom erlebt. Anders als für den produktiv Orientierten gibt es für den postmodernen Ich-Orientierten kein Sein und kein Identitätserleben jenseits der spontanen Wirklichkeitserzeugung des ansonsten nicht definierbaren Selbsterlebens.

Die Psychodynamik der postmodernen Ich-Orientierung lässt sich erst richtig begreifen, wenn erkannt wird, dass sie zumeist in zwei verschiedenen Erscheinungsweisen zu Tage tritt: in einer aktiven Anbieter-Persönlichkeit und in einer passiven Nutzer-Persönlichkeit. Wie zu zeigen sein wird, gehören diese beiden Seiten zusammen. Sie können auf verschiedene Personen verteilt sein, wobei die jeweils andere Seite dann bei den Betreffenden selbst bewusstseinsfern ist; sie können aber auch in ein und derselben Person bewusst erlebt werden, wenn auch gewöhnlich in verschiedenen Hinsichten oder Kontexten.

Der aktive und der passive Typus

Selbstbestimmte, ich-orientierte Erzeugung von Wirklichkeit bedeutet nicht notwendig, dass jeder Ich-Orientierte auch *aktiv Wirklichkeit erzeugen* will. Man kann nämlich auch Lust an einer selbstbestimmten, ich-orientierten Erzeugung von Wirklichkeit haben, indem man in eine solche eintaucht und an ihr *passiv Anteil hat*. Es ist deshalb zwischen einer aktiven und einer passiven postmodernen Ich-Orientierung zu unterscheiden. Für den aktiven Postmodernen ist kennzeichnend, dass er seine Ich-Orientierung durch die Erzeugung von Wirklichkeit aktiv auslebt, während der passive Postmoderne sie als ein teilhabendes Erleben von erzeugter Wirklichkeit erfährt. Der aktive Postmoderne ist ein selbstbestimmter *Anbieter*, der passive Postmoderne ein selbstbestimmter *Nutzer* von erzeugter Wirklichkeit. Für den Ersteren ist das selbstbestimmte *Erzeugen von Erlebnissen und Erlebniswelten* attraktiv, während der Zweite vom selbstbestimmten *Miterleben von Erlebniswelten* angezogen wird.

Die schwindende Bedeutung des Eigentums und des Eigenen

Der tiefere Grund für die psychologische Unterscheidung zwischen einer aktiven Anbieter-Persönlichkeit und einer passiven Nutzer-Persönlichkeit bei der postmodernen Ich-Orientierung ist, wie die Begriffe »Anbieter« und »Nutzer« bereits nahe legen, in den Veränderungen des Marktes und der kapitalistischen Marktwirtschaft zu sehen sowie in der Rolle, die das Eigentum dabei spielt (vgl. hierzu vor allem J. Rifkin 2000). Eigentum hat sowohl auf der Produzenten- wie auch auf der Konsumentenseite nicht mehr die überragende Bedeutung, die es in den letzten Jahrhunderten hatte. Produziert wird heute weitgehend ohne Besitz von Eigentum, und auch die Aneignung geschieht zunehmend ohne den Erwerb von Eigentum. Das Produkt, das angeboten wird, vermehrt vielmehr die Zugänge zu nutzbaren Wirklichkeiten und zu Erlebniswelten, zielt also auf die Bereitstellung von Zugängen ab.

Entsprechend ist der Verkäufer zum Anbieter geworden und der Käufer zum Nutzer.

Eigentum verliert in der Wirtschaft stetig an Relevanz. Genau das Gleiche behaupten Beobachter, die sich mit der Psyche des postmodernen Menschen beschäftigen. Sie sprechen zwar nicht vom Ende des »Eigentums«, aber vom Verlust des Eigenen und »Eigentümlichen« beziehungsweise vom Ende eines bestimmten und bestimmbaren Erlebens der Wirklichkeit wie auch des eigenen Selbst, also des Identitätserlebens. Dass das eine mit dem anderen tatsächlich zusammenhängt, wird bereits sprachlich deutlich: Im Begriff des »Eigentümlichen« steckt das Wort Eigentum. In beiden Bereichen verliert das Eigene an Bedeutung.

Den nachhaltigen Veränderungen auf dem Markt, wo es immer weniger um den Tausch von Eigentum und immer mehr um das Produzieren von Erlebniswelten und das Schaffen von Zugang zum Erleben seelischer Eigentümlichkeiten geht, entsprechen ganz ähnliche psychische Veränderungen beim Einzelnen. Sie finden Ausdruck in der Art des Bezogenseins auf die den Menschen umgebende Wirklichkeit und auf ihn selbst.

Der *Bezug zur Wirklichkeit und zu anderen Menschen* wird zunehmend ohne Inanspruchnahme dessen, was dem Menschen an psychischen Eigenkräften und entwickelten Eigenschaften zu Eigen ist, gestaltet. Unabhängig von individuellen Bindungswünschen und ohne Rückgriff auf die psychischen Eigentümlichkeiten des Menschen wird der Bezug zu allem, was außerhalb des eigenen Ichs ist, aktiv konstruiert und der Umwelt angeboten. Oder es wird versucht, zu einer solchen erzeugten Wirklichkeit Zugang zu bekommen und (passiv) in sie einzutauchen beziehungsweise (interaktiv) an ihr Anteil zu haben.

Was für das Bezogensein auf die Umwelt zutrifft, gilt auch für den *Bezug zu sich selbst*, also für das Selbst- oder Identitätserleben. Auch hier spielen Eigensein und Eigentümlichkeit in Form von gewachsenen und für einen selbst ganz typischen Eigenschaften wie Sinnlichkeit oder Ängstlichkeit, Lebensfreude oder Schüchternheit kaum noch eine Rolle bei der Definition und beim Erleben dessen, wer und was ein Mensch ist. »Ich bin der, den ich in freier und spontaner Selbstsetzung konstruiere und erzeuge, so dass ich jetzt so und nachher anders bin und mich erlebe.« Der postmoderne Ich-Orientierte definiert sich nicht aus dem, was er ist oder geworden ist, was in ihm steckt oder er aus sich hervorbringen kann. Für ihn zählt nicht das Gewordene, und es interessiert ihn auch nicht, dass etwas in ihm steckt, auf das er zurückgreift. Auch geht es nicht um Rollen, in die sich der postmoderne Mensch versetzt, denn das Bild von der Rolle setzt voraus, dass es jemanden gibt, der in die Rolle erst hineinschlüpft. Postmoderne Ich-Orientierte konstruieren ihr Selbst- und Identitätserleben vielmehr in zunehmendem Maße frei und unabhängig von angeblichen Merkmalen des Eigenen und von Eigentümlichkeiten. Ihr Selbsterleben geht sozusagen aus dem Nichts hervor, ist die pure Selbsterschaffung oder, wie Edith Frank-Rieser (2002, S. 62) kritisch formuliert, die »chronische Selbsterfindung«.

Diese Beobachtung spiegelt sich auch in den Versuchen, das Identitätserleben des postmodernen Menschen begrifflich zu erfassen. Am bekanntesten ist die Bezeichnung »Patchwork-Identität« (vgl. etwa H. Keupp 1999 und 2000 sowie R. Haubl 1997, S. 68–75). Andere Begriffsbildungen sind das »proteische Selbst« (R. J. Lifton 1993), der »multiphrene Zustand« (K. J. Gergen 1996), »multiple Identitäten« (S. Turkle 1995) oder »vielfältige Teil-Selbste« (H. Bilden 1998). Heiner Keupp (2000, S. 8f.) greift in einem Buchtitel die von Ulrich Beck (1997, S. 9) in einer Kontroverse mit dem Limburger Bischof Franz Kamphaus benützte Bezeichnung »Ichlinge« auf, um sich gegen den von Ulrich Beck favorisierten Begriff »Kinder der Freiheit«, die als »Lebensästheten [...] an der eigenen Biografie, der eigenen Moral und auch der eigenen Religion« »basteln« (U. Beck 1997, S. 191), kritisch abzugrenzen. – Michael Ermann (2003, S. 191) spricht vom »medialen Sozialisationstypus«, der sich auf Grund der einseitigen Kommunikation des gegenwärtigen Menschen mit den Medien entwickelt. Diese führt zur »medialen Identität«, die aber das interaktive Bedürfnis des Menschen frustriert, so dass die mediale Identität »als eine Variante von narzisstischer Identität« verstanden werden kann (a. a. O., S. 186).

Am besten scheint die Bezeichnung »frei flottierendes Identitätserleben« (»floating identities«) zuzutreffen, die die Philosophin Elisabeth List (2000) benützt. Der Begriff knüpft an das Phänomen der frei flottierenden Angst an. Diese ist an kein erkennbares Objekt gebunden. Ein frei flottierendes Identitätserleben ist dementsprechend ein Ich-Erleben, das an kein erkennbares Subjekt gebunden ist.

Insgesamt werden allerdings diese Versuche, das Identitätserleben des postmodernen Menschen in einen Begriff zu fassen, der Erkenntnis nicht gerecht, dass man zwischen einer aktiven und einer passiven Art, sich selbst zu erleben, unterscheiden muss. Der passive Nutzer konstruiert nicht aktiv sein Selbsterleben, sondern partizipiert am offerierten Identitätserleben anderer. Auch für ihn gilt, dass sein Selbsterleben keinen Grund in ihm selbst hat. Doch bedient er sich bei der freien und selbstbestimmten Erzeugung seines Selbsterlebens desjenigen Angebots, das für ihn im jeweiligen Augenblick und in der jeweiligen Situation passt, und zwar nicht, weil es *zu* ihm passt, sondern weil es *ihm* passt!

Der schwindenden Bedeutung von Eigentum für die Marktwirtschaft entspricht also psychisch beim postmodernen Menschen eine schwindende Bedeutung des »Eigentümlichen«. So wird beim Bezogensein auf die Umwelt nicht mehr aus dem Eigenen geschöpft und beim Identitätserleben das Eigensein nicht mehr gespürt und behauptet. Es zählen vielmehr das *Anbieten* einer frei erzeugten Wirklichkeit, auch der eigenen, sowie das Zuganghaben zu und *Nutzen* von angebotener Erlebniswirklichkeit, auch hinsichtlich des Selbsterlebens. Nicht nur beim eigenen Bezug zur umgebenden Wirklichkeit, sondern auch beim Identitätserleben gibt es also den Anbieter- und den Nutzertypus. Es ist deshalb angezeigt, bei der postmodernen Ich-Orientierung jeweils zwischen einer aktiven Anbieterpersönlichkeit und einer passiven Nutzerpersönlichkeit zu unterscheiden.

Nachfolgend sollen signifikante Persönlichkeitszüge sowohl des aktiven Anbietertypus als auch des passiven Nutzertypus skizziert werden. Dies geschieht unter verschiedenen Perspektiven:

(1) hinsichtlich des Bezogenseins auf die äußere Wirklichkeit und auf andere Menschen;

(2) hinsichtlich des Bezogenseins auf sich selbst und des Selbsterlebens;

(3) hinsichtlich beruflicher Arbeit sowie des Freizeit- und Konsumverhaltens;

(4) hinsichtlich Bildung und Kultur sowie sozialer und politischer Verantwortung;
(5) hinsichtlich Lebensstil und Alltagsästhetik;
(6) hinsichtlich gesellschaftlicher und individueller Wertorientierungen sowie der Lebenskunst;
(7) hinsichtlich der Denk- und Wahrnehmungsmuster sowie des Raum- und Zeiterlebens.

(Eine zusammenfassende tabellarische Übersicht findet sich im Anhang, S. 237.)

Persönlichkeitszüge des aktiven Ich-Orientierten (Anbietertypus)

(1) Was den aktiven Typus oder Anbietertypus im Innersten motiviert, auf die *äußere Wirklichkeit* und auf *andere Menschen bezogen* zu sein, ist die Lust, Wirklichkeit selbstbestimmt neu zu erzeugen und als inszenierte Erlebniswirklichkeit anzubieten.

Die Welt, die uns umgibt – das, was wir traditionell die »äußere Wirklichkeit« nennen –, darf keine begrenzende oder determinierende Funktion haben, sondern wird als beliebig verwendbarer Baukasten (»construction kit« – J. Ueltzhöffer) begriffen. Passt die vorgegebene Wirklichkeit nicht in das Design der selbstbestimmten Neukonstruktion, etwa weil sie Grenzen setzt, zu wenig anregend und befriedigend ist, leidvolle, destruktive oder krank machende Potenziale enthält, dann ist sie durch eine dank technischer Möglichkeiten selbst hergestellte und (medial oder virtuell) inszenierte Wirklichkeit zu ersetzen. Diese zeichnet sich dadurch aus, dass sie nicht an die herkömmlichen Grenzen gebunden ist, dass sie eine aktivierende Erlebnisqualität und einen Unterhaltungswert hat (»Today is Living. Living is Creating« – Werbung von Nikon). Nebst der anderen Erlebnisqualität »gemachter« Wirklichkeit ist die Möglichkeit der »Entgrenzung« der Wirklichkeit (»blurring boundaries«) für den aktiven Ich-Orientierten von großem Reiz, sei es nun die Entgrenzung von Raum und Zeit (»Ein bisschen weiter als unendlich« – Werbung von Givenchy) oder die Überwindung vorgegebener biologischer, psychologischer oder sozialer Strukturen (»Willkommen in einer besseren Welt« – Werbung von Rhône Poulenc).

Was sich hinsichtlich des Bezogenseins auf die Wirklichkeit feststellen lässt, gilt auch für das Bezogensein auf andere Menschen. Die selbstbestimmte und unkonventionelle Art des Bezogenseins schließt alle zwischenmenschlichen Beziehungsarten aus, die auf Pflichtgefühl und emotionalem Verbundensein aufbauen und Rücksicht oder Verbindlichkeit verlangen; Erwartungen, die der andere auf einen richtet, sind beziehungsschädigend. Beziehungen gelingen, wenn jeder als autonomer Single versucht, sein Ich für den anderen zum Erlebnis zu machen, und man sich des gegenseitigen Unterhaltungswertes auf diese Weise versichert. Die gewollte Unverbindlichkeit beinhaltet ein hohes Maß an Toleranz und Achtung vor dem anderen sowie an Kooperationsbereitschaft und Fairness im Umgang mit ihm, aber auch an Gleichgültigkeit gegenüber allem, was keinen Unterhaltungswert hat. Treue gibt es meist nur projektorientiert, das heißt, solange man gemeinsam Wirklichkeit neu schaffen kann. Anders als der passive Ich-Orientierte, für den das familiäre Leben durch sein Bedürfnis, verbunden zu sein, aufs Neue attraktiv geworden ist, versteht der aktive Postmoderne die Familie als ein Ensemble von ich-orientierten Lebenskünstlern, deren Teamgeist Eindruck macht und jeden seine eigene Kreativität entwickeln lässt.

Der aktive Postmoderne ist ausgesprochen kontaktfreudig. Tatsächlich versteht er unter Beziehungsfähigkeit in erster Linie die Fähigkeit, Kontakte herzustellen und unterhaltsam zu sein. Er ist der geborene Entertainer. Kommunikation bedeutet vor allem Selbstinszenierung und Offerieren von Erlebnissen unter Ausschluss von emotionaler Bindung und Nähe.

Besonders auffällig ist der Umgang des aktiven Ich-Orientierten mit zwischenmenschlichen Schwierigkeiten und Problemen. So sehr er alles Vorgegebene in oft zynischer Weise in Frage stellt und demaskiert, so sehr versucht er, jede Kritik an sich selbst zu verleugnen beziehungsweise ihr dadurch aus dem Wege zu gehen, dass er das gemeinsame Projekt verlässt und sich eine neue Beziehungswirklichkeit schafft. Überhaupt versteht er Trennungen nicht als Verluste, die ihn einsam und traurig machen könnten, sondern als Beendigungen von Projekten, die der selbstbestimmten eigenen Weiterentwicklung nur nützlich sind.

(2) Welches *Identitätserleben* hat der aktive Ich-Orientierte? So, wie der Erlebnisweltenanbieter darauf setzt, dass das medial inszenierte und simulierte Erlebnis um vieles wirklicher und attraktiver ist als ein Erleben, das auf das eigene psychische Vermögen zurückgreift, versucht der aktive Postmoderne, sich selbst mit allen Mitteln der Selbstinszenierung, Rhetorik, Körperhaltung, Suggestion usw. zu erleben und vom anderen Menschen erlebt zu werden (»Make up your life« – Werbung von Manhattan). Dies gelingt ihm umso mehr, je weniger seine Selbstinszenierung noch mit den vorgegebenen oder von ihm erwarteten Eigentümlichkeiten zu tun hat. Das Eigentümliche des Anbietertyps spielt beim Anbieten des Selbsterlebens keine Rolle, ja es wäre nur hinderlich. So kommt es zu der paradoxen Situation, dass aktiven Anbietern von Selbsterleben gerade dann Ausstrahlung, Charisma und Authentizität bescheinigt werden, wenn nichts Eigenes und Eigentümliches mehr bei ihrer Selbstinszenierung zum Zuge kommt. Folgerichtig kommt es zu einem Neuverständnis von Authentizität. Authentisch ist, wer sich immer glaubwürdig inszeniert und ohne Rückgriff auf Eigenes immer sagt, was er denkt.

Im Hinblick auf das Identitätserleben des aktiven Anbietertyps meint Ich-Orientierung die möglichst vorbildlose Selbstsetzung (»Think different« – Werbung von Apple). Für den aktiven Ich-Orientierten gilt: »Ich orientiere mich nur an mir, und keiner hat mir zu sagen, wer ich bin. Ich bin, der *ich* bin. Ich selbst kann und will auch nicht definieren, wer ich bin. Mein Ich-Erleben definiert sich gerade dadurch, dass es kein vorheriges Identitätserleben gibt und damit auch kein vorgegebenes Wissen darum, wer und was ich bin. Es gibt in mir also auch kein Bild von dem, der ich bin, das mein Identitätserleben determinieren würde. Auf die Frage, wer ich bin, gibt es nur die Antwort, dass ich der bin, der ich bin. Jetzt so, nachher anders, morgen wieder völlig anders.« Es gibt auch keinen »roten Faden«, nichts Durchgängiges, nichts Charakteristisches. Der postmoderne Ich-Orientierte ist jener Charakter, der definitiv keinen klar konturierten Charakter hat.

Der aktive Postmoderne will ganz er selbst sein, aber eben nicht auf Grund seines Eigenseins und seiner Eigentümlichkeit – also seiner körperlichen, psychischen und geistigen Vorgaben, Talente und Eigenkräfte. Er will vielmehr ganz er selbst sein, indem er sich mit seiner freien Ich-Erzeugung anbietet. Kennzeichnend für den aktiven Anbieter des Selbsterlebens (wie auch für den passiven Nutzer des Selbsterlebens) ist, dass das eigene Selbsterleben gleichsam aus dem Nichts konstruiert wird, ohne Rückgriff auf ein vorgegebenes Ich (»Just do it« – Werbung von Nike).

Wenn das Selbsterleben das Produkt einer Ich-Setzung ist, dann qualifiziert sich diese Ich-Setzung vor allem dadurch, dass man anders ist als die anderen und dass das Anderssein nicht Mittel zum Zweck, sondern Selbstzweck ist. Deshalb ist der aktive Ich-Orientierte extrovertiert und »unverschämt« offen; er expektoriert sich, wo immer er kann, hat eine enorme Lust am Ausleben von Widersprüchen und lässt seinen Gefühlen freien Lauf, um mit seiner Gefühlsstärke, Sinnlichkeit und Emotionalität eine Sentimentalität zu erzeugen, die sein Selbsterleben zum Event für andere macht. Diese »hysterisch« anmutende Art, sich selbst zu inszenieren, wird gleichzeitig relativiert durch eine große Flexibilität und Offenheit für alles Neue und andere, durch einen risikobereiten Willen, die eigenen Grenzen zu überschreiten, sowie durch ein hohes Maß an Selbstironie und die Fähigkeit zur Selbstdistanzierung.

Auffallend ist schließlich auch der Umgang mit negativen Selbstgefühlen: Lassen sie sich als Erlebnisangebote nutzen, geht der aktive Ich-Orientierte mit seiner Wut, Aggressivität oder Eifersucht hausieren. Taugen sie jedoch dafür nicht, werden die Angst-, Schuld- und Schamgefühle, die Wahrnehmungen von Minderwertigkeit, Einsamkeit oder Ohnmacht aus dem Erleben ausgeschlossen, indem an ihrer Stelle positive Selbstwahrnehmungen inszeniert und offeriert werden.

(3) *Berufliche Arbeit sowie Freizeit- und Konsumverhalten* definieren sich für den aktiven Ich-Orientierten von dem her, was derzeit Wirtschaft, Gesellschaft und Politik antreibt: die Machbarkeit des Lebens und die Produktion von Märkten und Wirklichkeiten in Form von Lebensstilen, Lebens- und Erlebniswelten.

Arbeit dient kaum noch der Reproduktion des Lebens, sondern seiner Produktion in Form von Erlebnissen und Erlebniswelten. Die wichtigsten Produktionszweige sind denn auch die Produktion und Vermarktung von Information, Wissen, Unterhaltung, Kunst, Kultur, Gefühlen usw. und den sie ermöglichenden Medien und Organisationsformen.

Der aktive Ich-Orientierte ist mit Leidenschaft bei der Sache, das heißt, er genießt es, ein »Macher« zu sein, ist intrinsisch motiviert, risikobereit, arbeitet hart und – wenn es sein muss – auch Nächte durch; er verbindet die Arbeit mit dem Genuss eines schönen Lebens (»bella vita«) und begreift sein Arbeiten zugleich als ein zeitlich begrenztes Projekt seiner Selbstverwirklichung. Die gleichen Aspekte kennzeichnen auch sein Freizeitverhalten. Urlaub und Freizeit werden als aktiv zu gestaltende Erlebnisräume verstanden.

Der aktive Ich-Orientierte konsumiert, was zu seinem Selbstentwurf und Lebensstil passt und deshalb »schön« ist (»Come to where the flavor is« – Werbung von Marlboro). Auch wenn er sehr leistungsorientiert ist, will er sich doch etwas Schönes leisten. Das Einkaufen dient der eigenen Neuschöpfung. Shoppen gehen ist wie Neu-geboren-Werden; es wird in den »Kathedralen des 21. Jahrhunderts« (H. W. Opaschowski 2000) vollzogen und hat quasireligiösen Charakter. Bevorzugte Konsumgüter sind Designerwaren, Luxusgüter, Unikate, artifizielle oder hochtechnische Produkte sowie kulturelle Ereignisse aller Art.

(4) Auch *Bildung* und *Kultur* sowie *soziale und politische Verantwortung* haben beim aktiven Anbietertypus eine spezifische Bedeutung. Unter Bildung versteht der aktive Ich-Orientierte nicht Vermittlung und Aneignung von Wissen. Das Ziel von Schule und Ausbildung ist das Erlernen des (lebenslangen) Lernens, wobei unter Lernen das Erzeugenkönnen und Inszenierenkönnen von Wirklichkeit verstanden wird. (»Bücher brauchen Wirklichkeit« – Werbung von Libri.) Lernen geschieht durch kreatives Herstellen von Denk-, Wahrnehmungs- und Gefühlsprodukten sowie durch tätiges Handeln (»learning by doing«), und zwar möglichst ohne Rückgriff auf Vorgedachtes und bereits Bestehendes. Im traditionellen Sinne wissen muss man nur, wie man sich

die Zugänge zu den Quellen des Wissens und zum Know-how erschließt.

Besonders ausgeprägt ist beim aktiven Ich-Orientierten die kulturelle Offenheit (»Alles ist möglich«) auch und gerade für das Exotische und Fremdartige (»Nichts ist unmöglich« – Werbung von Toyota). Das kulturell Fremde ist nichts Fremdes, sondern eröffnet Zugänge zu bisher verschlossenen eigenen Erfahrungen und Ich-Setzungen und hat deshalb einen stimulierenden Effekt auf die eigene Kreativität. Auch hat der aktive Postmoderne ein spezifisches Verständnis von Kultur. Diese ist nicht »Pflege« von Können und Kunst, sondern »Schaffen« von Neuem durch Inszenierung und Erzeugung von Wirklichkeiten und Erlebniswelten; ihr »Wert« misst sich nicht primär am Erfolg (wie bei der Marketing-Orientierung), sondern am Eventcharakter und am Effekt des Neuen (Inszenierungseffekt) und Ungewöhnlichen.

Die öffentliche Diskussion um den Niedergang von Solidarität und Gerechtigkeitsempfinden einerseits und um das viel gepriesene Ehrenamt und einen neuen Altruismus andererseits spiegelt das besondere Verständnis von Sozialität, Solidarität und Verantwortungsgefühl bei postmodernen Ich-Orientierten wider. Für den aktiven Typus resultiert ein soziales oder politisches Engagement weder aus einem Pflichtgefühl noch aus einer Verbindlichkeit, die sich aus Gefühlen des emotionalen Gebundenseins ergibt. Das entscheidende Motiv ist vielmehr, etwas bewirken und deshalb soziale und politische Wirklichkeit neu schaffen zu können. »Im bürgerschaftlichen Engagement finden sie Möglichkeiten der aktiven Gestaltung ihrer Lebenswelt« (H. Keupp 2000, S. 71). Jeder Einsatz für andere dient dabei zugleich der Selbstverwirklichung, muss Eventcharakter haben und für die Durchsetzung von Selbstinteressen tauglich sein. Altruismus wird nicht als Tun um eines anderen willen definiert, sondern als ein Tun, bei dem man etwas für sich tut, wenn man etwas für andere tut. Die »Nächstenliebe« muss sich also immer für einen selbst rechnen.

(5) *Lebensstil* und *Alltagsästhetik* haben bei der postmodernen Ich-Orientierung einen überragenden Stellenwert. Das *Schöne* erfährt dabei eine Neudefinition: Schön ist, was selbstbestimmt ist und die eigene Art zu leben ausdrückt. Ich-Orientierung und

Selbstbestimmung zeigen sich in der Ästhetisierung aller Bereiche des Erlebens (»Jeder Tag ist schön« – Werbung von Caroll). Was für den eigenen Lebensstil steht, wird geschmückt, verziert, ausgestaltet, mit futuristischen oder nostalgischen Attributen versehen, so dass das eigene Ich unverwechselbar zum Vorschein kommt. So wird die einmalige, selbstbestimmte Persönlichkeit zur Schau gestellt und – was noch wichtiger ist – selbst erlebt. Alles Gestaltbare wird aus Lust an der Selbstinszenierung zur Ich-Performance genutzt: der eigene Körper, die Kleidung, der Schmuck, Haarform und Haarfarbe, die Wohnungseinrichtung, sämtliche Gebrauchsgegenstände von der Brille bis zum Auto.

Eine Eigenart postmoderner Ästhetik besteht darin, dass das Schöne nicht in einem einheitlichen oder in einem bestimmten *Stil* gesehen wird und auch nicht im Harmonisierenden und Stimmigen, sondern bevorzugt im Nebeneinander von widersprüchlichen und unterschiedlichen Stilen. Ob es um die Kleidung, die Wohnungseinrichtung oder den Schmuck geht, es gibt nichts, was nicht kombinierbar wäre. Jeder Lebensstil, jedes Outfit, jede Performance ist erlaubt.

Ein anderes auffälliges Merkmal des postmodernen Lebensstils ist sein *Eventcharakter*. Das Leben selbst soll »schön«, das heißt ein Fest und eine Feier sein, weshalb der Lebensstil jene Attribute aufzuweisen hat, die für festliche Ereignisse und Erlebnisse kennzeichnend sind. Der generelle Eventcharakter des Lebens und Lebensstils wird besonders deutlich bei festlichen und feierlichen Darbietungen, die der aktive Ich-Orientierte als öffentlicher oder privater Eventmanager initiiert, organisiert und mit viel Ideenreichtum, Aufwand, Überraschungen, Outfit und (meist auch) Lautstärke gestaltet. Alles gereicht zum Ereignis, zum Erlebnis, zur Feier und zum Fest: die Essenseinladung, die abendliche Grillparty, der sonntägliche Ausflug mit dem Fahrrad, das Skiwochenende, der Besuch einer Kunstausstellung oder eines Erlebnisbades, die Geburtstagsfeier, das Straßenfest oder der schlichte *Feier*abend.

Das Angebot an – möglichst hochwertigen, fremdländischen oder auch landesspezifischen – oralen Genüssen hat dabei einen besonders hohen Stellenwert, weil Essen und Trinken schon immer Attribute des Feierns waren. Es ist also nicht das orale Konsumbedürfnis, das den postmodernen Menschen bei jedem Event essen und trinken lässt. Der Postmoderne ist nicht oral-gierig, sondern »event-gierig«. (Sein Erlebnishunger ist unersättlich, weshalb er nie genug bekommen kann von Festen und Feiern.) Entscheidend ist also nicht, dass es etwas zu essen und zu trinken gibt, sondern was es gibt und vor allem, ob es als Event dargeboten wird.

(6) Zwar gehen jeder gesellschaftliche Wandel und jede Änderung des Zeitgeistes mit einem Wertewandel einher, der postmoderne Umgang mit *gesellschaftlichen und individuellen Wertorientierungen* und die postmoderne *Lebenskunst* unterscheiden sich aber dennoch markant von anderen Formen des Wertewandels. Denn hier gilt, dass alles erlaubt ist, was geht. Da es für den Postmodernen nichts gibt, was nicht geht, ist alles erlaubt. Die Stoßrichtung ist dabei nicht aufklärerisch und auf Autonomie zielend, sie ist auch nicht willkürlich, narzisstisch, subjektivistisch, nihilistisch, libertinistisch oder am Laisser-faire orientiert, sondern demaskierend und *dekodierend.*

Der aktive Ich-Orientierte grenzt sich von vorgegebenen Wertorientierungen dadurch ab, dass er sie konterkariert und in seiner freien und selbstbestimmten Wertsetzung ihrer Idealität (und der darin implizierten Verbindlichkeit) beraubt. Dieser oft zynische Umgang mit allem, was Menschen heilig und wertvoll ist, verstärkt den falschen Eindruck, aktive Postmoderne würden überhaupt keine Wertorientierung kennen. Das Gegenteil ist der Fall. Aktive Ich-Orientierte realisieren sehr wohl Werte, eben die von ihnen selbst bestimmten. Allerdings ist ihr Motiv für ein wertorientiertes Verhalten ein anderes: Mit der ich-orientierten Wertbestimmung machen sie sich von jeder nicht aus dem eigenen Ich hervorgebrachten Verbindlichkeit unabhängig. Nur wenn es keine allgemein verbindlichen Werte und Ideale gibt, ist die Ich-Orientierung authentisch und tatsächlich selbstbestimmt. Die aus der Ich-Orientierung resultierende Verbindlichkeit von Werten ist – eben weil sie ich-gesetzt ist – jederzeit änderbar. Für den aktiven Postmodernen ist nicht das wertvoll, was gut für den Menschen und seine Zukunft sowie für das Zusammenleben der Menschen ist; wertvoll ist vielmehr, was seine Selbstbestimmung zum Ausdruck bringt und also von seinem Ich gesetzt ist.

Die ich-orientierte Wertorientierung zeichnet sich noch durch andere Merkmale aus. Sie ist *tolerant* gegenüber anderen ich-bestimmten Wertorientierungen und intolerant gegen Menschen, Institutionen und Wertauffassungen, die das Recht auf eigene Wert setzungen beschneiden wollen. Auch wenn für den aktiven Ich-Orientierten alles erlaubt ist, gibt es doch Werte, die für viele Ich-Orientierte *tabu* sind. Hierzu gehören vor allem Werte, die Ausdruck herkömmlicher sozialer Abgrenzungen, Kategorisierungen und Privilegierungen sind. So hält ein aktiver Ich-Orientierter zum Beispiel wenig vom Wert der Dankbarkeit, weil Dankbarkeit noch immer als Ausdruck der Abhängigkeit des Untergebenen von einem »Vorgesetzten« oder »Vormund« angesehen wird. Ist ein Ich-Orientierter dennoch davon überzeugt, dass dankbar zu sein etwas ganz Cooles ist, dann geschieht dies in der Regel nur, wenn er gleichzeitig Werte, die der Dankbarkeit genau entgegengesetzt sind, wie etwa Rücksichtslosigkeit und Vorteilssuche, ebenso selbstbestimmt hochhält. Eine solche *»Kohabitation« widersprüchlicher Werte* ist ein untrügliches Zeichen ich-orientierter Wertorientierung.

Zwar ist die »ars vivendi«, die *Lebenskunst*, im abendländischen und östlichen Denken schon Jahrtausende alt. Ihre gegenwärtige, vor allem von Philosophen wie Wilhelm Schmid (1998) besorgte Auferstehung in den Industriekulturen aber verdankt sie zum einen dem Ende der traditionellen Religion sowie dem Schwinden der Widerständigkeit psychologischer Theorien gegen die Ansprüche postmodernen Lebensgefühls, zum anderen dem Bedürfnis postmoderner Menschen nach ganz neuen Realisierungsmöglichkeiten der Kunst des Lebens.

Institutionalisierte Religion wird als System des Gebundenseins und der Rück-Bindung (»re-ligio«) begriffen; deshalb will man sich allen Bindungen, Vorgaben und Erwartungen entziehen und höchstens sporadisch kirchlich-religiöse Angebote zur Selbstinszenierung von Lebensschwellen (Geburt, Eintritt ins Jugendalter, Eheschließung, Beerdigung) in Anspruch nehmen. Für den aktiven Ich-Orientierten spielen aber solche Angebote eine untergeordnete Rolle. Er will selbst der Schöpfer seiner Religiosität und Spiritualität sein. Er ist nicht a-religiös, sondern hat ein ausgesprochenes Bedürfnis, die Welt des Alltäglichen und Notwendigen, die vorgegebene Wirklichkeit und das eigene Selbst auf eine höhere Wirklichkeit und auf ein spirituelles Selbst hin zu transzendieren. Gerade wenn es um die Lebenskunst geht, hat der Wunsch des aktiven Ich-Orientierten nach Entgrenzung eine besondere Bedeutung. Er will Erfahrungen der Unmittelbarkeit machen, den Augenblick genießen und im Hier und Jetzt leben sowie die Grenzen von Raum und Zeit durch religiöse und spirituelle Übungen und Praktiken überwinden. Dass das Interesse an Esoterik, aber auch an der Mystik des Zen-Buddhismus und Sufismus in den letzten Jahrzehnten gewachsen ist, hat auch mit der Faszination für das »Mystische« des postmodernen Menschen zu tun.

(7) Schließlich lassen sich beim aktiven Ich-Orientierten als signifikante Persönlichkeitszüge besondere *Denk- und Wahrnehmungsmuster* beobachten sowie ein spezifisches *Raum- und Zeiterleben*. Anders als die hergebrachten Denkmuster, bei denen in Kategorien von Ursache und Wirkung gedacht und strikt nach bestimmten logischen Regeln argumentiert wird, zeichnet sich postmodernes Denken durch eine *assoziative*, collageartige Aneinanderreihung von Gesichtspunkten und Aspekten aus. Das Denken orientiert sich nicht mehr an einer kausal-logisch sinnvollen Zuordnung von Fakten, Gedanken und Sinnentwürfen. Denken hat kreativ zu sein und Neues zu produzieren, indem es Zusammenhänge analysiert und unterschiedlichste Erkenntnisse wertfrei sammelt, um das von vorgegebenen Bedeutungszusammenhängen Befreite (ähnlich wie bei der Cluster- und Faktorenanalyse in der empirischen Sozialforschung) neu zu assoziieren, zu koordinieren, zu kombinieren und zu konfigurieren. Das assoziative Denken kennt keinen Anspruch mehr, stringent und stimmig zu sein und einen objektivierbaren und allgemein verbindlichen Bedeutungsgehalt ermitteln zu wollen außer dem selbst gesetzten. Inkohärentes und inkonsistentes Denken ist daher oft ein besonderes Qualitätsmerkmal postmoderner Denkmuster.

Auch die *Wahrnehmung* ist anders. Herkömmliches Wahrnehmen kann als Wechselwirkung von sinnlicher Reizung beziehungsweise innerer Wahrnehmung und ihrer Verarbeitung vor allem durch affektive und emotionale Reaktionsmuster verstanden werden. Der Reiz oder die innere Wahrnehmung wird dabei »verarbeitet« und in einen Bedeutungszusammenhang gebracht. Postmodernes Wahrnehmen zeichnet sich vor allem durch zwei Besonderheiten aus: Zum einen gewinnt die bildliche Wahrnehmung ein deutliches Übergewicht; zum anderen führt die allgegenwärtige Visualisierung zu einem Angewiesensein auf rasch folgende sinnliche Reize.

Die Priorität bildlicher Wahrnehmung ist heute offensichtlich: Was nicht in visualisierter Form (oder in stereotypisierten oder aufdringlichen akustischen Ton*bild*ern, in *bild*licher Sprache und in treffenden Begriffs*bild*ungen) präsentiert wird, hat wenig Chancen – weder vom Anbieter noch vom Nutzer –, erlebt zu werden. Die Bevorzugung visueller Wahrnehmung führt auch dazu, dass keine inneren Vorstellungsbilder mehr evoziert werden. Wer einen spannenden Roman liest oder hört, produziert beim Lesen oder Hören mit seinen eigenen imaginativen Kräften pausenlos Bilder, die ihren Ursprung im eigenen Vorstellungsvermögen haben. Eben dies wird durch die Visualisierung des Wahrzunehmenden verhindert. Die Visualisierung erlaubt nur die Rezeption des Bildes, ohne dass dabei innere Bilder evoziert würden, so dass einem schnell langweilig wird, wenn nicht ein neuer bildlicher Reiz angeboten wird und konsumiert werden kann.

Postmoderne Wahrnehmung ist auf rasch folgende sinnliche Reize angewiesen. Wahrgenommen wird nur noch, wenn in schneller Folge wechselnde und möglichst gleichzeitig unterschiedliche Reize gesetzt und Eindrücke produziert werden. Da eine solche Wahrnehmung nicht mehr verarbeitet und beantwortet, sondern nur noch erlebt werden kann, macht es Sinn, von einer *kaleidoskopischen* Wahrnehmung zu sprechen: Wie bei einem Kaleidoskop gibt es nur eine zufällige Abfolge von eindrucksvollen Bildern, ohne dass eine Logik erkennbar oder herstellbar wäre. Statt dass man das Wahrgenommene auf sich wirken lässt, es zu verstehen versucht und sich vom sinnlichen Reiz aktivieren lässt, wird die Aktivität nach außen verlegt: ohne Actionfilm keine Belebung, ohne Porno keinen Sex, ohne Lautstärke kein Leben, ohne »Thrill« keine Spannung, ohne Destruktivität ist alles todlangweilig.

Der aktive Ich-Orientierte ist pausenlos damit beschäftigt, eine

Aktivität nach außen – in die Produktion von Bildern und Erlebnisangeboten – zu verlegen. Ganz nach Lust und Laune seines Ich inszeniert und offeriert er kaleidoskopartig Erlebniswelten.

Das *Raum- und Zeiterleben* des aktiven Ich-Orientierten ist von dem Wunsch nach *Souveränität* und *Entgrenzung* bestimmt. An Orte oder an zeitliche Vorgaben oder Rhythmen (wie etwa den Tag-Nacht-Rhythmus) gebunden zu sein verträgt sich nicht mit dem Ideal der Ich-Orientierung. Mobilität ist Ausdruck der Souveränität über den Raum und die Voraussetzung dafür, den Lebensraum zum Erlebnisraum für sich und andere machen zu können. Souveränität und Entgrenzung beim Umgang mit der Zeit zeigen sich sowohl in der Vernichtung von Dauer (als zeitlicher Erstreckung) durch Beschleunigung und Schnelligkeit oder durch »Relaxing«, »Entschleunigung« und durch die »Entdeckung der Langsamkeit« als auch im Streben nach Zeitlosigkeit und einem Leben im Hier und Jetzt.

Vergangenheit und Zukunft entziehen sich der souveränen Ich-Orientierung, weshalb der Postmoderne eine ambivalente Einstellung zu ihnen hat. Grundsätzlich wird alles Vergangene als zu Vergessendes betrachtet und alles Überkommene als Fremdbestimmung erlebt, weil die Wirklichkeit als fließend (Heraklit) verstanden wird. An die Stelle des geschichtlichen Gewordenseins tritt »eine Selbsterschaffung in perpetuierenden ahistorischen Gegenwärtigkeiten, die keine verbindliche Historie, sondern nur schlüssige Narration von Szene zu Szene verlangt« (E. Frank-Rieser 2002, S. 53). Dieser Geschichtslosigkeit steht ein nostalgischer Umgang mit Tradition gegenüber, wenn eine Tradition für die ungewöhnliche Neuinszenierung von Wirklichkeit tauglich ist.

Der Umgang mit der Zukunft zeichnet sich durch ein postutopisches Denken aus, das sich oft anti-utopisch und »verantwortungslos« gibt: Es zählt nur das Heute (»Wir sind die Zukunft«; »Nach uns die Sintflut«); soziale und gesellschaftspolitische Zukunftsentwürfe oder ökologische Konzepte der Nachhaltigkeit sind obsolet und ideologieverdächtig. An ihre Stelle tritt eine »Fortsetzungsvermutung« (G. Schulze 2003, S. 18), das heißt die Vermutung, dass wir auch in Zukunft immer mehr können werden, oder eine Kritik als Selbstzweck. Auf der anderen Seite hat auch hier Zukünftiges eine Chance, das Interesse des aktiven Ich-

Orientierten zu finden, nämlich dann, wenn sich mit Sciencefiction und Zukunfts*szenarien* Zukunfts*visionen* – meist als Bilder des Grauens – inszenieren lassen.

Persönlichkeitszüge des passiven Ich-Orientierten (Nutzertypus)

Viele Aspekte des bisher zur Darstellung Gebrachten kennzeichnen die Ich-Orientierung sowohl in ihrer aktiven als auch in ihrer passiven Version. Die nachfolgende Skizzierung von Persönlichkeitszügen der passiven Ich-Orientierung folgt den gleichen sieben Perspektiven wie beim aktiven Anbietertypus, verzichtet aber bewusst darauf, dort gemachte generelle Aussagen zur postmodernen Ich-Orientierung nochmals ausführlich zu wiederholen.

(1) Das, was den passiven Nutzertypus hinsichtlich seiner Bedürfnisse, auf die *äußere Wirklichkeit* und auf *andere Menschen bezogen* zu sein, im Innersten motiviert, ist der Wunsch, Wirklichkeit nach eigenem Gusto *neu und anders* zu *erleben*. Die Lust auf entgrenzte, neue, andere Wirklichkeiten, die fantastischer, »wirklicher« (hyperrealer), eindrucksvoller, exotischer, stimulierender, unterhaltsamer sind, und der Frust über eine Grenzen schaffende, einschränkende, enttäuschende, krank machende, aggressive und destruktive menschliche und natürliche Umwelt prägen seine Persönlichkeit. Dabei lassen sich die negativen Gefühle heute dank der technischen Innovationen und medialen Möglichkeiten auf weiten Strecken dadurch ausschalten, dass sozusagen auf ein anderes Programm umgeschaltet wird beziehungsweise in eine neu geschaffene, angebotene Wirklichkeit eingetaucht wird. (»Komm und lass dich verzaubern« – Werbung Disneyland Paris.)

Zu welcher »schöneren« Welt jemand Zugang haben will, hängt vom selbst bestimmenden Ich ab und von dem, was zu dessen spontanem Entwurf passt. Dass die aktuellen Bedürfnislagen bei der Wahl der neuen Wirklichkeit eine Rolle spielen, mag zwar faktisch so sein, wird aber nicht so erlebt. Von äußeren und inneren Bedürfnislagen und Stimmungen abhängig zu sein hieße, sich von

Vorgaben leiten zu lassen, statt sich frei und unabhängig *selbst zu bestimmen* (»Just be« – Werbung Calvin Klein.) Um dies tun zu können, muss man allerdings zu den medialen Möglichkeiten und Welten Zugang haben.

Ist beim aktiven Ich-Orientierten der Drang zur Neukonstruktion und Inszenierung von Wirklichkeit ein hervorstechender Persönlichkeitszug, so hat der passive Ich-Orientierte einen ausgeprägten Drang, zu den selbstbestimmten Wirklichkeiten *Zugang zu haben*, dabei zu sein, dazuzugehören, nicht ausgeschlossen zu sein, im Trend zu liegen, Kunde zu sein (»D 2 – Live dabei«). Ein Großteil der finanziellen Ressourcen wird heute benötigt, um *Zugang zu haben*: um im Internet zu sein, ein Erlebniswochenende verbringen zu können, an kulturellen Events teilzunehmen, Kabelprogramme zu sehen und die Kosten für Strom, Leihvideos und die Mobilität mit Hilfe von öffentlichen und privaten Verkehrsmitteln zu bezahlen.

Zugang und Anteil haben zu wollen, ist auch der entscheidende Beweggrund für das Bezogensein auf andere Menschen. Mit anderen Menschen will man selbstbestimmt *verbunden*, verknüpft, in Kontakt, vernabelt, vernetzt sein, ohne gebunden zu sein, Verbindlichkeiten wahrnehmen oder verantwortlich sein zu müssen (»Nokia connecting people«). Das neue »Wir-Gefühl« ist ein nicht zu übersehender Persönlichkeitszug des passiven Ich-Orientierten. Man will zu den Menschen gehören, die zu einem passen, und selbst bestimmen, mit wem man das Leben teilt und wem man sich mitteilt. Verbunden zu sein bedeutet deshalb, frei zu sein, während das Gegenteil von *Ver*bundensein das *Ge*bundensein ist. Die gewollte Unverbindlichkeit des Wir-Gefühls beinhaltet ein hohes Maß an *Toleranz* und Interesse gegenüber allen, die auch dazugehören (wollen) und einen ähnlichen Geschmack haben; gegenüber allen, die eine andere Art zu leben haben, ist man *gleichgültig*, es sei denn, die eigene, selbstbestimmte Art zu leben wird angegriffen. Dann weiß man sich auch auf destruktive Art zu wehren. *Fairness* und Hilfsbereitschaft werden allen entgegengebracht, die an der gleichen Erlebniswelt Anteil haben, während man gegenüber jenen, mit denen man nicht verbunden ist, *ignorant* ist.

Der Wunsch, Zugang zu haben und selbstbestimmt, aber unverbindlich verbunden zu sein, sowie das Wir-Gefühl spielen auch bei lebensstilorientierten Wohnmodellen und *Wohngemeinschaften* eine große Rolle, insbesondere aber bestimmen sie das Zusammenleben in Partnerschaften, ehelichen und familiären Beziehungen.

Partnerschaften werden als nutzenorientiertes Verbundensein und Wir-Erleben in geteilten Erlebniswelten und Lebensstilen gesucht, so dass nicht auf Unterschiede und unterschiedliche Ansprüche Rücksicht genommen werden muss. Der Bestand solcher Partnerschaften hängt davon ab, wie lange ein Projekt geteilten Erlebens andauert. Die *Familie* bekommt für den passiven Ich-Orientierten eine neue Bedeutung. Sie wird als gutes, möglichst mehrere Generationen übergreifendes Team verstanden, in dem es aber keine Abhängigkeiten und Bevormundungen geben darf. Das Zusammenleben wird durch Regeln des Fairplay sowie durch den Nutzen füreinander definiert und folgt der Devise des »unverbindlichen Verbundenseins«. Die große pubertäre Abnabelung und der Abschied der jungen Erwachsenen vom Elternhaus gehören, wenn das postmoderne Modell funktioniert, der Vergangenheit an.

Auch das, was man traditionell unter »Beziehungsfähigkeit« versteht, erfährt eine Neudefinition: Beziehungsfähig ist, wer im Kontakt ist, das heißt Kontaktangebote wahrnimmt, nutzt, konsumiert und (interaktiv) pflegt und auf diese Weise sein Verbundensein sichert. *Kontaktpflege* als postmoderne Art, Beziehungen zu leben, ist das Bindeglied zwischen den beiden Strebungen des passiven Postmodernen, zugleich ich-orientiert *und* verbunden zu sein. Man ist verbunden, aber eben nicht symbiotisch (wie der autoritär Abhängige) oder schizoid (wie der Narzisst) oder oberflächlich (wie der Marketing-Orientierte) oder auf der Grundlage emotional besetzter innerer Bilder vom anderen (wie der produktiv Orientierte), sondern selbstbestimmt durch Kontaktnahme.

Weder der aktive noch der passive Postmoderne kann mit ihm zugemuteten *Trennungen* umgehen, weil Trennungen, die man erleidet, Kontaktabbrüche darstellen, die die Ich-Orientierung angreifen. Der passive Ich-Orientierte versucht deshalb, seine Ich-Orientierung zu verstärken und zugemutete oder notwendige Trennungen zu rationalisieren: als sinnvolle Wechsel des »Anbieters« eines nicht mehr dem eigenen Geschmack entsprechenden Lebensstils oder als Wechsel von einem Partner zu einem attraktiveren, als längst fällige Projektwechsel oder als Neuentdeckungen. Dies alles geschieht ohne Groll und Entwertung und ohne nachtragend zu sein.

Konflikte und Probleme verleugnet man oder geht ihnen dadurch aus dem Weg, dass man aus der momentanen Erlebenswelt aussteigt. Wie man in manchen Träumen, wenn die Angst zu groß wird, einfach die Rolle wechselt und zum Beobachter wird, der das Geschehen kontrolliert, so ermöglicht die ich-orientierte Wirklichkeitskonstruktion und Bezogenheitsgestaltung sehr viel leichter den Wechsel oder den Ausstieg aus der Szene. Man überlässt das Austragen der Konflikte den anderen (dem Anwalt, den Verbraucherschützern, den Medien, den Königshäusern, den TV-Sendungen über Familien- und Erziehungsprobleme, Scheidung, Tod und Destruktivität) und erlebt sich selbst als »interessierten Beobachter«.

Gegen *Kritik* von außen schützt man sich durch eine Stärkung der Zugehörigkeit zum selbstbestimmten Lebensstil. Noch mehr Schwierigkeiten aber haben viele passive Ich-Orientierte mit ihrer eigenen Kritikfähigkeit, da sie mit ihrer Kritik das Verbundensein und Dazugehören gefährden und zerstören könnten. Deswegen bevorzugen viele den gleichen Weg, den sie beim Umgang mit ihren eigenen Aggressionen beschreiten: Sie wechseln in die Rolle des Beobachters und amüsieren sich mit Comedy, Satire und Zynismus, überlassen also die Kritik so geistreichen Demontagekünstlern wie Harald Schmidt oder »kritischen« Musikgruppen.

(2) Welches *Identitätserleben* hat der passive Ich-Orientierte? Er nutzt die Möglichkeiten des Selbsterlebens, wie sie in den von ihm frei gewählten und zu ihm passenden Erlebniswelten und Lebensstilen angeboten werden. Er will ganz er selbst sein (»Sei du du selbst!«), indem er eine angebotene Ich-Erzeugung nutzt, an ihr teilhat und mit ihr verbunden ist, ohne sie sich zu Eigen zu machen. Ist das Selbsterleben für den aktiven Ich-Orientierten das Produkt einer Ich-Setzung, so ist dasjenige des passiven Ich-Orientierten das Produkt eines Wir-Erlebens: »Ich bin ich im Wir-Erleben.« Solches Selbsterleben wird dadurch ermöglicht, dass

man an inszenierten Erlebniswelten Anteil hat (»Wir gehören zur Familie« – Werbung von Siemens).

Erlebt sich der aktive Ich-Orientierte in erster Linie als Produzent und »Macher«, so erlebt sich der passive als selbstbestimmter *Konsument* von Erlebnisangeboten, durch die er aktiviert wird und sich selbst erleben kann. Wenn das Selbsterleben das Produkt eines Wir-Erlebens ist, bekommt das Wir-Gefühl die Funktion, das Ich erlebbar zu machen. Ohne Wir-Gefühl und Verbundensein mit den Erlebniswelten und Lebensstilen gibt es kein Selbsterleben. Authentisch und mit sich identisch erlebt sich der passive Ich-Orientierte, wenn er zum Beispiel an hyperrealen Wirklichkeiten und an Markenidentitäten Anteil hat und mit inszenierten authentischen Lebenswelten verbunden ist, die auf Grund der digitalen und medientechnischen Möglichkeiten heute tatsächlich als viel echter erlebt werden als alles, was ein Mensch an »Eigentümlichem« von sich selbst vorzuweisen hätte.

Was diese Identitätskonstruktion im Einzelnen heißt, wird noch deutlicher, wenn man die Aufmerksamkeit auf das Affekt- und Gefühlserleben lenkt – also auf jene Größen, die für das Selbst- und Identitätserleben besonders kennzeichnend sind. Gefühle und Affekte sind für jeden Ich-Orientierten nichts in ihm Schlummerndes, auf das er zurückgreifen sollte oder wollte. Der aktive Anbieter produziert sie vielmehr neu und sozusagen aus dem Nichts in einer schamlosen, offenherzig-expektorierenden und extrovertierten Weise; der passive Nutzer hingegen *eignet sie sich von außen an,* indem er die inszenierten Gefühlsangebote der Medien (mit ihrem Sensations- und Enthüllungsjournalismus) und der kulturellen Events konsumiert. Man lässt sich von den exponierten Affekten und der »Gefühlsinkontinenz« beleben und mitreißen und ist dann ganz sentimental. Je nachdem, wie gerade die vorgeführte Gefühlslage ist, fühlt man sich dann auch himmelhoch jauchzend oder zu Tode betrübt, in jedem Falle aber »tief betroffen« und »gerührt«.

Der Umgang mit der *eigenen Begrenztheit* ist für Ich-Orientierte immer ein besonders empfindlicher Punkt des Selbsterlebens, der besonders gern verleugnet wird. Anders als der aktive Ich-Orientierte, der sich gegen das Konfrontiertwerden mit seiner eigenen Begrenztheit durch eine verstärkte Autarkie zu schützen

versucht, ist der passive Ich-Orientierte bestrebt, das Verbundensein ins Extrem zu steigern und die Grenzen zwischen Mein und
Dein aufzulösen und *übergriffig* zu werden.

Schließlich ist noch der Umgang des passiven Ich-Orientierten
mit negativen Selbstwahrnehmungen (Angst-, Schuld-, Schamgefühlen, Unwert- und Minderwertigkeitsgefühlen, Gefühlen der
Depressivität, Langeweile, inneren Leere, Ohnmacht, Wehrlosig-
keit usw.) zu erwähnen. Während der aktive Anbieter solche
Selbstwahrnehmungen mit Hilfe der Inszenierung positiver Gefühle von sich fern hält, wechselt der passive Nutzer einfach das
Erlebnisangebot und taucht in Gefühlsangebote ein, die ihm eine
positive Selbstwahrnehmung ermöglichen. Notfalls ist er gezwungen, mit stimulierenden Wirkstoffen, Drogen und Medikamenten,
die auf die Transmitter einwirken, nachzuhelfen.

(3) Die *berufliche Arbeit* definiert sich beim passiven Ich-Orientierten bevorzugt durch die Zugehörigkeit zu einer Betriebsfamilie bei einer entsprechend starken Identifizierungsbereitschaft mit
der Betriebsphilosophie (»corporate identity«). Die Kunst der be-
trieblichen Organisation besteht denn auch darin, das Verlangen
der passiven Postmodernen nach Verbundensein so zu nutzen
und zu lenken, dass es in der Organisation der konkreten Tätigkeit und Zusammenarbeit erlebt und befriedigt werden kann. Darüber hinaus muss es Symbolisierungen und Vollzugsformen des
Erlebens von Zugehörigkeit geben – etwa in Form uniformierter
Arbeitskleidung oder gemeinsamer Erlebnis- und Unterhaltungs-
angebote. Dem passiven Ich-Orientierten ist oft eine kollegiale Atmosphäre wichtiger als eine verantwortungsvollere Position mit
einem besseren Salär.

Je weniger sich ein passiver Ich-Orientierter bei seiner Arbeit,
in seiner Abteilung und in seinem Betrieb zu Hause fühlt, desto
stärker steht das Berufsleben in einem permanenten Konflikt mit
dem Privatleben und mit der Freizeit. Die Arbeit wird schließlich
nur als ein notwendiges Übel zum Zwecke des Privatlebens und
der Freizeitgestaltung absolviert.

Beim *Freizeit- und Konsumverhalten* kommt der postmoderne
Nutzertypus voll zur Geltung. Produzierte Welten und inszenierte Erlebniswirklichkeiten sind für den passiven Ich-Orientierten

»trendiger«, »lebendiger«, belebender als natürliche oder solche, die aus eigenen Gestaltungskräften hervorgebracht werden (»Jede Woche eine neue Welt« – Werbung von Tchibo). Urlaub und Freizeit dienen in erster Linie dazu, in solche angebotenen Erlebnisräume einzutauchen, die im Berufsleben nicht zugänglich sind. Auch Konsumieren bedeutet primär, Zugang zu und Anteil an der selbstbestimmten Lebenswelt und der zu einem selbst passenden und deshalb »schönen« Erlebnissphäre zu haben. Konsumiert werden also vor allem Erlebnismöglichkeiten; diese reichen von Gefühlsangeboten, Idealen, dem Miterleben von Beziehungs- und Lebensproblemen bis zum Eintritt in die von der gegenwärtigen Kulturindustrie inszenierten Erlebniswelten. Darüber hinaus werden Markenartikel und Symbolisierungen jener Lebensformen und -stile konsumiert, die zu einem passen und zu denen man gehören möchte, selbst wenn man sie sich nicht leisten kann (und deshalb gerne auf Schnäppchenjagd bei Fabrik- und Herstellerverkäufen oder bei eBay im Internet geht). Das Einkaufen selbst dient weder der Sicherung des Lebensunterhalts noch der Selbstdarstellung oder der Steigerung des Prestiges, sondern hat meist eine quasireligiöse Erlebnisqualität: In »Einkaufsparadiesen« und »Konsumtempeln« vollzogen, gewährt es einem Anteil an der ersehnten eventhaften Lebenswelt.

(4) Das Verständnis von *Bildung* und *Kultur* sowie die Wahrnehmung von *sozialer und politischer Verantwortung* sind auch beim Nutzertypus in erster Linie von der dominierenden Ich-Orientierung bestimmt. Die andere Realisierung der Ich-Orientierung beim passiven Typus führt aber doch im Einzelnen zu Merkmalen, die sich deutlich von denen des aktiven Anbietertypus unterscheiden. So versteht der passive Ich-Orientierte *Bildung* nicht als permanentes Erlernen des Lernens, sondern als fortwährendes Nutzen von Lernangeboten und als Zugangbekommen zu dem zur Verfügung gestellten Know-how. Gelernt wird vor allem durch Miterleben und die Wiederholung und Speicherung des Miterlebten, weshalb die Nutzung von Medien und der Einsatz von Visualisierungsmöglichkeiten oberstes Gebot der Didaktik sind. Ganz unerlässlich aber ist, dass *Lernen* Erlebnisqualität hat, die nicht durch eigenes Fragen und Interesse evoziert wird, son-

dern dem Lernenden angeboten und mit Hilfe der Medien ermöglicht werden muss.

Die Erfahrung des Waldkindergartens, bei dem Vorschulkinder im Wald ohne Spielzeug leben, dadurch die Natur, sich selbst, die anderen Kinder und die Betreuer wahrzunehmen lernen und einen nichtinstrumentellen Umgang miteinander und mit der Natur einüben, hat insbesondere bei weiterführenden Schulen noch keine Nachahmer gefunden. Im Gegenteil, Fortschritte in der Bildungspolitik, so glaubt man, lassen sich nur durch »Aufrüstung« mit Medien und digitaler Technik erreichen, die dann jenes Verständnis von Lernen fördern, bei dem es nur darum geht, herauszufinden, wer zu welcher Frage etwas erforscht und geschrieben hat und wie man selbst zu diesem Wissen und Know-how Zugang bekommt.

Elterlicher wie schulischer *Erziehungs*auftrag hat bei passiven Ich-Orientierten faktisch meist wenig mit der Förderung der Erlebnisfähigkeit auf Grund der Mobilisierung der sinnlichen, psychischen, körperlichen und geistigen Kräfte von Kindern und Jugendlichen zu tun, auch wenn die Erziehungsangebote als solche verkauft werden. Erziehung bedeutet für die meisten vielmehr, Kindern und Jugendlichen Erlebnisangebote zu machen und sie zu unterhalten, damit keine Langeweile aufkommt. Alles muss angeboten werden, und alles Angebotene muss Erlebnisqualität haben. Informationen bedürfen als »Infotainment« des Unterhaltungswerts, Nachrichten müssen Gefühlsangebote für den Zuhörer und Zuschauer enthalten, Lerninhalte müssen als Erlebnisse dargeboten werden.

Die für den aktiven Ich-Orientierten typische *kulturelle Offenheit* hat beim passiven Nutzertypus eine deutlich konsumistische Komponente. Interkulturalität und kulturelle Offenheit werden vor allem zur Ausweitung und Steigerung der eigenen Erlebnisfähigkeit gesucht und praktiziert. Das Interesse für und der Wunsch nach Zugang zu anderen Kulturen ergibt sich deshalb aus dem Erlebniswert anderer Kulturen für das eigene Selbst- und Beziehungsleben. Hintergrund für diese klare Akzentverschiebung ist die andere Definition von Kultur beim passiven Ich-Orientierten. Für ihn ist *Kultur* Rezeption und Teilhabe an inszenierten Welten, deren Bedeutung sich am Erlebniswert bemisst. Diese Neudefinition wirkt sich auch auf das Verständnis kultureller Veranstaltungen aus. Je ungewöhnlicher und aufwändiger die Inszenierung, je raffinierter die mediale Technik und je intensiver die sinnliche, affektiv-emotionale und kognitive Reizung, desto größer der Erlebniswert des Dargebotenen.

Der hohe Stellenwert, den das Wir-Gefühl und das Verbundensein für den passiven Ich-Orientierten haben, macht auf den ersten Blick auch verständlich, warum es trotz der zugrunde liegenden Ich-Orientierung auch beim postmodernen Menschen ein hohes Maß an *Sozialität, Solidarität* und *Verantwortungsgefühl* geben kann, das sich in entsprechenden sozialen und politischen Engagements widerspiegelt. Helmut Klages konstatiert deshalb »ein frei flottierendes Potenzial an Gemeinsinn in der Gesellschaft« (Körber-Stiftung 1993, S. 40; vgl. H. Klages 1998). Solche Engagements finden bevorzugt in interessengeleiteten und projektorientierten Gruppierungen statt, sind also weitgehend von der Lust am Mitmachen und Dabeisein bestimmt. Auf den zweiten Blick erst wird deutlich, dass Sozialität, Solidarität und Verantwortungsgefühl des postmodernen Nutzertypus stark vom Erlebniswert des Engagements abhängen. Erlebniswert heißt dabei, dass es zugleich dem eigenen Wohlfühlen, der Selbstentfaltung und dem Bedürfnis nach Geselligkeit, Spaß und Vergnügen dienen muss. Diese Abhängigkeit vom Erlebniswert erklärt auch, warum Engagements – etwa in politischen Parteien oder Bürgerinitiativen – häufig in frustrierten Rückzügen enden, weil die Veränderungsmöglichkeiten so minimal sind, dass der Erlebniswert auf der Strecke bleibt.

(5) *Lebensstil* und *Alltagsästhetik* spielen auch beim passiven Nutzertypus eine überragende Rolle und sind das ins Auge springende Erkennungsmerkmal der postmodernen Ich-Orientierung. Bei dieser geht es ja um die eigene, selbstbestimmte Art zu leben, der vor allem in Lebensstil und Alltagsästhetik Ausdruck verliehen wird. Anders als der aktive Anbietertypus, der seinen Lebensstil selbstbestimmt gestaltet, bedient sich der Nutzertypus der *Marken, Logos* und *Lifestyle-Symbole,* um zu den Lebenswelten und Lebensstilen Zugang und an denen Anteil zu haben, die diese symbolisieren (»Willkommen im Leben.com« – Werbung von France Telecom). Das, was eine kreative Selbstgestaltung des Le-

bensstils symbolisiert und deshalb gerade im Trend ist und angeboten wird, versucht man zu konsumieren und sich anzueignen, beziehungsweise mit dem identifiziert und schmückt man sich. Je nachdem, welchem Lebensstil man sich gerade zugehörig weiß, wird alles Gestaltbare zur *Ich-Performance* genutzt. Der eigene Körper etwa wird durch Piercing, Tattoos, Lifting, Fettabsaugen, kosmetische Operationen so gestylt, dass er der eigenen Vorstellung vom Schönen entspricht. Und »schön« ist, was die eigene Art zu leben ausdrückt.

Ein Schlüsselbegriff der postmodernen Alltagsästhetik ist *Kreativität*, denn für den Ich-Orientierten gilt: »Nur wenn du etwas aus dir machst, bist du was!« Im Unterschied zum aktiven Ich-Orientierten, für den Kreativität *Inszenierung* (von etwas Neuem, anderem, Ungewöhnlichem, Fiktivem, Unmöglichem) bedeutet, ist Kreativität für den passiven Nutzer angeleitete Expressivität. Er möchte im Team und mit anderen Kreativen kreativ sein. Für ihn hängt die eigene Kreativität viel stärker von der künstlerischen Anleitung oder vom Ambiente ab (in der Toskana oder bei provenzalischen Lichtverhältnissen). Die Aura großer Meister oder das künstlerische Outfit ermöglichen erst die eigene Kreativität (»Go create« – Werbung von Sony).

Die wichtigsten Werte postmodernen Lebensstils und postmoderner Alltagsästhetik sind »Ereignis« (event) und »Erlebnis«: Es muss sich etwas ereignen, und man muss etwas erleben. Das Leben selbst wird deshalb als Event, als Fest und Feier begriffen, so dass man an allem, was nach Event aussieht, Anteil haben möchte und dabei sein muss. Was den Lebensstil betrifft, gilt: Lifestyleangebote müssen Erlebnisangebote sein, die dem eigenen Geschmack entsprechen, die einen in geschaffene, simulierte, neue, inszenierte Welten eintauchen lassen und Begrenzungen herkömmlicher Lebensstile auflösen. Im Unterschied zum aktiven Anbietertypus, der das Erlebnis vor allem in der Entgrenzung (»Transgression«) sucht, die Grenzen überschreitet, ist der passive Nutzertypus mehr an Erlebnissen interessiert, die vorgegebene Grenzen aufzulösen imstande sind, die deshalb Verbundensein herstellen und ein Eintauchen (»Immersion«) ermöglichen. Beiden, dem aktiven wie dem passiven Typ, ist aber gemeinsam, dass sie »eventgierig« sind und jedes öffentliche oder private Fest und Happening genießen.

(6) Wie für den aktiven, so gilt auch für den passiven Ich-Orientierten, dass bezüglich *gesellschaftlicher und individueller Wertorientierungen* alles erlaubt ist. Gemeinsam ist ihnen auch, dass sie sich widersprechende Werte (sich ökologisch ernähren und für die Umwelt engagieren, aber gleichzeitig ein großvolumiges, die Umwelt stärker belastendes Auto fahren) problemlos gleichzeitig vertreten und leben können. Die vom passiven Nutzertypus bei der Selbstbestimmung bevorzugten Werte müssen so beschaffen sein, dass sie den frei gewählten Lebensstil jener Gruppe, der er sich zugehörig fühlt, repräsentieren: *»Wertvoll ist, was mich verbunden sein lässt.«* Der für die Ich-Orientierung typische Umgang mit Werten, dem gemäß der Ich-Orientierte nur dann authentisch und tatsächlich selbstbestimmt ist, wenn es keine allgemein verbindlichen Werte und Ideale gibt, wird beim passiven Nutzertypus aufgeweicht. Von gesellschaftlich vorgegebenen Wertorientierungen grenzt man sich dadurch ab, dass man sie durch die Wertorientierungen der eigenen Gruppe ersetzt. Die Werte der eigenen Gruppe können zwar widersprüchlich sein, doch werden sie keiner generellen »Dekodierung« ausgesetzt. Hierzu passt auch, dass gelebte Wertorientierungen vom passiven Postmodernen unterschiedlich toleriert werden; es gibt eine deutliche Bevorzugung jener Werte, die zum eigenen »way of life« passen; entsprechend ausgeprägt ist die Entwertung von und die Intoleranz gegenüber anderen Wertorientierungen und Lebensstilen.

Religion hat für die *Lebenskunst* beim passiven Ich-Orientierten durchaus eine Bedeutung, allerdings nur, wenn sie ein Verbundensein ohne Gebundensein und Verbindlichkeiten anbietet. Dies gilt insbesondere dort, wo sie ihre religiösen Rituale als Angebote zum gemeinschaftlichen Erleben von besonderen Lebenssituationen (wie Geburt, Eheschließung, Tod) inszeniert oder Großveranstaltungen mit unterschiedlichsten religiösen Erlebnisangeboten offeriert. Statt überbrachte Formen der religiösen und spirituellen Hingabe zu übernehmen, werden (bevorzugt nichtkirchliche) religiöse und spirituelle Angebote ausprobiert, und zwar jene, die zur selbst gewählten Erlebniswelt passen und die ein Verbundensein mit spirituellen Meistern und religiös Gleichgesinnten ermöglichen, so dass man sich in der realen oder virtuellen »community« zu Hause fühlt.

Für die selbstbestimmte Lebenskunst des passiven Nutzertypus ist eine Art »*Patchwork-Spiritualität*« typisch. Das Bezogensein auf die vorgegebene Wirklichkeit wird dadurch transzendiert, dass man Elemente unterschiedlicher religiöser und quasireligiöser Angebote verknüpft und für sich wahrnimmt: Erfahrungen des Jenseitigen, Magischen, Irrealen, Mystischen, Mysteriösen, Parapsychologischen, Esoterischen. Man will mit solchen Welten Kontakt haben und – wenn möglich – in sie eintauchen. Auch hier spielt die Erlebnis- und Eventqualität eine entscheidende Rolle.

Die Lebenskunst hat für den Nutzertypus – unabhängig von der religiösen und spirituellen Dimension – immer etwas mit einem *genussvollen Erleben* zu tun, ob dieses in der Spaßwelt, im postmodernen »Schön-Leben« (das nach G. Schulze eben mehr ist als das vormoderne »Überleben« und das moderne »Gut-Leben«) oder in »Wellness« und »Well-being« gesucht wird. »Enjoy your life« heißt die Devise (und die Werbung von Coca Cola). Für den passiven Ich-Orientierten heißt »Well-being« immer, es sich gut gehen zu lassen und Körper, Seele und Geist, Innen und Außen nur positiv statt ambivalent zu erleben. Das negative Objekterleben wird ebenso aus dem Erlebnisraum ausgeschlossen wie das negative körperliche, seelische und geistige Selbsterleben. Unangenehme Erfahrungen haben zur »Wellness-Insel« von vornherein keinen Zugang und können deshalb postmoderne »Leichtigkeit des Wohlseins« nicht gefährden.

(7) Die für die postmoderne Ich-Orientierung typischen *Denk- und Wahrnehmungsmuster* (assoziatives Denken, kaleidoskopartiges bildliches Wahrnehmen und relationales Bewusstsein) sowie das typische *Raum- und Zeiterleben* kennzeichnen weitgehend sowohl den aktiven Anbietertypus als auch den passiven Nutzertypus, weshalb an dieser Stelle auf die Darstellung beim aktiven Typus verwiesen wird. Auf zwei Unterschiede sei dennoch aufmerksam gemacht. Das für postmodernes Denken typische Tabu, verbindliche Sinn- und Bedeutungsgehalte anzuerkennen, gilt nur für den aktiven Typus. Der passive Nutzertypus versucht nämlich, an jenen Deutungsangeboten Anteil zu haben, die in den bevorzugten Marken, Lebenswelten und Lebensstilen symbolisiert sind. Dabei können die Deutungsangebote in sich wider-

sprüchlich und unsinnig sein, da nicht die logische Stringenz, sondern die versinnbildlichte Botschaft des Angebots zählt.

Auch bezüglich der Reduktion der Wahrnehmung auf das Produzieren und Rezipieren von sinnlichen (vor allem bildhaften) Reizen, die nicht mehr verarbeitet und gedeutet werden, gibt es einen Unterschied. Während der aktive Ich-Orientierte nach Lust und Laune seines Ichs kaleidoskopartige Erlebniswelten *produziert* und offeriert, ohne sich um deren Sinn und Bedeutung zu kümmern, *rezipiert* der passive Ich-Orientierte das Offerierte wahllos und ohne innere Antwort. Erleben heißt für ihn nicht, dass etwas durch einen Reiz in ihm zum Leben kommt, sondern es ist eine kaleidoskopartige Abfolge von unverarbeiteten Reizen, die nur den einen Sinn hat, den Empfänger durch Reize mit dem Leben zu verbinden und am Leben zu erhalten.

Ausgewählte Charakterzüge im Vergleich

Trotz der Gefahr, dass sich manches wiederholt, soll im Folgenden an einigen typischen Charakterzügen die postmoderne Ich-Orientierung illustriert werden, wobei der aktive Anbietertypus und der passive Nutzertypus direkt verglichen werden. Anders als bei der Beschreibung der Persönlichkeitszüge, die jeweils den »Idealtypus« des aktiven und des passiven Postmodernen nahe zu bringen versuchte, soll mit der Darstellung ausgewählter Charakterzüge die unterschiedliche Erscheinungsweise dieser beiden Möglichkeiten der Ich-Orientierung vor Augen geführt werden. Eine tabellarische Übersicht über die Erkennungsmerkmale der postmodernen Ich-Orientierung findet sich im Anhang.

Aktiv leben als Macher beziehungsweise sich aktiviert erleben als interaktiver Konsument

Ein erster Charakterzug des *aktiven* Ich-Orientierten ist das leidenschaftliche Streben danach, *aktiv zu leben*. Dieses Streben tritt auf unterschiedliche Weise in Erscheinung, zeigt aber immer »Macher«-Qualitäten. Der aktive Ich-Orientierte ist der typische »Macher«. Ob er als Inszenierer oder Schöpfer, Anbieter oder Unterhalter auftritt, immer »macht« er etwas. Dieses Etwas kann die Berufsarbeit sein, die als Abfolge von Projekten verstanden wird und bei der er intrinsisch motiviert ist. Er will sich mit der Arbeit selbst verwirklichen und geht deshalb oft in einem totalen, lustbesetzten Arbeitseinsatz auf. Das, was er zustande bringen will, kann sich aber auch auf die eigene Person beziehen. Da kann jemand »aus sich etwas machen« und sich, sein Aussehen, sein Image, seine Weiblichkeit oder Männlichkeit kreativ neu erschaffen mit Fitnessprogrammen, Schönheitsoperationen, Persönlichkeitstrainings. Der aktive Typ zeichnet sich durch eine unerschöpfliche Fantasie beim Ästhetisieren des eigenen Outfits aus.

Beim *passiven* Ich-Orientierten zeigt sich dieser Charakterzug als leidenschaftliches Streben danach, *sich aktiviert zu erleben*. Aktiviert erlebt sich der passive Postmoderne, wenn er Anteil haben, dabei sein und dazugehören kann oder wenn er sich etwas aneignet und es konsumiert. Der Wunsch, aktiviert zu werden, zeigt sich auf ganz verschiedene Weise. Eine Möglichkeit ist, dass alles Erlebnischarakter haben muss: Der Urlaub wird zum Erlebnisurlaub, der Museumsbesuch zum Museumserlebnis, der Einkauf zum Einkaufserlebnis, der Gottesdienst zum religiösen Erlebnis, die Pädagogik zur Erlebnispädagogik usw. Ein anderer Aspekt ist das Unterhaltungsbedürfnis, wobei Unterhaltung nicht bedeutet, dass zwei sich angeregt unterhalten, sondern dass man mit Konzert, Oper, Theater oder auch mit Comedy, Thriller, Action, Soap unterhalten sein will und ganz dabei ist. Wieder eine andere Möglichkeit, sich aktiviert zu erleben, ist das Stimulationsbedürfnis. Nur dann ist etwas los, wenn man mit visuellen und akustischen Reizen stimuliert wird, die sexuelle Fantasie angestachelt wird oder man etwas zum Kauen hat, was die Geschmacksnerven reizt.

Die neuen Medien und Vernetzungen ermöglichen dabei eine Aktivierung, die nicht nur konsumorientiert, sondern »interaktiv« ist. Da dies nur virtuell möglich ist oder gar nur simuliert werden kann, wie etwa bei den Comedy-Familiensendungen, lässt man sich nicht nur durch die Gags aktivieren, sondern nimmt an den mitgesendeten Lachsalven der Zuschauer interaktiv teil. Die virtuelle Möglichkeit von Interaktivität wird vor allem bei Computerspielen, Internet-Chatrooms und -Plattformen genutzt.

Während der aktive Ich-Orientierte joggt, im Fitnesszentrum seinen Körper aktiviert oder durch Meditation seine innere Aktivität in Erfahrung bringt, versucht der passive Ich-Orientierte, interaktiv sportlich zu sein, indem er an Sportereignissen als Zuschauer teilnimmt oder sich im Fernsehstuhl durch spirituelle Meisterkurse aktivieren lässt und sie »live« und interaktiv miterlebt.

Kreativ sein Ich selbst erschaffen beziehungsweise sich im Wir kreativ erleben

Ein zweiter Charakterzug des postmodernen Ich-Orientierten ist seine Lust an einer selbstbestimmten Ich-Erzeugung. Diese zeigt sich zunächst in dem hohen Stellenwert, den er der Kreativität einräumt, wobei dieser Begriff in der Postmoderne einen neuen Inhalt bekommen hat. Kreativität bedeutet nicht, aus dem Eigenen zu schöpfen, sondern ein Design zu entwerfen, in Szene zu setzen, mit Hilfe von Softwareprogrammen, neuen Techniken und Materialien Wirklichkeit zu schaffen und den eigenen Körper, die Wohnung, den Lebensstil zu »schmücken« und zu gestalten. Ich-orientierte Kreativität ist gleichbedeutend mit selbstbestimmter Ästhetisierung der Lebenswelt und des Alltags. Die Kreativität des aktiven Ich-Orientierten ist gleichbedeutend mit Ich-Performance, die des passiven Typus mit angeleiteter Expressivität, wobei »angeleitet« bedeutet, dass der Lehrer, die Technik, das Verfahren, das Design oder die Marke des Sessels oder des Geschirrs oder des Kleidungsstücks kreativ sein müssen.

Generell kann gesagt werden, dass der *aktive* Postmoderne leidenschaftlich danach strebt, unabhängig von Vorgaben und Sachzwängen und ohne Rücksicht auf Erwartungen, Bedürfnisse und Ansprüche anderer sein Ich zu konstituieren und sich in dieser *freien und spontanen Ich-Setzung* genussvoll selbst zu erzeugen. Dieser Charakterzug des aktiven Postmodernen äußert sich vor allem in drei Erscheinungsweisen:

(1) Die Ich-Setzung muss *neu* und *anders* sein und sich von allem bisher Dagewesenen abheben. Deshalb muss sie extravagant sein oder extrem oder bizarr oder riskant oder provokativ oder extrovertiert oder einmalig oder schamlos; in jedem Fall muss sie offen für alles sein, was unmöglich, ungewohnt und widersprüchlich ist. Der Medienfachmann Jo Groebel in einem Zeitungsinterview (nach dpa): »Der Küblböck springt aus der Masse heraus, weil er den Typ des Abweichlers symbolisiert.«

(2) Die Ich-Setzung kann auch den Versuch darstellen, alles Vorgegebene und Bestehende, Wertgeschätzte und Gesicherte zu attackieren und zu *dekodieren*. Deshalb zeigt der aktive Postmoderne eine Lust, alles anzuzweifeln, pflegt den Zynismus, stellt sich ironisch selbst in Frage, demontiert sämtliche Werte und zieht alles durch den Kakao, was Menschen heilig sein könnte, übermalt die Kunstwerke alter Meister und benützt die Geschichte als »Reservoir von Zitaten«, glaubt an nichts außer an sich selbst und ist auch im Blick auf sich selbst bekennender Agnostiker. Er ist

bis zur Gleichgültigkeit tolerant, hält alles für erlaubt, was geht, entzieht sich jeder Identifizierung und Festlegung, zeigt sich schamlos offenherzig und zugleich hinsichtlich seiner Privatsphäre völlig zugeknöpft. Besonders auffällig ist in diesem Zusammenhang auch seine Lust am Spiel: Das Leben, die Arbeit, die Kontakte, die Erziehung – alles wird als Spiel begriffen und spielerisch bewältigt. Wenn deshalb Menschen durch die Inszenierungswut des Buchautors Dieter Bohlen ihre Persönlichkeitsrechte verletzt sehen und gegen ihn klagen, dann machen sie – so der Verlagsjurist des beklagten Verlages Random House, Rainer Dresen – den Fehler, »Bohlen ernst zu nehmen; er nimmt sich selbst nicht ernst« (dpa, 11.10.2003).

(3) Eine dritte Erscheinungsweise der aktiven Ich-Setzung manifestiert sich im Angezogensein von allem *Entgrenzten*: das Ich als Souverän von Raum und Zeit. Der aktive Ich-Orientierte liebt das Risiko, das Grenzwertige, Übergriffige, Unkonventionelle, Unmögliche. Er macht die Nacht zum Tag und den Tag zur Nacht und ist gerne unterwegs (und zwar nicht nur, wenn er auf dem Jakobsweg ist). Mobilität ist sein Zuhause; das Ziel seines Unterwegsseins ist das Unterwegssein im Nirgendwo. Sein Motto ist Heraklits »panta rhei« (alles fließt). Grenzen sind dazu da, überschritten zu werden; Begrenzungen müssen überwunden werden; es gibt weder Halt noch Grenzen. Religion und Spiritualität sind Medien der Selbstentgrenzung nach innen oder ins Jenseits; die einzige Zeitdimension, die anerkannt wird, ist der Augenblick, das Hier und Jetzt. Die Dauer ist vom Teufel, und die schlimmste Höllenstrafe ist die Langeweile. Eine weitere Form der Ich-Setzung durch Entgrenzung ist die Inszenierung illusionärer und fiktiver Wirklichkeiten, in denen Raum und Zeit, Endlichkeit, Leiden, Versagen und Enttäuschungen der Vergangenheit angehören.

Wie sieht diese Lust des Postmodernen an der Ich-Setzung beim *passiven* Ich-Orientierten aus, und in welchen Erscheinungsweisen manifestiert diese sich bevorzugt? Die Ich-Setzung des passiven Postmodernen vollzieht sich im *Wir-Erleben*: Ich bin ich im Wir oder – frei nach Descartes: »Ich bin verbunden, also bin ich.« Frei bin ich, wenn ich verbunden bin und Zugang habe. Denn in dem Maße, in dem ich vernetzt, »vernabelt«, verkabelt, verbunden bin und also Anteil habe an einem Lebensgefühl, einem Lifestyle dazugehöre und Zugang zu einer Lebenswelt habe, die die von mir gewählte ist, bin ich ich und fühle ich mich mit mir identisch. So wenig auch der passive Postmoderne noch *gebunden* sein will und so individualisiert er sich versteht und gibt, so entscheidend wichtig (und widerspruchsfrei) ist es für ihn gleichzeitig, einem Lebensstil, einer Bewegung, einer Lebenswelt anzugehören und Träger einer bestimmten Marke zu sein, um auf diese Weise *ver*bunden zu sein. Das Wir-Gefühl, das zwar ein neues Verständnis von Sozialität, aber kein »Ende der Egomanie« anzeigt, wie dies Horst-Eberhard Richter (2002) gerne sehen möchte, hat nur bedingt etwas mit Empathie, Solidarität und Verantwortung zu tun. Es ist vielmehr ein elementares »Bedürfnis« des passiven postmodernen Charakters, weil es ihn sein Ich erleben lässt. Deshalb sind passive Ich-Orientierte beruflich auch nicht auf Karriere, Rivalisieren und Profilierung aus, sondern bevorzugen das gute Team und die kollegiale Atmosphäre. Und selbst der Autobahnstau auf der Fahrt in den Urlaub befriedigt – einer Aussage des Verkehrsforschers Michael Schreckenberg (in der Südwestpresse Ulm vom 26. Juli 2003) zufolge – dieses Bedürfnis: »Es ist ja auch ein Wir-Gefühl, wenn man ›seinen‹ Stau im Radio hört: Wir sind auch dabei gewesen.«

Auch dieser Charakterzug des passiven Postmodernen, sein Ich im Wir erleben zu wollen, wird in besonderen Erscheinungsweisen sichtbar:

(1) Für das Wir-Erleben werden neue und andere Formen der Gruppenbildung gesucht als die bisher üblichen, die sich an religiösen, kulturellen, politischen Bindungen und Themen orientiert haben. Das Wir muss vor allem die einem gemäße Ich-Setzung verkörpern und ein spezifisches Ich- und Identitäts-Erleben ermöglichen. Dies wird vor allem dadurch erreicht, dass das Wir einen besonderen und anderen Lebensstil zum Ausdruck bringt, der in Kleider-Marken, Trends, Logos, Stars, Unterhaltungssendungen, Musikstilen, Freizeitaktivitäten oder Erlebniswelten symbolisiert ist. Denn nur in solchen Welten des Wir-Erlebens kann der passive Postmoderne sein Ich erleben. Er möchte anders sein mit den anderen. Die Ich-Setzung in Abgrenzung vom Konventionel-

len und Vorgegebenen erfolgt hier also über die Identifizierung mit den Symbolisierungen von alternativen Erlebniswelten, dem Extravaganten oder Bizarren oder Provokativen oder Extrovertierten usw.

(2) Auch die Ich-Setzung, bei der alles Vorgegebene und Bestehende, Wertgeschätzte und Gesicherte in Frage gestellt und dekodiert wird, läuft beim passiven Postmodernen über das teilhabende Wir-Erleben ab und über die Identifizierung mit Dekodierern, Parodierern, Zynikern, Bloßstellern, Demontierern, ob diese nun Harald Schmidt oder Stefan Raab heißen.

(3) Selbst die Ich-Setzung durch Entgrenzung findet sich beim passiven Postmodernen, wenn auch zum Teil auf andere Weise: Entgrenzungserfahrungen werden zum einen bevorzugt auf Massenveranstaltungen wie Openair-Happenings, Love Parades oder Großveranstaltungen des Sports gemacht, für die wie bei der letzten verlorenen Fußballweltmeisterschaft gilt: »Dabei sein ist alles.« Zum anderen spielen Drogen wie Alkohol oder Ecstasy eine wesentliche Rolle, wenn Entgrenzungserfahrungen im Wir-Erleben gemacht werden. Oder die raue Wirklichkeit wird durch das Eintauchen in illusionäre und fiktive Inszenierungen einer Vergnügungswirklichkeit transzendiert.

Gefühle ungeniert ausleben beziehungsweise Gefühle miterleben

Ein weiterer, ganz typischer Charakterzug des postmodernen Ich-Orientierten betrifft sein Gefühlserleben. Anders als für den am Marketing Orientierten, der cool zu sein hat, es sei denn, er kann sich mit der Darstellung seiner Gefühle gut verkaufen, gilt für den postmodernen Ich-Orientierten, dass er all seinen Gefühlen freien Lauf lässt – und dies manchmal so sehr, dass man geradezu – wie etwa bei Verona Feldbusch – von einer Gefühlsinkontinenz sprechen kann. Allerdings tut dies der aktive Postmoderne auf andere Weise als der passive.

Der *aktive* Typus zeigt seine Ich-Orientierung gerade darin, dass er emotional ist und mit starken Gefühlen auftrumpft, dass er sinnlich und sensitiv sein kann. Vor allem dort, wo er als Inszenierer und Erzeuger von Unterhaltung, Kommunikation und Lebensdramatik in Erscheinung tritt, gelingt es ihm, mit den Gefühlen zu spielen und eine Sentimentalität zu erzeugen, die Fans heulen, in Panik oder in Verzückung geraten lässt. Wer immer heute medienwirksam sein möchte – als Politiker, Schauspieler, Musiker, Wissenschaftler –, muss Gefühle zeigen und hervorrufen, um authentisch und glaubwürdig zu sein. Bei den deutschen Massen-Printmedien hatte dies die ›BILD-Zeitung‹ als Erste erkannt und erfolgreich praktiziert.

Ist der aktive Ich-Orientierte ein Anbieter von Gefühlen, so ist der *passive* der Konsument und Nutzer erzeugter Gefühle. Die große Marktchance der gegenwärtigen kapitalistischen Produktion von Kultur ist das Anbieten und Verkaufen von Gefühlen, dem auf der Nutzerseite der Erwerb und die Aneignung von Gefühlen gegenüberstehen. Die Aneignung erfolgt in erster Linie über das Eintauchen in die inszenierten Welten der Soap-Operas und Musicals, der biblischen »Filmschinken«, herzergreifenden Vorabendserien und Lovestorys, der Klatschspalten über Königshäuser und Prominente, der sensationslüsternen Berichterstattung, des Enthüllungsjournalismus oder der Horror- und Actionfilme. Gefühle sind wie alles, was zur Ich-Erzeugung dient, nichts Eigenes, sondern etwas Hergestelltes und Angeeignetes.

Dem passiven Postmodernen geht es nicht nur um das Wir, sondern auch um das geteilte, *miterlebte Gefühl*. Wenn Menschen angebotene Gefühle mitfühlen, statt selbst zu fühlen, sind sie *sentimental*.

Der Postmoderne tut sich oft schwer, über den Verlust eines nahen Menschen zu weinen, ihm kommen aber die Tränen beim Tod wildfremder Menschen, vorausgesetzt, die Inszenierung bei der Berichterstattung drückt auf die Tränendrüse und ermöglicht die Anteilnahme. Wir fühlen intensiv mit den knapp dreitausend Toten des 11. September 2001 mit, aber es rührt uns nicht, dass täglich weit mehr als dreitausend Kinder in Afrika auf Grund von Hunger und Krankheit umkommen. Mit dem, was bisher unter Mitgefühl verstanden wurde, hat dieses Miterleben von inszenierten und simulierten Gefühlen also wenig zu tun.

Selbstbestimmt kontaktfreudig sein beziehungsweise verbunden sein und Kontakt pflegen

Ein weiterer auffälliger Charakterzug des postmodernen Ich-Orientierten ist seine Art, Beziehung zu leben. Der *aktive* Ich-Orientierte ist ausgesprochen kontaktfreudig, unterhaltsam, interessant und meist gut gelaunt; er kann ohne Schwierigkeiten und grenzenlos von sich selbst reden und möchte sich ständig gegenüber anderen in Szene setzen. Tatsächlich geht es ihm nicht um Beziehung im Sinne von emotionalen Bindungen und entsprechenden Gefühlen von Sehnsucht, Rücksichtnahme, Verbundenheit, Treue, Vermissen, sondern um punktuelle Berührungen, um ein zweck- oder zeitgebundenes Kontakterleben fürs Bett oder um nicht allein zu sein oder um während des Urlaubs jemanden unterhalten zu können. Manchmal wird daraus ein Beziehungsprojekt, mit dem man spielerisch umzugehen versucht. Führen die Kontakte tatsächlich zu einer Partnerschaft (einer »Lebensabschnitts-Partnerschaft«), wird diese am liebsten erlebnishaft, unkonventionell oder wie im Geschäftsleben gestaltet. Dem aktiven Ich-Orientierten ist es immer ein zentrales Bedürfnis, die Partnerschaft aktiv selbst bestimmen zu können. Manche geben zu, dass ihnen ein Partner am liebsten wäre, den man »wie einen Fernseher an- und ausschalten kann«.

Ein besonderes Merkmal des Postmodernen ist deshalb auch, dass er nie nachtragend ist und trotz des Scheiterns der Partnerschaft ein guter Freund bleibt. Eifersucht ist meist kein Thema. Sexuell gilt es, sich frei zu fühlen und selbst zu verwirklichen. Jedes und alles ist erlaubt, auch die Enthaltsamkeit. Tabu sind allerdings Beziehungswünsche, Kontakte und Partnerschaften, aus denen sich Verbindlichkeiten, Erwartungen der Verlässlichkeit und anhaltende Nähewünsche ergeben könnten.

Der *passive* Ich-Orientierte gestaltet und erlebt Beziehung vor allem als Bedürfnis, verbunden zu sein und zum anderen selbstbestimmt Zugang zu haben. Auch der passive Postmoderne will sich nicht binden, will aber doch verbunden sein. Die vertrauten Weisen, Beziehungen einzugehen und auszuleben – wie zum Beispiel sich mitzuteilen, sich zu unterhalten, sich nahe zu kommen, die

Berührung, den Blickkontakt zu suchen, seinen Gefühlen für den anderen Raum zu geben, etwas miteinander anzufangen, die Sorgen und Nöte zu teilen usw.: All dies sind für ihn kaum Mittel, Beziehung zu erleben und zu gestalten. Auch hier heißt Beziehung in erster Linie, *unabhängig von Raum und Zeit mit möglichst vielen in Kontakt sein zu können* und sich dieser Vernetzung und Kontaktmöglichkeit zu versichern. Dies verraten bereits die Medien, die für das Beziehungserleben bevorzugt werden: Handy, Internet, E-Mail und SMS. Meist geht es bei diesen Kontaktaufnahmen eben nicht darum, die Beziehung zu pflegen (weshalb die Begrenzung auf 160 Zeichen pro SMS auch nicht als Beschränkung erlebt wird); auch will man sich nicht wirklich etwas mitteilen (wie jeder weiß, der unfreiwillig Zeuge von Telefonaten in öffentlichen Verkehrsmitteln wird); vielmehr geht es darum, Kontakt herzustellen, die Angst des Unverbundenseins zu reduzieren, sich unterhalten zu lassen und das Verbundensein zu sichern. (Deshalb *muss* man ein Handy haben, wenn man nicht von dieser Art des sozialen Lebens ausgeschlossen sein will.)

Auch für den passiven Ich-Orientierten gilt es, sich sexuell frei zu fühlen und entsprechende Erlebnisangebote und »Kontaktadressen« wahrzunehmen. An die Stelle von Beziehung tritt also immer der Kontakt. Und an die Stelle der Gestaltung von Beziehung tritt die Gestaltung und Sicherung des Verbundenseins.

Sich authentisch erleben beziehungsweise Authentisches erleben

Ein letzter Charakterzug des postmodernen Ich-Orientierten, der hier vorgestellt werden soll, ist die Leidenschaft des aktiven Postmodernen, sich authentisch zu erleben, und die Leidenschaft des passiven Typus, Authentisches erleben zu wollen. Diese Charakterzüge haben mit dem wesentlich anderen Identitätserleben des postmodernen Charakters zu tun.

»Authentizität« oder – was auf weiten Strecken als gleichbedeutend angesehen wird – »Glaubwürdigkeit« sind zentrale Werte des postmodernen Charakters. Zwar strebt auch der Marketing-

Orientierte nach Authentizität, doch ihm geht es darum, sich authentisch zur Darstellung zu bringen, um sich mit seiner originellen oder alternativen Selbstdarstellung besser verkaufen zu können. Authentizität steht hier im Dienste der Vermarktung der eigenen Persönlichkeit und hängt immer davon ab, was auf dem Markt gerade als authentisch gilt.

Solches hat der Postmoderne nicht im Sinn. Er will sich nicht gut verkaufen und beim anderen gut ankommen, sondern er will ganz er selbst sein und *sich* authentisch erleben. Sein Bestreben, sich authentisch zu erleben, hängt allerdings nicht von seinem Eigensein und seinen körperlichen, psychischen und geistigen Vorgaben, Talenten und Eigenkräften ab, wie dies für den produktiv Orientierten zutrifft, der auch ganz er selbst sein will, indem er aus sich selbst und seinem menschlichen Vermögen lebt. Im Unterschied hierzu will der Postmoderne sich dadurch authentisch erleben, dass er sein Ich mit Hilfe der heute verfügbaren technischen Inszenierungsmöglichkeiten frei erzeugt – gleichsam aus dem Nichts, ohne Vorgaben und Vorbilder.

Das Ich-Erleben des postmodernen Charakters definiert sich durch kein vorheriges Identitätserleben und bezieht sich auch nicht auf ein vorgegebenes Wissen darum, wer und was man ist. Es gibt also nichts in ihm, kein Bild von sich, das sein Identitätserleben determinieren würde. Auch nach einem »roten Faden« sucht man vergebens, weil da nichts ist, was sich durchhält oder ursprünglich, charakteristisch, original oder echt wäre.

Der *aktive* Ich-Orientierte will nichts lieber als sich authentisch erleben. Er sagt immer, was er denkt und fühlt, und ist deshalb absolut ehrlich und glaubwürdig. Authentisch ist und erlebt sich, wer unbeeinflusst und unvermittelt sein Ich zur Welt bringt, wer sein spontanes Wahrnehmen, Fühlen, Fantasieren unreflektiert und unzensiert mitteilt, wer an seiner augenblicklichen Regung, Stimmung, Reaktion Anteil nehmen lässt, wer intuitiv und kreativ ist.

Um zu illustrieren, wie sich aktive Ich-Orientierte authentisch erleben, sei eine Zeitungsnotiz vom 20. Mai 2003 zitiert, die einen Bericht über Verona Feldbuschs Schwangerschaft in der BILD-Zeitung zusammenfasst: »Die schwangere Verona Feldbusch zeigt sich überglücklich darüber, dass sie einen Buben und damit ihr

Wunschkind bekommt. ›Hurra, es wird ein Junge! Hurra, es wird ein kleiner Franjo‹ [Franjo Pooth heißt der Vater des Kindes], sagte die 35-Jährige der ›BILD-Zeitung‹. ›Ich könnte die ganze Welt abknutschen. Ich würde mir am liebsten Graffiti-Dosen kaufen und alle Wände besprühen.‹ Warum sie sich mehr über einen Buben als über ein Mädchen freut, erklärte der Werbestar so: ›Wenn man von ganzem Herzen in einen Mann verliebt ist, gibt es doch nichts Schöneres, als den noch mal in klein zu kriegen. Da male ich mir keine kleine Verona aus, die würde mir auch viel zu viel reden.‹« Als vier Monate später der Junge geboren war, verriet sie der gleichen Presse, dass sie vor der Geburt »schrecklich gezittert [habe] – am ganzen Leib. Vor Freude, Angst und Aufregung«. Als das Baby mit Kaiserschnitt zur Welt gekommen war und geschrien habe, habe sie sofort gerufen: »Ich will noch eins!« – Kein Zweifel, mit dieser Art »Gefühlsinkontinenz« erlebt sich diese Frau ganz authentisch – und nicht nur sie selbst, sondern auch ihre Fans erleben sie so.

Der *passive* Ich-Orientierte will Authentisches erleben. Weil aber die postmoderne Lebensweise dem Begriff des »Authentischen« einen völlig neuen Inhalt gegeben hat, zeigt sich das Authentische darin, dass etwas besonders eindrücklich, sinnlich und stark emotional inszeniert ist. Wenn vor Wahlen die Kontrahenten ums Amt im Fernsehen auftreten, hat die Frage, welche Programme sie vertreten und was sie inhaltlich sagen, meist eine völlig untergeordnete Bedeutung. Wichtig ist, wie echt, glaubwürdig und authentisch sie sind, das heißt, wer zu einer besseren spontanen Ich-Inszenierung fähig ist, die natürlich nicht mit Eigenem und Eigentümlichem zu tun hat, sondern mit dem vorausgegangenen Coaching und der Aneignung eines bestimmten Persönlichkeitsprofils.

Derart Authentisches erlebt der passive Ich-Orientierte nicht nur bei Prominenten in Politik, Kultur und Unterhaltungsindustrie, sondern vor allem in inszenierten authentischen Marken, Lebenswelten und Lifestyles, an denen er Anteil zu haben versucht. Diese sind umso glaubwürdiger und authentischer, je »hyperrealer« sie mit Hilfe der digitalen und medientechnischen Möglichkeiten erlebt werden können.

Teil III

Psychoanalyse der postmodernen Ich-Orientierung

Psychodynamik der neuen Charakterorientierung

Die bisherige Darstellung der postmodernen Ich-Orientierung bewegte sich weitgehend auf der Ebene der Beschreibung von Verhalten, weshalb auch bevorzugt von Persönlichkeitstypen und -merkmalen die Rede war. Im Folgenden sollen die spezifisch psychoanalytische Betrachtungsweise und ihr Verständnis der Ich-Orientierung vorgestellt werden. Nach psychoanalytischer Betrachtungsweise ist menschliches Verhalten zu einem großen Teil von bewussten und unbewussten Strebungen bestimmt. Diese sind in der Interaktion von menschlichen Interessen (Überlebensbedürfnisse und spezifisch menschliche Bedürfnisse) und gesellschaftlichen Interessen (Erfordernisse der Umwelt, des Wirtschaftens und des Zusammenlebens) entstanden und werden als verinnerlichte motivationale Antriebskräfte wie »triebhafte« Strebungen erlebt. Da es eine Vielzahl von Möglichkeiten gibt, unbewusste Wahrnehmungen, Bedürfnisse, Wünsche, Fantasien, Gefühle, Strebungen nur entstellt (und dies zum Teil bis zur Unkenntlichkeit) oder gar nicht zu Bewusstsein kommen zu lassen, wird im Folgenden versucht, auch die unbewussten Wahrnehmungen der Entwicklung von Wirtschaft, Gesellschaft und Kultur und deren psychische Verarbeitungen zu berücksichtigen.

Von »gemachtem« und von »menschlichem« Vermögen

Sobald eine neue Charakterorientierung mit neuen psychischen Strebungen entsteht, ist dies ein Indiz dafür, dass die Psyche des Menschen mit einem Problem konfrontiert ist, das sich aus der Anpassung der spezifisch menschlichen Bedürfnisse an neue wirtschaftliche und gesellschaftlich-kulturelle Erfordernisse ergibt. Die Frage lautet also zunächst, was der Mensch heute – aus psychologischer Perspektive – so ganz anders wahrnimmt als früher. Mit welchem psychischen Problem hat der gegenwärtige Mensch zu kämpfen? Dann erst kann gefragt werden, wie dieses verarbeitet wird und zu welchen charakterologischen Kompensationsformen es kommt.

Als für den postmodernen Menschen eindrucksvollste innovative Faktoren wurden in Teil I (S. 42–45) die digitale Technik und die elektronischen Medien genannt. Sie bieten ungeahnte Möglichkeiten, Wirklichkeit neu zu schaffen, und vertiefen den Eindruck, dass gerade diese Wirklichkeiten um vieles attraktiver und potenter sind als das, was der Mensch aus eigenem körperlichem, psychischem und geistig-intellektuellem Vermögen zustande bringen kann.

Dass die vom Menschen geschaffenen technischen Errungenschaften mehr vermögen als der Mensch selbst, gehört spätestens seit der Erfindung der Dampfmaschine zur alltäglichen Erfahrung. Die Maschine ist nicht nur stärker als der Mensch mit seinem körperlichen Kräftepotenzial, sondern auch stärker als die stärksten Tiere. Deshalb bewegen wir uns nicht mehr nur mit *einer* Pferdestärke fort, sondern mit deren Vielfachem.

Bereits angesichts der *körperlichen* Überlegenheit von Maschinen kann man fragen, wie die Menschen diese Entwertung ihrer Körperkraft faktisch erlebt haben und wie sie psychisch damit umgegangen sind. Zweifellos haben sie sich als schwächer erlebt. Ob sie allerdings die *Schwäche* auch bewusst gespürt und verkraftet haben, ist eine andere Frage. Zu beobachten waren ganz unterschiedliche psychische Kompensationsformen des bewussten oder unbewussten Erlebens von körperlicher Schwäche seit Beginn des Zeitalters der Maschinen.

Zum einen wurde die Kraft der Maschinen durch die Überbetonung des Intellektuell-Rationalen, des Emotionalen und des Spirituell-Religiösen in ihrer Bedeutung zurückgedrängt. Mit der Hervorhebung des nicht-körperlichen Vermögens des Menschen versuchte man also, die körperliche Unterlegenheit zu kompensieren. Zum anderen idealisierte man Maschinen und Technik und identifizierte sich schließlich damit. Für manche Menschen gab und gibt es nichts Schöneres, als sich ein umfassendes technisches Know-how anzueignen und selbst so reibungslos und gut zu funktionieren wie eine Maschine. Relativ spät, nämlich erst in der zweiten Hälfte des 19. Jahrhunderts, entwickelte sich noch eine weitere Reaktion auf das Erleben körperlicher Schwäche: die gezielte Übung des Körpers durch Leistungssport und körperliche Wettkämpfe aller Art, die nicht militärisch motiviert war.

Die gravierende Veränderung, die vor allem mit dem Einsatz digitaler Technik und elektronischer Medien einhergeht, ist unter psychologischer Perspektive darin zu sehen, dass sämtliche Dimensionen des menschlichen Vermögens, Wirklichkeit aus eigenen Kräften und Kompetenzen zu gestalten, durch die digitalen und medialen Möglichkeiten ausgebootet werden können. »Die Idee des Mehrkönnens ist das große Faszinosum der ganzen Epoche« (G. Schulze 2003, S. 183). Eine am PC komponierte Musik, multimedial inszeniert, spricht die Sinne um ein Vielfaches intensiver an als eine noch so gekonnt auf dem Flügel selbst gespielte Beethoven-Sonate. Das Gefühlserleben beim Anschauen eines mit High-Technologie produzierten Filmes ist um vieles stärker als das selbst erzeugte bei der Lektüre des Buches, das dem Film zugrunde lag. Die Suche nach einem Gedicht in der digitalen Suchmaschine bringt sekundenschnell das Gesuchte vors Auge, präziser und untrüglicher, als jede eigene Gedächtnisleistung dies vermöchte. Die Organisation der Stundenpläne einer großen Berufsschule ist mit viel Umsicht, Organisationstalent, Fürsorglichkeit, Einfühlungsvermögen in die unterschiedlichsten Bedürfnisse lange nicht so gut zu bewerkstelligen wie unter Einsatz einer entsprechenden Software. Die Kernspintomografie erlaubt Einblicke in den menschlichen Körper, und bildgebende Verfahren ermöglichen Erkenntnisse über Vorgänge im Gehirn, die man bis vor kurzer Zeit nie als menschenmöglich angesehen hätte.

Die Ich-Orientierung ist der Endpunkt einer psychischen Entwicklung, die sich schon lange angebahnt hat: Der Mensch vermag um vieles mehr, wenn er nicht auf sein eigenes menschliches Vermögen setzt, sondern auf das »gemachte« Vermögen, das heißt auf das Vermögen von Technik und Techniken, Steuerungsinstrumenten und Programmen. Mit der Ich-Orientierung als einer Charakterorientierung kommt es zur Verinnerlichung dieser Erfahrung. Demzufolge strebt der Ich-Orientierte leidenschaftlich danach, statt aus seinem menschlichen Vermögen aus den Möglichkeiten des Produzierten zu leben und Wirklichkeit – die eigene wie die ihn umgebende – mit Hilfe von Techniken und Programmen zu managen statt mit Hilfe seiner eigenen (meist bescheideneren) geistig-intellektuellen, psychischen und körperlichen Fähigkeiten.

Diese unter psychologischer Perspektive fundamentale Veränderung lässt sich am Begriff des »technischen Vermögens« selbst verdeutlichen. Der Begriff »techne« hatte, so der Brockhaus, bei den Griechen noch die Bedeutung von »Kunst« und »Fertigkeit« und meinte die menschliche »Kunstfertigkeit, etwas Bestimmtes zu erreichen«. Wenn hier und heute von »technischem Vermögen« gesprochen wird, dann geht es gerade nicht mehr um eine menschliche Fertigkeit, sondern um die Fertigkeit der vom Menschen geschaffenen Produkte. Die frühere »techne« wird zum Know-how im Umgang mit den Produkten. Wir müssen nicht mehr selbst etwas können, sondern nur noch wissen, wie man mit den Produkten umgeht, um deren Fertigkeiten zu nutzen. Nicht mehr das menschliche Subjekt ist vermögend, sondern der PC oder die Software.

Inzwischen bestimmt auf fast allen Ebenen meist die Technik, was der Mensch vermag. Wer sich mit Hilfe von freundlichen Worten, lächelndem Gesicht, wertschätzenden Gesten und mit Komplimenten, die in Persönlichkeitskursen antrainiert wurden, zur Darstellung bringt, ist nicht nur erfolgreicher; eine solche Selbstdarstellung ist für alle Beteiligten auch befriedigender und wohltuender als eine Kommunikation Marke Eigenbau oder gemäß den formalen Regeln des Herrn Knigge. Warum noch eigene Hoffnungen und Perspektiven entwickeln und realisieren, wenn man sie in der charismatischen Gemeinde mit psychotechnischen Inszenierungen leibhaftig spürbar vorgesetzt bekommt? Warum noch Freizeit und Urlaub selbst gestalten, wenn die Animation schon im Pauschalangebot enthalten und um vieles eindrücklicher ist als jede selbst ausgedachte Freizeitbeschäftigung? Warum noch etwas aus eigener Anstrengung heraus tun, wenn dies die »technischen« und »gemachten« Wirkmöglichkeiten und Steuerungsinstrumente so viel besser können und wenn man sich die digital und medial erzeugten Wirklichkeiten, die so viel wirkungsvoller und faszinierender sind als alles, was man aus eigenen Kräften bewirken könnte, aneignen kann?

Das Vermögen der vom Menschen erfundenen und hergestellten Maschinen und Techniken – das *technische* Vermögen – hat das *menschliche* Vermögen auf so gut wie allen Ebenen überholt. Der Begriff »technisches Vermögen« ist allerdings etwas irreführend. Zum einen legt er die Sicht nahe, die Technik sei daran schuld, dass das menschliche Vermögen nicht mehr geübt wird und man deshalb von den technischen Errungenschaften am besten die Finger lässt. Dabei wird verkannt, dass nicht die Technik das Problem ist, sondern der Gebrauch der Technik durch den Menschen, näherhin die Bedeutung, die technisches Vermögen für den Menschen bekommen kann. Zum anderen aber legt der Begriff »technisches Vermögen« das Missverständnis nahe, dass es nur um das gehe, was Maschinen und Technik heute können. Die psychisch relevanten Veränderungen finden jedoch vor allem in Bereichen statt, die bisher ausschließlich oder fast ausschließlich durch die Praxis menschlichen Vermögens geregelt wurden: im Bereich der eigenen Persönlichkeit und im Bereich des Zusammenlebens. Digitale Technik und elektronische Medien haben nicht nur zu neuen »Hardware«-Produkten geführt, sondern auch ganz neue *Psycho- und Sozialtechniken* ermöglicht. Nach dem weitgehenden Zusammenbruch der alten Ordnungssysteme liefern diese sozusagen die dringend benötigten »Betriebssysteme« und »Softwares« für die Persönlichkeitsbildung und Organisation des sozialen Lebens.

Mit Persönlichkeitstrainings und entsprechenden Management programmen lassen sich die Selbstwahrnehmung und die eigene Willensbildung optimieren, bildet man soziale Kompetenzen aus, verbessert man die Wahrnehmungs- und Kommunikationsfähigkeit, steigert man die Konflikt- und Lernfähigkeit und eignet man sich Führungsqualitäten an.

Was Psychotechniken im Bereich der Persönlichkeitsbildung leisten, machen Sozialtechniken im Bereich des menschlichen Zusammenlebens und der Organisation des Sozialen möglich. Die Steuerungsinstrumente (wie Transparenz, Controlling usw.) kommen in Coaching- und Managementprogrammen zur Anwendung. Ob es um das Interaktionssoziale zwischen zwei Menschen geht oder um das Kollektivsoziale gesellschaftlichen Zusammenlebens beziehungsweise politischer oder betrieblicher Organisation: Fast alles wird heute mit den Begriffen »Programm« oder »Management« belegt oder verknüpft, vom Produktionsmanagement, Zeitmanagement bis zum Erziehungsmanagement. Gerade die Inflation der Begriffe »Management« und »Programm« macht deutlich, dass nicht mehr der Mensch das steuernde Subjekt bei der Herstellung von Wirklichkeit ist, sondern dass es die Programme und Steuerungsinstrumente sind, von denen der Mensch *gesteu*ert wird. Und selbst die Manager in einem Betrieb sind kaum noch dessen »Steuermänner«. Ihre Macht und Verantwortung besteht vor allem darin, Steuerungsinstrumente auszuwählen und zur Durchführung zu bringen.

Die psychologisch relevante Veränderung ist zum einen darin zu sehen, dass der Mensch auf Schritt und Tritt erfährt, dass er besser, vermögender, erfolgreicher ist, wenn er »gemachtes« Vermögen und Techniken zum Einsatz bringt, statt etwas aus eigenen Kräften und Kompetenzen zu tun. Zum anderen aber ist es zu einem generellen Rollentausch bei der Steuerung gekommen. Im Unterschied zu früher ist das »technische« Vermögen heute nicht mehr nur ein Instrument in den Händen des Menschen, das man zur Potenzierung des menschlichen Vermögens anwendet (indem man zum Beispiel einen Kanalisationsgraben statt mit Schaufel und Muskelkraft mit einem Bagger aushebt). Das entscheidend Neue ist, dass nicht mehr der Mensch steuert, sondern dass der Mensch und seine sozialen Gebilde vom Instrument und dessen intrinsischem Vermögen gesteuert werden.

Um diesen folgenschweren Subjektwechsel bei der postmodernen Konstruktion von Wirklichkeit aufzuzeigen, wird hier nicht nur vom »technischen« statt dem »menschlichen« Vermögen gesprochen, sondern (einen Diskussionsvorschlag Gerd Meyers aufgreifend) vom »gemachten« Vermögen. Gemeint ist damit ein Vermögen, das aktiv vom Produkt ausgeht, so dass das technische Vermögen und die Techniken das Subjekt des Handelns sind. Mit dem »Vermögen eines Produkts« ist das gemeint, was das »Gemachte«, Hergestellte, Produzierte, das Programm, eine bestimmte Technik vermag, kann, managt, steuert, an Wirklichkeit erzeugt, hervorbringt, inszeniert.

Die Verwendung des Begriffs »gemachtes« Vermögen statt »technisches« Vermögen soll den Unterschied verdeutlichen, der verstärkt dann zu Tage tritt, wenn es um die Produktion von Wirklichkeit geht. Dabei ist der doppelte Wortsinn von »gemacht« durchaus gewollt und willkommen: Wer auf »gemachtes« Vermögen setzt, entspricht zwar dem Machertum des postmodernen Ich-

Orientierten, aber seine Äußerungsweisen haben auch den Anschein des »Gemachten«, Suggerierten, Künstlichen, Artifiziellen, Simulierten (zumindest für diejenigen, die noch nicht ganz ins Boot der Macher übergewechselt sind). Wer auf »gemachtes« Vermögen setzt, dessen Gefühle sind dann auch »gemachte« Gefühle. Er beeindruckt durch eine »gemachte« Persönlichkeit; seine gepflegte Kultur ist nichtsdestotrotz eine »gemachte«; sein Beziehungserleben wird von »gemachten« Interaktionen gesteuert; die Kindererziehung ist nicht die der Mutter oder des Vaters, sondern die von der Zeitschrift ›Eltern‹ gemachte und zur Anwendung gebrachte. Und allen gegenteiligen Beteuerungen zum Trotz ist die Glaubwürdigkeit der Politiker eine perfekt antrainierte Glaubwürdigkeit; und das Wertvollste, was ein Mensch sein Eigen nennen kann, seine Authentizität, ist eine »gemachte« Authentizität.

Zur Psychodynamik des postmodernen Charakters

Das häufig eingebrachte Argument, dass alles technische und »gemachte« Vermögen doch immer auch das Produkt menschlichen Vermögens sei, ist bei einer psychologischen Betrachtung wenig relevant, weil hier nicht das gedankliche Konstrukt (unser menschliches Vermögen hat diese Wunder der Technik oder Psycho- und Sozialtechnik hervorgebracht), sondern das gefühlsmäßige Wahrnehmen und die faktische Befindlichkeit des Einzelnen ausschlaggebend sind. Der Einzelne, der auf Schritt und Tritt mit der Überlegenheit des »gemachten« Vermögens und einer mit *dessen* Hilfe erzeugten Wirklichkeit konfrontiert ist, nimmt vor allem wahr, dass nicht er mit seinen vergleichsweise bescheidenen menschlichen Möglichkeiten, sondern dass seine Produkte und die von ihnen erzeugten Wirklichkeiten vermögend sind.

Zugleich lässt die von der Produktion von Wirklichkeiten lebende Wirtschaft keine Gelegenheit aus, dem Menschen zu suggerieren, dass die Nutzung »gemachten« Vermögens und die Aneignung von produzierter Wirklichkeit um vieles wertvoller und sinnvoller ist als der Rückgriff auf menschliche Fähigkeiten. Vom Erleben her stellt deshalb die vermeintliche Überlegenheit der »gemachten« Möglichkeiten und der digital und medial erzeugten

Wirklichkeiten eine nachhaltige Entwertung dessen dar, was der Mensch aus eigenem Vermögen kann. Die Entwertung bezieht sich dabei ebenso auf die eigenen Kompetenzen wie auf die selbst hergestellte Wirklichkeit.

Die faktische Entwertung ist so groß, dass sie Gefühle akuter Ohnmacht, Hilflosigkeit und Schwäche erzeugt, die von den wenigsten Menschen bewusst wahrgenommen und ausgehalten werden können, sondern verdrängt werden müssen (und sich zum Beispiel in Träumen oder in psychosomatischen Symptombildungen manifestieren). Eben weil die Entwertung der menschlichen Kompetenzen so umfassend ist, wird sie immer häufiger durch eine ich-orientierte Charakterbildung kompensiert, bei der die technischen und »gemachten« Möglichkeiten idealisiert werden, an deren Vermögen man dadurch Anteil zu bekommen versucht, dass man mit Hilfe der digitalen und medialen Techniken selbst Wirklichkeit erzeugt oder eine derart erzeugte Wirklichkeit sich aneignet und nutzt.

Die Bedeutung, die die körperlichen, seelischen und geistig-intellektuellen Eigenkräfte für die Gestaltung von Wirklichkeit haben, wird durch die »gemachten« Möglichkeiten nicht etwa nur *reduziert*. Der Ich-Orientierung, die von der Wirklichkeiten produzierenden Wirtschaft geprägt ist, geht es um ein neues, anderes, selbstbestimmtes Erleben von Ich und Wirklichkeit, das allerdings in dem Maße selbstbestimmt ist, als es *nicht* auf vorgegebene und gewachsene Eigenkräfte und Kompetenzen zurückgreift. Was der Mensch aus eigenem Vermögen bewirken kann, ist nicht nur weniger attraktiv, es ist vielmehr *hinderlich* für die Erzeugung von Wirklichkeit. Es hindert einen daran, völlig frei und spontan Wirklichkeit zu schaffen beziehungsweise in eine angebotene Wirklichkeit einzutauchen, und muss deshalb *ersetzt* werden. Der entscheidende Punkt dabei ist die Zielsetzung, menschliches Vermögen durch »gemachtes« Vermögen zu ersetzen und, statt Eigenkräfte einzusetzen, Programme und die von ihnen produzierten Inszenierungen, Illusionierungen und Simulationen von Wirklichkeit zu nutzen. Wird aber menschliches Vermögen durch »gemachtes« Vermögen ersetzt, dann kommt eine Dynamik in Gang, die eine *nicht-produktive Orientierung* erzeugt. Diese hat wie alle psychischen Orientierungen die Tendenz, sich zu verstärken.

Nur indem man die faktische Entwertung der menschlichen Kompetenzen berücksichtigt und danach fragt, wie die mit der Entwertung einhergehenden negativen Selbstgefühle und Selbstwertwahrnehmungen kompensiert werden, kann man verstehen, warum die heutigen technischen Möglichkeiten und Programme nicht als Erweiterungen der menschlichen Kompetenzen wahrgenommen und genutzt werden, sondern diese *ersetzen* sollen.

Der nächstliegende Schluss wäre ja, die technischen Errungenschaften und die Psycho- und Soziotechniken als Instrumente *in Dienst* zu nehmen für die Optimierung der eigenen menschlichen Fähigkeiten. Eben dies aber wollen – und können – die meisten Menschen nicht oder nicht mehr. Fasziniert von den unzweifelhaft überlegenen Fertigkeiten der Produkte des Menschen und des »Gemachten« sowie einer permanenten Suggestion zum Kauf und Gebrauch solcher Produkte ausgesetzt, erleben die Menschen sich mit den aus dem Gebrauch ihrer Ich-Kompetenzen resultierenden Fertigkeiten vergleichsweise schwach und ohnmächtig. Um ein solches negatives Ich-Erleben nicht zu Bewusstsein kommen zu lassen, definieren sie ihr Ich-Erleben neu. *Statt vom Gebrauch der eigenen Fertigkeiten wird das Ich-Erleben vom Gebrauch der Fertigkeiten seiner Produkte her definiert.* Dem postmodernen Ich-Orientierten geht es gerade nicht um eine Optimierung der menschlichen Eigenkräfte mit Hilfe der digitalen und medialen Möglichkeiten, sondern um eine Erzeugung von Wirklichkeit ohne Rücksicht und Rückgriff auf vorgegebene und gewachsene Fähigkeiten, Werte und individuelle Eigentümlichkeiten.

»Ich-Orientierung« ist also gleichbedeutend mit der *Ersetzung* menschlicher Fertigkeiten durch die Fertigkeiten des »Gemachten«. Die Ersetzung erfolgt dabei nicht abrupt, sondern Schritt für Schritt: Je weniger der Gebrauch der Ich-Kompetenzen das Ich-Erleben bestimmt, desto mehr entwickelt sich eine Tendenz, das Ich-Erleben kompensatorisch vom Gebrauch der Fertigkeiten menschlicher Produkte her zu definieren statt von der Praxis menschlicher Fertigkeiten. So kommt es, dass Ich-Orientierte schließlich nicht mehr fähig sind, den PC und das Internet zu nutzen, ohne von ihnen abhängig zu sein (weshalb der Laptop der liebste Urlaubsbegleiter ist und das Handy einen Zugang zum Internet auch ohne PC ermöglichen soll).

Ulrich Beck hat diesen Ersetzungsvorgang, der zu einer neuen Abhängigkeit führt, vom Soziologischen her bereits in seinem Verweis auf »immanente Widersprüche im Individualisierungsprozess« angedeutet: »An die Stelle *traditionaler* Bindungen und Sozialformen treten *sekundäre* Instanzen und Institutionen«, die den Einzelnen »gegenläufig zu der individuellen Verfügung, die sich als Bewusstseinsform durchsetzt, zum Spielball von Moden, Verhältnissen, Konjunkturen und Märkten machen. So wird gerade die individualisierte Privatexistenz immer nachdrücklicher und offensichtlicher von Verhältnissen und Bedingungen abhängig, die sich ihrem Zugriff vollständig entziehen« (U. Beck 1986, S. 211). Unter psychologischer Perspektive (und zwanzig Jahre nach der Entstehung von Becks ›Risikogesellschaft‹) geht es nicht nur um »Marktabhängigkeit in allen Dimensionen der Lebensführung« (a. a. O., S. 212), sondern um eine existenzielle Abhängigkeit von »gemachtem« Vermögen. Diese Abhängigkeit mit »immanenten Widersprüchen im Individualisierungsprozess« erklären zu wollen, greift – psychologisch betrachtet – zu kurz, auch angesichts der von Beck selbst konstatierten Auslieferung des individualisierten Menschen an eine »*Außensteuerung und -standardisierung*« (a. a. O.).

Der Widerstreit zwischen »gemachtem« und menschlichem Vermögen

Zum besseren Verständnis dessen, was hier unter »Produktivität« und »Nicht-Produktivität« verstanden wird, ist vorauszuschicken, dass psychische Produktivität nicht mit Output und wirtschaftlicher Produktivität identisch ist, sondern mit psychischer Potenz und Integrität zu tun hat (vgl. R. Funk 2000a).

Die postmoderne Ich-Orientierung als »nicht-produktiv« zu kennzeichnen, lässt sich vor allem unter zwei Voraussetzungen rechtfertigen: Nur wenn es stimmt, dass menschliche Produktivität in erster Linie von der Praxis *menschlichen* Vermögens (das heißt vom Einsatz von Ich-Kompetenzen und Eigenkräften) abhängt, kann gefolgert werden, dass die Praxis postmoderner Charakterorientierung eine nicht-produktive Qualität hat. Doch genau diese Voraussetzung wird von postmodernem Denken in Frage gestellt. Außerdem ist die Qualifizierung der Ich-Orientierung als nicht-produktiv nur dann gerechtfertigt, wenn die Bevorzugung »*gemachten*« Vermögens zur Behinderung und Vereitelung *menschlichen* Vermögens führt und deshalb menschliches Vermögen faktisch ersetzt. Um diesen Aspekt soll es im folgenden Abschnitt vor allem gehen.

Der die nicht-produktive Ich-Orientierung kennzeichnende *Widerstreit* zwischen menschlichem Vermögen und »gemachtem« Vermögen müsste nicht zwangsläufig bestehen. Es ist ebenso eine *Kooperation* vorstellbar zwischen beiden Möglichkeiten, Wirklichkeit zu schaffen. Eine solche ist bei vielen Künstlern und kreativen Berufen, aber auch sonst ganz individuell zu beobachten. Diese Menschen nutzen die digitalen und medialen Kräfte zur Verstärkung ihrer eigenen körperlichen, seelischen und geistig-intellektuellen Kompetenzen, statt diese durch eine ich-orientierte Wirklichkeitserzeugung zu ersetzen. Es gibt also sehr wohl auch einen im Frommschen Sinne »produktiven« Umgang mit digitaler und medialer Technik, der nicht durch eine ich-orientierte Leidenschaftlichkeit motiviert ist (wovon in Teil IV ausführlich die Rede sein wird).

Der Widerstreit zwischen »gemachten« und menschlichen Möglichkeiten zur Wirklichkeitserzeugung resultiert heute vor allem aus einem Anpassungsdruck an eine Wirtschaft, die Wirklichkeiten anbietet und verkauft, die damit gezielt (und mit raffinierten Techniken der Manipulation, Simulation, Suggestion und Illusionierung) die Eigenkräfte des Menschen depotenzieren und überflüssig machen will und die die völlige Überlegenheit produzierter und angeeigneter Wirklichkeit eindrücklich zu demonstrieren weiß. Je erfolgreicher sie damit ist, desto abhängiger, impotenter und hilfloser fühlt sich der Mensch psychisch.

Weil solche Gefühle kaum auszuhalten sind, verdrängt er diese Wahrnehmungen und entwickelt kompensatorisch eine Ich-Orientierung, bei der er sich stark und omnipotent fühlt und deshalb unabhängig von den menschlichen Kompetenzen Wirklichkeit erzeugen oder an erzeugter Wirklichkeit Anteil haben will. Je ausgeprägter diese nicht-produktive Dynamik ist, desto geringer ist die Fähigkeit, noch aus eigenen Kräften zu schöpfen, weil mit der postmodernen Ich-Orientierung die Entwertung der in Eigenkräften wurzelnden Fähigkeiten kompensiert werden muss.

Der postmoderne Charakter tritt – ähnlich wie der autoritäre Charakter – in einer aktiven und einer passiven Version auf, und diese Erscheinungsweisen hängen wechselseitig voneinander ab. Zunächst muss das mögliche Missverständnis ausgeräumt werden, dass die aktive Version der Ich-Orientierung – der Mensch, der mit Lust und viel technischem Knowhow Wirklichkeit selbstbestimmt erzeugt – eine produktive Qualität des Charakters anzeige oder zumindest produktiver sei als der passive Ich-Orientierte, der »nur« angebotene Erlebniswelten konsumiert. Der entscheidende Punkt ist nicht, ob jemand ich-orientierte Wirklichkeit anbietet oder nutzt. In psychologischer Perspektive resultiert die nicht-produktive Qualität aus der Tatsache, dass sowohl Anbieter wie Nutzer sich ihres menschlichen Vermögens, das heißt ihrer menschlichen Eigenkräfte und Ich-Kompetenzen, entfremden.

Ein Vergleich mit der erstmals von Erich Fromm in den dreißiger Jahren des letzten Jahrhunderts zur Darstellung gebrachten nicht-produktiven *autoritären Charakterorientierung* (vgl. E. Fromm 1936a und 1941a, beide GA I) soll diesen zentralen Punkt illustrieren. (Bei der Kritik an der autoritären Orientierung geht es nicht um das bloße Vorhandensein von Autorität oder darum, dass es möglichst keine Autoritäten geben sollte – auch wenn dies ein häufiges Missverständnis der so genannten »anti-autoritären Erziehung« war.) Die nicht-produktive Qualität autoritärer Orientierung resultiert zum einen daraus, dass die Autorität (auf Grund wirtschaftlicher und gesellschaftlicher Bedingungen) autoritär ist, das heißt ihre Kompetenz und Macht missbraucht (power als potency), um Herrschaft auszuüben (power als domination) und andere abhängig zu machen oder zu halten. Zum anderen ergibt sich die nicht-produktive Qualität dieser Charakterorientierung daraus, dass Menschen ihr Angewiesensein auf kompetente Menschen nicht durch eigenes Kompetentwerden überwinden wollen, sondern im Gegenteil sich Herrschenden unterwerfen und abhängig bleiben wollen.

Bei der Kritik an der postmodernen Charakterorientierung geht es nicht darum, dass das Vorgegebene nicht mit Hilfe der neuen technischen Möglichkeiten auf ein neues Wirklichkeitserleben hin überschritten werden soll, sondern dass man die neuen Techniken dazu missbraucht, der eigenen Realität zu entkommen, indem man auf seine menschlichen Möglichkeiten verzichtet. Ein eindrucksvolles Beispiel für die Zuwendung zu den technischen Möglichkeiten statt zu den eigenen menschlichen teilte Dee Dee Gordon, Jugendtrendforscherin aus Chicago, in einem Interview mit, in dem sie den Umgang japanischer Jugendlicher mit ihrem Handy schilderte: »Sie stecken ihre Handys in Kleidchen oder verkleiden sie als Teddy und setzen sie auf kleine Stühle ... Viele sind so vertraut mit ihren technischen Geräten, dass diese wie ein Teil von ihnen wirken. Man sieht junge Japaner spazieren gehen und dabei SMS schreiben, ohne dass sie auf die Tasten und den Bildschirm blicken müssen« (D. D. Gordon 2002, S. 93).

Auch im Blick auf den passiven Ich-Orientierten richtet sich die Kritik nicht darauf, dass er Zugang zu und Anteil an neuen Erlebnisangeboten hat, sondern darauf, dass mit Hilfe angebotener Erlebniswelten die Erlebnisfähigkeit auf Grund eigener Gefühle, Vorstellungen, Fantasien und innerer Sinneswahrnehmungen faktisch ausgebootet wird.

Das Verführerische an der autoritären Orientierung besteht darin, nicht nur Macht und Kompetenz zu haben, sondern mit dieser Überlegenheit Abhängigkeiten zu schaffen und bereits Abhängige noch unterwürfiger zu machen. Das Verführerische an der Ich-Orientierung besteht darin, nicht nur mit Hilfe der technischen Möglichkeiten eine faszinierende Wirklichkeit schaffen und mit Hilfe des »gemachten« Vermögens kreativ sein zu können, sondern eine solche Wirklichkeit zu erzeugen, die die Nutzer angewiesener, »leerer«, langweiliger und einfallsloser (unkreativer) macht. Dadurch werden sie psychisch »enteignet« und existenziell davon abhängig, Zugang zu inszenierten Wirklichkeiten zu haben, um wieder belebt zu werden.

Der Vergleich mit der autoritären Orientierung verdeutlicht auch, wie die Zuordnung von aktiver und passiver Ich-Orientierung beim postmodernen Menschen zu verstehen ist. Erich Fromm hat den *autoritären Charakter* als eine symbiotische Einheit von sadistischen und masochistischen Strebungen verstanden. Weiterhin hat er die wechselseitige Abhängigkeit der beiden Aspekte betont und diese damit illustriert, dass sie (*inter*psychisch) auf verschiedene Personen verteilt sind, die durch starke emotionale Bindungskräfte zusammengehalten werden. Zugleich ist er aber davon überzeugt, dass der aktive (sadistische) Aspekt und der passive (masochistische) Aspekt in jedem Menschen vorhanden sind, auch wenn bei einer *intra*psychischen Zuordnung der beiden Aspekte der je andere Aspekt meist unbewusst ist und projektiv verarbeitet wird, das heißt im anderen gesucht und gefunden wird.

Der Sadist ist also vom Unterwürfigsein angezogen, projiziert diese eigene unterwürfige Seite aber auf den Masochisten, findet sie in ihm ausgelebt und ist so vom Masochisten abhängig. Umgekehrt projiziert der Masochist seine eigene herrschsüchtige und ausbeuterische Seite auf den Sadisten, findet sie in ihm ausgelebt und ist so von ihm abhängig. Der Masochist kann nicht ohne den Sadisten und der Sadist nicht ohne den Masochisten leben (vgl. E. Fromm 1941a, GA I, S. 302 f.).

Die Art und Weise, wie die beiden Aspekte des autoritären Charakters zum Vorschein kommen, kann sehr unterschiedlich sein: Sie können mehr oder weniger bewusst wahrgenommen und ausgelebt werden und sind dann oft verteilt auf verschiedene Menschen (zu den Kindern sadistisch, gegenüber den Vorgesetzten unterwürfig) oder Bereiche (in der Erziehung bevormundend, im Religiösen gläubig und hörig) oder auf den Bezug zu sich selbst und zu anderen (sich selbst gegenüber diszipliniert, hart und beherrscht, gegenüber anderen willfährig, weich und unterwürfig – oder umgekehrt). Die Zuordnung kann aber auch durch Verdrängung und Projektion des passiven oder des aktiven Aspekts auf einen anderen Menschen oder eine Institution oder eine gesellschaftlich anerkannte Idee bestimmt sein, so dass jemand sich selbst oder den Staat nur beherrschend beziehungsweise die Ehefrau nur unterwürfig und den Schüler nur brav erleben will.

Die nicht-produktive Qualität der autoritären Charakterorientierung zeigt sich im (in autoritären Gesellschaften politisch und wirtschaftlich geförderten) Missbrauch von Autorität und Kompetenz. Dieser besteht darin, dass eine symbiotische Abhängigkeitsstruktur von aktiver Herrschaftsausübung und passiver Unterwürfigkeit im Menschen geschaffen wird, die sich in jedem autoritären Menschen manifestiert, auch wenn deren aktive und passive Manifestationen in der Regel nicht von ein und derselben Person zugleich erlebt werden, und deshalb zu starken emotionalen Abhängigkeits- und interpersonellen Bindungen führt.

Vor dem Hintergrund der nicht-produktiven Qualität autoritärer Orientierung soll nun die nicht-produktive Qualität der postmodernen Ich-Orientierung noch näher beleuchtet werden.

Ein Wirtschaftssystem, das in zunehmendem Maße statt Sachgütern und Dienstleistungen Wirklichkeiten erzeugt und verkauft, spielt eine ursächliche Rolle für die Nicht-Produktivität der postmodernen Ich-Orientierung. Eine Wirklichkeiten verkaufende Wirtschaft floriert nämlich vor allem dann, wenn sie mit Hilfe von »gemachtem« Vermögen das anbietet und verkauft, was der Mensch bisher aus seinem eigenen menschlichen Vermögen hervorgebracht hat: Ideen, Gefühle, Erlebnisse, Beziehungen, Selbstwerterleben, Lebensfreude usw. Damit aber ersetzt sie menschliches Vermögen durch »gemachtes« Vermögen und fördert mit allen Mitteln der Suggestion und Illusionierung eine nicht-produktive Charakterbildung, bei der der Mensch mit Leidenschaft auf angebotenes »gemachtes« statt auf eigenes menschliches Vermögen zugreift.

Die Wirtschaft spielt eine aktive Rolle bei der Erzeugung der nicht-produktiven Ich-Orientierung. Sie hat zugleich Vorbildfunktion für die Produktivität und Organisation in den Bereichen Politik, Verwaltung, Kultur, Soziales. Die Akteure dieses Wirklichkeiten erzeugenden Wirtschaftens sind zugleich die wichtigsten Repräsentanten der aktiven Ich-Orientierung (und falls sie es nicht sind, meist eine Fehlbesetzung). Um welchen Bereich es auch geht, immer gibt es solche, die aktiv eine Wirklichkeit anbieten, die mit technischem Vermögen und Psycho- und Soziotechniken erzeugt wurde, und solche, die diese passiv nutzen.

Dem sadistischen Persönlichkeitstypus bei der autoritären Orientierung entspricht als aktive Version bei der Ich-Orientierung der Erzeuger und Erlebnisanbieter mit Macherqualität, während dem masochistischen Typus der erlebnishungrige und vernetzte Nutzer und Konsument entspricht. Auch bei der postmodernen Ich-Orientierung gibt es eine starke wechselseitige Abhängigkeit von Anbieter und Nutzer: Was wäre ein Harald Schmidt ohne Publikum, und was ist ein Internetsurfer ohne Provider?

Die Zuordnung von aktiver und passiver Ich-Orientierung

Erich Fromm entwickelte bei der Psychoanalyse des autoritären Charakters die Idee, dass die aktive und die passive Seite immer zusammengehören (E. Fromm 1936a, GA I, S. 171) und selbst dann als zu jedem autoritären Menschen gehörend nachweisbar sind, wenn die je andere Seite unbewusst ist und dann meist nur in der Projektion auf andere Menschen erlebt wird. Diese Idee lässt sich auch für die aktive und passive postmoderne Ich-Orientierung fruchtbar einsetzen. Beide Typen sind nur verschiedene Ausdrucksweisen ein und derselben Charakterorientierung, deren Grundstrebung es ist, menschliches Vermögen durch technisches und »gemachtes« Vermögen zu ersetzen. Der Aktive tut es als Erzeuger und Anbieter, der Passive als Nutzer beziehungsweise Kunde und Konsument. *Beide aber sind von einer Wirklichkeitserzeugung fasziniert, die auf »gemachtes« Vermögen zurückgreift, weil nur auf diese Weise das Ich sich von eigenen Vorgaben und Maßgaben oder von Erwartungen und Aufgaben anderer unabhängig erleben kann.* Die Wirklichkeitserzeugung auf Grund »gemachten« Vermögens ermöglicht und garantiert eine freie, unabhängige und selbstbestimmte Ich-Orientierung.

Die These, dass jeder postmoderne Ich-Orientierte leidenschaftlich gerne sowohl der aktive Macher als auch der passive Konsument ist, wobei die eine Möglichkeit aber meist nicht bewusst erlebt wird, bedarf einer weiteren Klärung, um ihre Fruchtbarkeit zu verdeutlichen.

Zunächst ist zu fragen, wie es überhaupt zur psychologischen Unterscheidung zwischen einer aktiven Anbieterpersönlichkeit und einer passiven Nutzerpersönlichkeit kommt. Sicherlich gibt es konstitutionelle Gründe, warum Menschen eher aktiv oder eher passiv leben. Der tiefere Grund aber ist in wirtschaftlichen Erfordernissen zu sehen. Wenn sich Wirtschaft über Märkte regelt, dann braucht es immer Menschen, die produzieren, und Menschen, die konsumieren. Wo eine auf Eigentum bauende und zielende Wirtschaft in zunehmendem Maße von einer Anbieter- und Nutzerwirtschaft abgelöst wird, bedarf Letztere zu ihrem Funktionieren einer ausgewogenen Zuordnung von Menschen, die leidenschaftlich gerne anbieten, und Menschen, die leidenschaftlich gerne nutzen und konsumieren.

Was Menschen mit Leidenschaft tun und wovon sie sich angezogen fühlen, resultiert nach psychoanalytischem Verständnis aber aus Charakterbildungen. Die Entwicklung einer aktiven Anbieterpersönlichkeit und einer passiven Nutzerpersönlichkeit sind die psychologischen Voraussetzungen dafür, dass das gegenwärtige Wirtschafts- und Gesellschaftssystem überhaupt funktioniert. (Darum sind für Fromm solche Charakterbildungen »Gesellschafts-Charakterorientierungen«, die die Funktion eines gesellschaftlichen Kitts haben. – Vgl. E. Fromm 1962a, GA IX, S. 89–95.)

Die gegenwärtigen wirtschaftlichen Erfordernisse sind also in erster Linie der Grund dafür, dass es zur Ausbildung einer aktiven Anbieter- und einer passiven Nutzerpersönlichkeit kommt, aber auch, dass diese beiden Typen möglichst nicht in ein und demselben Menschen zugleich bewusst erlebt werden, sondern in verteilten Rollen und unterschiedlichen Menschen in Erscheinung treten. Denn nur so kann die wechselseitige Abhängigkeit von Anbieter und Nutzer wirtschaftlich und gesellschaftlich genutzt werden und zur Stabilität von Wirtschaft und Gesellschaft beitragen.

Was gesellschaftlich unter bestimmten wirtschaftlichen Voraussetzungen als notwendig und systemerhaltend erscheint, kann, psychologisch betrachtet, dennoch nicht-produktiv sein. Dass sowohl die aktive als auch die passive postmoderne Ich-Orientierung in psychologischer Perspektive nicht-produktiv sind, wurde damit begründet, dass sie an die Stelle der Erfahrung von menschlichem Vermögen Techniken und »gemachtes« Vermögen setzen und auf die Wirklichkeit nicht mit Hilfe von menschlichen Kompetenzen und Eigenkräften bezogen sind, sondern mit Hilfe von Methoden, Techniken und Programmen. Diese sind zwar das Produkt menschlichen Erfindungsgeistes, hängen aber nicht vom menschlichen Vermögen des Nutzers ab. Mit der charaktergestützten Etablierung einer wechselseitigen Abhängigkeit von Anbieter und Nutzer wird die nicht-produktive Qualität der Ich-Orientierung zementiert.

Bei der autoritären Orientierung hat Erich Fromm diese Abhängigkeit mit dem Begriff »Symbiose« verdeutlicht. Da »Symbiose« in erster Linie biologisch konnotiert ist und ein »Wirtsverhältnis«

nicht automatisch eine wechselseitige Abhängigkeit bedeutet, wird hier zur Kennzeichnung der wechselseitigen Abhängigkeit zwischen Anbieter- und Nutzertypus der vor allem von Jürg Willi entwickelte Begriff der »Kollusion« bevorzugt.

Ursprünglich im Juristischen gebraucht und dort als unerlaubtes Einverständnis mehrerer zum Nachteil eines Dritten verstanden, versucht Jürg Willi mit dem Kollusionskonzept das unbewusste Zusammenspiel zweier Partner begrifflich zu fassen (J. Willi 1975). Unter »Kollusion« (Zusammenspiel) wird »ein im geheimen Einvernehmen inszeniertes Zusammenspiel von Partnern« verstanden, das »zu einer zwangsläufigen Bezogenheit der Partner aufeinander führt und keinem die Möglichkeit offen lässt, aus dieser Befangenheit auszusteigen« (J. Willi 1978, S. 35). Das Nicht-Produktive bei solchen Paarbeziehungen besteht in einer wechselseitigen Abhängigkeit, ohne dass den Partnern bewusst ist, welchen »Nachteil« ihr »geheimes Einvernehmen« für beide hat und wie dieses bei jedem der beiden lautet. Solange das Zusammenspiel klappt, wird es auch nicht als leidvoll erlebt.

Meist kommen solche Partnerbeziehungen erst dann in die Krise, wenn einer der beiden den Nachteil der Kollusion zu spüren beginnt und deshalb anfängt, an der Beziehung zu leiden und zu rütteln. Die Auflösung von Kollusionen in Partnerbeziehungen gelingt aber nur, wenn jeweils erkannt wird, worin das geheime Einvernehmen für jeden der beiden besteht.

Das Konzept der Kollusion kann verschiedene Aspekte der wechselseitigen Abhängigkeit von Anbieter- und Nutzertypus bei der Ich-Orientierung verdeutlichen. Es macht etwa plausibel, wie gut Anbieter und Nutzer auf wirtschaftlicher, gesellschaftlicher und auf persönlicher Beziehungsebene harmonieren, solange sie den Nachteil – den vermehrten Verlust des menschlichen Vermögens und die damit einhergehende Verstärkung der Kollusion – nicht spüren, den sie sich mit der gegenseitigen Abhängigkeit von den Fertigkeiten der menschlichen Produkte einhandeln. Es zählt zum Beispiel nicht mehr, was ein Informationsangebot an tatsächlicher Information bietet oder was ein Unterhaltungsangebot an menschlichem Können zum Ausdruck bringt, sondern welchen Unterhaltungswert die Information hat und ob das Unterhaltungsangebot Spaß macht. In beiden Fällen kommt es in erster Linie auf die Inszenierung an, also auf den Einsatz von Technik und Techniken. Auch der Nutzer setzt nicht auf das Erleben seiner Ressourcen, sondern will dabei sein, verbunden sein, sich beleben lassen. Beide, Anbieter und Nutzer, haben ein geheimes Einvernehmen darüber, dass nur das »Gemachte« zählt, auch wenn sie sich dieses geheimen Einvernehmens nicht bewusst sind beziehungsweise es nie zugeben würden.

Je weniger das menschliche Vermögen in der Beziehungsgestaltung von Anbieter und Nutzer eine Rolle spielt, desto stärker muss man sich der Kollusion versichern. Die Verlässlichkeit des je anderen muss immer mehr gesteigert werden, etwa mit Hilfe von Verbraucherschutzgesetzen oder Qualitätssicherungsmaßnahmen. Die Allgemeinen Geschäftsbedingungen haben also das Wort, und bei Versicherungen und Vertragsjuristen herrscht Hochkonjunktur. Die Devise lautet nicht: »Vertrauen ist gut, Kontrolle ist besser«, sondern: »Vertrauen ist out, Controlling ist in«, wobei das Controlling mit Hilfe von Tests oder Softwareprogrammen den persönlichen Eindruck und das persönliche Urteil ersetzt, denn dieses würde ja auf ein menschliches Vermögen zurückgreifen und das geheime Einvernehmen gefährden.

Die gegenseitigen Erwartungen von Anbieter und Nutzer sind die *bewussten* Bindungskräfte (während das geheime Einvernehmen, bei der Interaktion nur auf Techniken und »gemachtes« Vermögen zu setzen, die *unbewusste* Bindungskraft ist): Der Nutzer erwartet vom Anbieter, dass dieser seiner freien und selbstbestimmten Ich-Orientierung Genüge tut, indem er ihm als Kunden Zugang zu erzeugten Wirklichkeiten, zu Lebensstilen und Lebenswelten ermöglicht, ihn freundlich behandelt, »König« sein lässt, immer für ihn da ist – eben ein aktiver Anbieter ist. Als Nutzer will er gelobt und unterhalten werden, Spaß haben, gefühlsmäßig belebt und in seinen Ansprüchen ernst genommen werden – also passiv sein dürfen.

Der Anbieter erwartet vom Nutzer, dass er zu seiner Passivität steht und sich unterhalten und beleben lässt, auch weiterhin die Nabelschnüre des Vernetztseins braucht und sich faktisch abhängig zeigt, indem er dem Anbieter treu bleibt, sich als Kunde binden lässt, sich zur Marke oder zur angebotenen Lebenswelt bekennt, sich möglichst zum Werbeträger machen lässt, zahlungsfähig ist und bleibt (wenn auch auf Pump, denn dies erhöht die Bindung), sich durchsichtig macht, seine Bedürfnisse offen legt und sich und seine Kaufgewohnheiten, Vorlieben, Freizeitbeschäftigungen, Markenidentitäten usw. zu erkennen gibt.

Zweifellos führen die gegenseitigen Abhängigkeiten, auch wenn sie als solche nicht zugegeben werden – weil Abhängigkeiten heute mit Hilfe der Inszenierungsmöglichkeiten immer maskiert werden und als Vorteile und Freiheiten ausgegeben werden – zu massiven Einschränkungen der persönlichen Freiheit. Auf gesellschaftlicher und wirtschaftlicher Ebene erhöht sich das Risiko, plötzlich nicht mehr die trendige Lebenswelt oder das »richtige« Programm beim Persönlichkeitstraining oder Konfliktmanagement anzubieten und schnell weg vom Fenster zu sein.

Jede Abhängigkeit reduziert die menschlichen Produktivitätspotenziale und fördert deshalb eine nicht-produktive Orientierung. Kommt es hierbei zu Kollusionen im beschriebenen Sinne, dann tauchen zusätzliche Probleme auf beiden Seiten auf. Wo Abhängigkeiten existieren, entstehen *spezifische Ängste*. Bei der autoritären Orientierung hat der Unterwürfige Angst, dass der Autorität etwas zustoßen könnte, dass sie kritisiert oder schwach wird oder dass sie fehlbar sein könnte, während der Herrschende Angst hat, dass die ihm Unterworfenen aufsässig und rebellisch werden und zu eigener Stärke kommen könnten, weshalb jedem Ungehorsam von Anfang an zu wehren ist.

Die spezifischen Ängste des aktiven ich-orientierten Anbieters, der Wirklichkeiten, Unterhaltung, Beratung, Therapie, Knowhow, Verstehen, Vertrauen, Erlebnisse, Gefühle, Informationen, Wellness, Grenzerfahrungen, religiöse Umkehr usw. offeriert, beziehen sich zum einen auf das Versagen oder Versiegen seines Machervermögens und folglich auf das Wegbleiben seiner Kundschaft. Beidem kann vorgebeugt werden, indem man immer auf dem neuesten Stand der Technik und Techniken bleibt, immer im Trend liegt und »kundenorientiert« seine Unterhaltungsshow, den Erlebnisurlaub oder sein Therapiekonzept anbietet.

Was beim aktiven Autoritären die eigene Überlegenheit, Herrschaft und Unangreifbarkeit ist, sind beim postmodernen aktiven Anbieter die Fertigkeiten der menschlichen Produkte, mit denen er – unabhängig vom eigenen menschlichen Vermögen und auch unabhängig vom menschlichen Vermögen seiner Kunden, seiner Geschäftspartner oder seines Publikums – Wirklichkeit erzeugen und verkaufen kann und auf diese Weise belebend wirkt. Die Fixierung auf das technische Vermögen sowie auf Techniken und der weitgehende Ausschluss von menschlichem Vermögen produziert eine permanente Angst, den Boden unter den Füßen zu verlieren, sobald das »Machen« mit Hilfe des »gemachten« Vermögens nicht mehr dem Stand der Technik und dem Bedürfnis der Nutzer entspricht und man deshalb Angst haben muss, dass einem die Nutzer weglaufen und sich anderswo »anstöpseln« und binden lassen.

Auch beim passiv ich-orientierten Nutzer führt die weitgehende Ersetzung seines menschlichen Vermögens durch den Einsatz und die Nutzung der Fertigkeiten der von ihm geschaffenen Produkte zu einer spezifischen Angst. Hat der Unterwürfige bei der autoritären Orientierung Angst, die Autorität könnte ihre Stärke, Unfehlbarkeit und ihr Herrschaftsvermögen verlieren, so hat der passive Nutzer die besondere Angst, die mit Hilfe von Technik und Techniken erzeugte Wirklichkeit nicht mehr nutzen zu können, weil er keinen Zugang mehr hat. Er fürchtet, den Anschluss zu verlieren, abgehängt, ausgebootet oder ausgeschlossen zu werden und keinen Anteil mehr zu haben. Die Angst treibt ihn um, als Kunde uninteressant zu werden, nicht mehr dazuzugehören, isoliert zu sein, keinen Kredit mehr zu haben oder zu bekommen usw. Er leidet unter einer existenziell bedrohlichen Trennungs- und Verlustangst. Er fürchtet, von der »gemachten« Wirklichkeit, von sich selbst und seiner Lebenswelt, an die er sich beim zunehmenden Verlust seines menschlichen Vermögens und bei der Trennung von seinen Ich-Kompetenzen und Eigenkräften geklammert hat, getrennt zu werden. Ihm droht ein Wirklichkeitsverlust, wenn er nicht mehr passiver Nutzer sein kann.

Die Kollusion ist nur *eine* Möglichkeit der Zuordnung von aktiver und passiver Ich-Orientierung, wenn auch die wirtschaftlich und gesellschaftlich geforderte und geförderte. Bei ihr ist meist der je andere Aspekt der Ich-Orientierung unbewusst und auf den anderen projiziert, so dass es zu der wirtschaftlich erwünschten starken Bindung zwischen aktivem Anbieter und passivem Nutzer kommt. – Es muss an dieser Stelle betont werden, dass die Begriffe »Anbieter-« und »Nutzertypus« und deren Kollusion immer in einem dynamischen Sinne verstanden werden, das heißt als Persönlichkeitstypen beziehungsweise als Charakterorientierungen. Natürlich ist jeder Anbieter in vielen Hinsichten auch ein Nutzer, und viele Nutzer sind in anderen Hinsichten auch Anbieter. Bei einer dynamischen Betrachtungsweise geht es immer um die Ausrichtung und Orientierung, die menschliches Verhalten und Streben faktisch hat.

Jenseits der Kollusion bestehen andere Möglichkeiten der Zuordnung von aktiver Anbieter- und passiver Nutzerseite, die verdeutlichen, dass Ich-Orientierte in sich immer zugleich eine aktive Anbieterstrebung und eine passive Nutzerstrebung haben. Vor allem dort, wo eine der beiden Seiten nicht aus dem Bewusstsein verdrängt (und wie bei der Kollusion projiziert) wird, lässt sich beobachten, dass ihr bewusstes Ausleben von Situationen und Personen abhängig gemacht wird. Wenn der Beruf eine starke Lust an der Erzeugung von »gemachter« Wirklichkeit mit sich bringt, dann setzt sich das nutzertypische passive Streben, verbunden sein zu wollen und sich möglichst nur noch beleben lassen zu wollen, zum Beispiel im Freizeitbereich oder im familiären Bereich durch, wo man nur noch konsumieren oder etwas erleben will. Umgekehrt wird gerade bei beruflichen Tätigkeiten, die von großer Langeweile und Unterforderung gekennzeichnet sind – wie bei manchen abhängigen Berufen oder bei Müttern, die »Nur-Hausfrauen« sind –, der Freizeitbereich genutzt, um sich mit Hilfe von Fitness- und Wellness-Einrichtungen, Seminaren zur Weiterbildung, Selbsterfahrungskursen, spirituellen Horizonterweiterungen, Extremsportaktivitäten usw. neue Wirklichkeitsräume zu erschließen, um kreativ sein zu können oder einen Lebensstil entgrenzender Erfahrungen zu pflegen.

Für Außenstehende oft verwirrend ist eine Zuordnung, bei der die eine Seite im Bezogensein auf andere Menschen gelebt wird, während die andere Seite in der Beziehung zu sich selbst zum Vorschein kommt. Solche Ich-Orientierte sind dann entweder die besten Unterhalter, wenn sie sich andere zum Erlebnis machen können, sprühen vor Ideen und treten eine Lachsalve nach der anderen los, während sie in der Beziehung zu sich selbst fantasielos, passiv und anspruchslos sind. Oder aber sie sind hellwach und kreativ, wenn es um ihre eigenen Interessen geht und sie eine Wirklichkeit von sich erzeugen können, während sie im Bezogensein auf andere gleichgültig, ohne Antrieb und Interesse sind und höchstens von diesen belebt werden möchten. – Diese letzte Art der Zuordnung sieht narzisstisch aus, ist es aber nicht. Dem Ich-Orientierten geht es nicht um eine selbstgefällige Großartigkeit seiner selbst und um eine entstellte Wahrnehmung der Wirklichkeit, sondern um die lustvolle und vielleicht eitle Inszenierung und Neuerschaffung seiner selbst.

Dass sich auch in den zuletzt genannten, nicht kolludierenden Zuordnungen der aktiven und passiven Ich-Orientierung die Nicht-Produktivität dieser Charakterorientierung manifestiert, bedarf keiner ausführlichen Begründung. Auch wenn sie sich nicht – wie die Kollusion – durch eine unbewusste gegenseitige Abhängigkeit auszeichnen, so doch durch eine mehr oder weniger bewusste *inter*personelle oder *intra*personelle Abhängigkeit: Da beide Arten nach Realisierung drängen, müssen solche Menschen wechselweise die eine und die andere ausleben und können unter massiven psychischen Druck geraten, wenn entweder die aktive Anbieterseite oder die passive Nutzerseite zu kurz kommt. Auch teilen sie die nicht-produktive Grundorientierung: Sie wollen Wirklichkeit statt durch den Gebrauch menschlicher Fertigkeiten bevorzugt durch den Gebrauch der Fertigkeiten menschlicher Produkte herstellen oder eine derart »gemachte« Wirklichkeit nutzen.

Die bisher skizzierte Psychodynamik begreift die aktive und passive postmoderne Ich-Orientierung als eine nicht-produktive Orientierung. Die nachfolgenden Ausführungen wollen unter dem Aspekt des *Ich-Erlebens* aufzeigen, dass und warum die postmoderne Ich-Orientierung eine nicht-produktive Ersatzform eines produktiven Ich-Erlebens ist. Dies setzt die Klärung dessen voraus, was unter *produktivem Ich-Erleben* verstanden wird.

Produktives Ich-Erleben als Praxis
von menschlichen Kompetenzen

Ohne hier auf die unterschiedlichen psychologischen Konzepte von Ich, Selbst und Identität einzugehen, gibt es doch einen weit gehenden Konsens darüber, dass das Ich-Erleben einem Entwicklungsprozess unterworfen ist, der sich durch eine *zunehmende Ich-Kompetenz* auszeichnet. Martin Dornes, der die neuere Säuglings- und Kleinkindforschung überzeugend resümiert und reflektiert hat, spricht gar vom »kompetenten Säugling« (M. Dornes 1993; vgl. ders. 1997 und 2002). Diese Ich-Kompetenz geht mit dem Gebrauch eigener körperlicher, seelischer und geistig-intellektueller Fähigkeiten einher und macht sich von ich-fremden Größen und Fertigkeiten mehr und mehr unabhängig. In dem Maße, in dem die eigenen motorischen, sensorischen, affektiven, emotionalen und intellektuellen Fähigkeiten in der Interaktion mit der Umwelt geübt werden, führen sie zu einer immer feineren Differenzierung bei der Wahrnehmung der eigenen inneren und äußeren Wirklichkeit. Ich-Kompetenz basiert also sowohl auf der Fähigkeit, aus eigenen Kräften zu leben, als auch auf der Fähigkeit zu einem differenzierten Umgang mit der eigenen und der fremden, der inneren und der äußeren Wirklichkeit.

Beispiele für Ich-Kompetenz sind etwa die Fähigkeit, zwischen dem, was Wunsch, Vorstellung, Fantasie, Illusion ist, und dem, was Realität ist, zu unterscheiden oder die Fähigkeit, Mein und Dein auseinander zu halten: was das eigene Bedürfnis, die eigene Angst, der eigene Besitz, die eigene Erwartung ist und was das Bedürfnis, die Angst, der Besitz, die Erwartung des anderen ist. Eine andere Kompetenz des Ichs ist seine Fähigkeit, sich selbst dadurch zu schützen, dass es angstbesetzte Vorstellungen entwickelt, die es davor bewahren, zum Beispiel eine heiße Herdplatte anzufassen oder mit zu großer Geschwindigkeit in eine Kurve zu fahren. Aus dieser Kompetenz entwickelt sich eine Teilstruktur der Persönlichkeit, die seit Sigmund Freud »Über-Ich« und »Ich-Ideal« genannt wird.

Auch die Fähigkeit zur Realitätsprüfung, mit der man abwägt, was tatsächlich bedrohlich ist oder nur so erscheint oder gefühlt wird, oder die Fähigkeit, unterscheiden zu können, was ein realitätsgerechter Wunsch ist und was nicht, sind Kompetenzen des Ichs. Überhaupt Wünsche und triebhaft erlebte Strebungen gestalten zu können, sie bewerten, modifizieren, aufschieben zu können oder gar auf ihre Befriedigung verzichten zu müssen, sind Fähigkeiten des Ichs und seiner Teilstrukturen. Selbst mit Hilfe von so genannten »Abwehrmechanismen« sehr bedrohlich erlebte Ereignisse, Ängste, Impulse, Wahrnehmungen aus dem Bewusstsein auszuschließen und zu verdrängen beziehungsweise deren Bewusstwerden abzuwehren, um grundlegende psychische Funktionen aufrechtzuerhalten, ist eine wichtige und hilfreiche Ich-Kompetenz.

Eine noch andere Art von Ich-Kompetenz ist das *Handlungswissen*. Mit jedem Zuwachs an Handlungswissen geht allerdings überbrachtes Handlungswissen verloren. Den zunehmenden Verlust von überbrachtem Handlungswissen hat äußerst eindrücklich eine Fernsehserie gezeigt, die das Leben der Berliner Familie Boro während eines knapp dreimonatigen Aufenthalts auf dem »Kaltwasserhof« im Schwarzwald dokumentierte (Boros 2003).

Das Besondere an diesem Leben in einem Schwarzwald-Bauernhaus war, dass die fünfköpfige Familie (der Vater ist Ingenieur, die Mutter Erzieherin) den Bauernhof mit ihrem heutigen menschlichen Vermögen und dem »gemachten« Vermögen von vor hundert Jahren betreiben musste. Da die Großstadtfamilie kaum Handlungswissen mitbrachte, um mit den Mitteln von 1902 im Herbst und Winter 2001 einen Bauernhof mit Wiesen und Tierhaltung zu betreiben und sich davon zu ernähren, wurden ihr nicht nur damalige Gerätschaften zur Verfügung gestellt, sondern auch die Anleitungen zu deren Gebrauch. Die Familie hatte alles, was eine Bauernfamilie im Jahre 1902 zum Leben hatte – mit einem entscheidenden Unterschied: Sie hatte kein überbrachtes Handlungswissen, sondern musste sich mühsam mit Hilfe von Anleitungen über die Runden bringen.

Das Ergebnis war insgesamt ernüchternd. Das für die Wintermonate benötigte Heu wurde nicht früh genug eingeholt, so dass es im Regen verfaulte; es musste Heu zugekauft und ein Großtier als Gegenleistung verkauft werden; zum Federvieh hatte man eine derart persönliche Beziehung aufgebaut, dass erst nach langen

Diskussionen eines geschlachtet werden konnte, sein Verzehr aber in der Familie teilweise verweigert wurde; das eingestampfte Kraut war zwar genießbar, nicht aber die aufbewahrten Möhren. Doch der Gang zu Aldi in der nächsten größeren Ansiedlung war tabu, obwohl es dort sicher für wenig Geld Möhren und gute Hähnchenschlegel gegeben hätte!

Die Dokumentation verdeutlicht nicht nur, wie bescheiden, einfach und unkomfortabel ein Leben vor hundert Jahren auf einem Bauernhof war, sondern was es heißt, ohne überbrachtes Handlungswissen klarkommen zu müssen. Je weniger Menschen über überbrachtes Handlungswissen verfügen, desto abhängiger werden sie von Produkten und technischem Vermögen, die beide ihren Ursprung nicht mehr im einzelnen Menschen haben und mit denen man auch nicht mehr unmittelbar verbunden ist. Sie stehen dem Menschen gegenüber, sind die eigentlichen Akteure und haben die Funktion, eigene Kompetenzen zu ersetzen.

Wie sehr dieser Prozess der Entfremdung des Menschen von seinen eigenen Kompetenzen (wie etwa dem überbrachten Handlungswissen) und die Notwendigkeit ihrer sekundären Wiederaneignung über Produkte und technisches Vermögen den gegenwärtigen Alltag bestimmen, braucht nicht eigens ausgeführt zu werden. Immerhin sind die technischen Möglichkeiten inzwischen so perfektioniert, dass jeder sich das, was er zum Leben braucht, in den Konsumtempeln und »Kathedralen des 21. Jahrhunderts« (H. W. Opaschowski 2000) kaufen oder sich mit einem Mausklick das überbrachte Handlungswissen neu aneignen kann und so die Möglichkeit hat, in Erfahrung zu bringen, wie man Speisen zubereitet, Gemüse anbaut, sich bei einem Gewitter verhält, welche Bedürfnisse Kleinkinder haben, wie man hohes Fieber senkt, wie viel Taschengeld bei einer Zehnjährigen angemessen ist usw.

Mehr noch als die bisher erwähnten Ich-Kompetenzen (die zum Teil auch »Ich-Funktionen« genannt werden) haben die nachfolgend genannten Ich-Kompetenzen die Eigenart, dass sie einer ständigen Übung bedürfen, um als Ich-Kompetenzen oder Eigenkräfte dem Ich tatsächlich zur Verfügung zu stehen.

Jeder Mensch, so verdeutlicht Erich Fromm (1947a, GA II, S. 41 f.), muss sich zum Zwecke des Lebens und Überlebens an die naturalen und gesellschaftlich-kulturellen Gegebenheiten »assimilieren«, und zwar in allen drei Äußerungsdimensionen seines Menschseins: in seinem Denken, in seinem Fühlen und in seinem Handeln. Diese Assimilierungsleistung kann der Mensch zum Beispiel dadurch realisieren wollen, dass er sich nimmt, was er braucht (»ausbeuterisch«), oder dass er untätig wartet, bis er etwas bekommt (»rezeptiv«), oder dass er alles sammelt und aufbewahrt (»hortend«) oder dass er anderes und andere vereinnahmt oder missbraucht (»narzisstisch«) oder dass er seine Eigeninteressen verleugnet und sich verkauft beziehungsweise konformistisch an die Erwartungen seiner Umwelt anpasst (»marketing-orientiert«) oder dass er zerstört oder die Ressourcen verbraucht (»nekrophil«) oder dass er sich eigener und fremder Produkte bedient und sich von ihnen her definiert (»postmodern ich-orientiert«). Dies alles sind Möglichkeiten, das Leben zu bewältigen, ohne auf eigene Kompetenzen zurückgreifen zu müssen.

Man kann diese Assimilierungsleistung aber auch dadurch realisieren, dass man seine körperlichen, seelischen und geistig-intellektuellen Eigenkräfte aktiviert und kompetente Fertigkeiten (»Eigenschaften«) entwickelt, mit denen man von den Kompetenzen anderer und den Kompetenzen von Produkten (den »gemachten« oder technischen Kompetenzen) unabhängig wird beziehungsweise bleibt, so dass man das Erforderliche aus eigenem menschlichem Vermögen hervor-führt (»pro-duziert«). Eben dies meint »produktive Orientierung« bei Erich Fromm. (Zu den genannten Möglichkeiten vgl. R. Funk 1978 und 1995.)

Der Mensch hat die Möglichkeit, sein Leben mit Hilfe fremder, nicht zu ihm gehörender Kräfte und Kompetenzen zu gestalten oder mit Hilfe von Eigenkräften. Solche eigenen Kompetenzen können geistig-intellektueller, seelischer oder körperlicher Art sein. Geistig-intellektuelle Eigenkräfte sind zum Beispiel die Merkfähigkeit, die Denkfähigkeit, das Handlungswissen oder die Fantasie. Psychische Eigenkräfte sind etwa die Fähigkeit zu vertrauen, zärtlich zu sein, sich zu konzentrieren, interessiert zu sein, zu lieben. Körperliche Eigenkräfte sind zum Beispiel die Fähigkeit zur Fortbewegung oder die Muskelkraft.

Während die körperlichen Eigenkräfte sich durch das physische Wachstum und den Lebensvollzug im Wesentlichen von alleine entwickeln, bedürfen die psychischen und geistig-intellektuellen Möglichkeiten einer aktivierenden Stimulation durch die physische und psychische Präsenz einer Bezugsperson, um ihre Aktivität zu entfalten, das heißt als Eigenkraft und eigene Kompetenz zum Vorschein zu kommen und schließlich zur Verfügung zu stehen. Neurophysiologische Untersuchungen und beobachtende Säuglingsforschung stützen gleichermaßen die Annahme, dass die psychischen und geistigen Eigenkräfte bereits dann eine Eigenaktivität (Selbsttätigkeit) zeigen, wenn sie von der mütterlichen Bezugsperson aufgenommen, wahrgenommen, mitgetragen, befriedigt, gespiegelt werden, das heißt, wenn sie in einer zugewandten und tragenden emotionalen Bindung sich ausdrücken können.

Andererseits kann sich diese Fähigkeit zur produktiven Eigenaktivität nicht entwickeln, wenn die zugewandte und tragende emotionale Bindung an die mütterliche Figur nicht als aktivierender Stimulus für die Eigentätigkeit zur Verfügung steht (etwa weil die mütterliche Bezugsperson schwer depressiv ist) oder die Bereitschaft zur Eigentätigkeit absichtlich ignoriert, gehemmt, erstickt, vereitelt wird (weil das Kind nie gewollt wurde und eine offene oder maskierte Feindseligkeit gegen das Kind ausgelebt wird). Diese Eigengesetzlichkeit der geistigen und psychischen Entwicklung wirkt sich sicher in den ersten Lebensjahren stärker aus als im späteren Leben. Und doch gilt sie während des gesamten psychischen Geburtsprozesses, also bis zum Ende des Lebens.

Wenn auch die psychischen und geistig-intellektuellen Eigenkräfte für ihre Entwicklung noch andere Voraussetzungen haben als die körperlichen Eigenkräfte, so haben alle Eigenkräfte doch eines gemeinsam: Sie wachsen und stehen als Eigenkräfte und eigene Kompetenzen nur in dem Maße zur Verfügung, als sie praktiziert werden. Dies lässt sich an der körperlichen Muskelkraft besonders eindrücklich veranschaulichen: Wer seinen Arm oder sein Bein für einige Wochen in Gips hatte und die Muskelkraft nicht mehr praktizieren konnte, der verliert diese *körperliche Eigenkraft* und muss sie erst mühsam und meist schmerzvoll wieder erlernen, indem er die Muskeln bewegt und trainiert.

Auch *psychische Eigenkräfte* lassen sich nur aneignen, indem man mit ihnen in Kontakt tritt und sie praktiziert. Dies soll an einigen seelischen Eigenkräften verdeutlicht werden. Die psychische Fähigkeit zu *lieben* hängt im Allgemeinen nicht davon ab, dass man geliebt wird, sondern ist das Ergebnis der eigenen Praxis von Liebe. Solange man nur lieben kann, wenn man geliebt wird, fließt höchstens etwas Empfangenes wieder zurück. »Liebe ist in erster Linie ein Geben und nicht ein Empfangen« (E. Fromm 1956a, GA IX, S. 453). Nur wer von sich aus auf einen anderen einen Schritt zugeht und emotional »hinüberwächst« (und darin nicht zurückgewiesen wird), ist und bleibt liebesfähig. Findet dies nur in der Fantasie und im Wollen statt, geschieht meist wenig oder gar nichts.

Vertrauen zu können ist keine Frage der Sicherheit oder einer Versicherung und hängt auch nicht davon ab, dass der andere erst einen Beweis seines Vertrauens liefert. Vertrauen zu können ist eine psychische Möglichkeit, die in dem Maße zur Fähigkeit wird, als man selbst Akte des Vertrauens setzt (und dabei nicht immer nur enttäuscht wird). Auch *Zärtlichkeit* ist eine Eigenkraft des Menschen, die nur dadurch zur Eigenschaft wird, dass sie praktiziert wird. »Wer zärtlich ist, verlangt nichts vom anderen« (E. Fromm 1968a, GA IV, S. 318). Sie hängt auch nicht von Dessous oder einem »zärtlichen« Likör ab, wie uns die Werbung glauben macht.

Aktivität kann man sich weder durch Marlboro noch durch Reebok-Schuhe aneignen; sie kann zwar durch bestimmte Stoffe (etwa Koffein) hervorgerufen werden, aber als bleibende psychische Eigenkraft des Menschen entsteht sie nur durch die Praxis einer von innen kommenden Aktivität und Lust. Desgleichen ist *Erlebnisfähigkeit* eine psychische Eigenschaft, die in dem Maße wächst, als wir es wagen, ein lebendiges Interesse für Menschen und Dinge zuzulassen, und uns so belebt spüren.

Bei allen Beispielen psychischer Eigenkräfte ist es durchaus möglich, dass sich die Fähigkeiten vorübergehend durch Wirkstoffe oder die entsprechende Aktivität eines anderen Menschen herstellen lassen. Die meisten Menschen lassen sich gerne von der Liebe, Zärtlichkeit, Aktivität oder dem Vertrauen eines anderen Menschen mobilisieren und mitziehen, aber nur in Ausnahmefällen entsteht dadurch eine bleibende Fähigkeit, das heißt eine Eigenschaft beim Empfänger. Bei den Ausnahmen handelt es sich meistens um Fälle, wo Menschen sich auf neue Beziehungserfahrungen einlassen, in denen sie – anders als bisher – in ihrer Vertrauens- und Liebesfähigkeit nicht blockiert oder zurückgewiesen werden (oder in denen – wie in therapeutischen Fällen – eigene innere Blockaden und Verbote durch die therapeutische Beziehung aufgelöst werden können). Trotz dieser besonderen Situationen gilt dennoch grundsätzlich: Eine Eigenkraft oder Kompetenz wird nur durch ihre Praxis zu einer Eigenschaft oder Eigentümlichkeit (proprietas).

Gleiches gilt für *geistig-intellektuelle* Eigenkräfte und Kompetenzen. Wer etwa seine *Merkfähigkeit* nicht trainiert und gebraucht, sondern alles und jedes, was er sich merken muss, auf einen Zettel, in seinen Kalender oder in sein Notebook schreibt, wird sich immer weniger merken können. Gleiches gilt auch für das Errechnen einfachster Summen im Kopf. Nur die Übung erhält die Fähigkeit.

Mögen die heutigen Rechen- und Gedächtnismaschinen den Mangel an Merkfähigkeit auch einigermaßen kompensieren, so hat der Verlust einer anderen geistigen Fähigkeit bereits schwer wiegendere Folgen. Wer seine *Fähigkeit, zu fantasieren und zu imaginieren,* nicht mehr praktiziert, wird fantasielos und muss seine Unfähigkeit zur Imagination und seinen Mangel an inneren Bildern und Vorstellungen durch Techniken der Fantasieproduktion oder durch den Konsum von fantastischen äußeren Bildern kompensieren. Fantasien sind eine Abfolge von inneren Vorstellungsbildern, mit denen wir reale Situationen vorwegnehmen, simulieren und wiederholen können, ohne sie tatsächlich zu erleben oder erleben zu müssen.

Fantasien können unterschiedlichste Zwecke erfüllen. Sie können dazu dienen, aus der Realität zu fliehen und sich Tagträumereien hinzugeben; sie können als sexuelle Fantasien den Partner ersetzen oder zur intensiveren Befriedigung beitragen; als religiöse Imaginationen ermöglichen sie das Erlebnis von Befreiung, Versöhnung oder Erlösung, aber auch von Bedrohung, Verfolgung und Verdammung; als Gewaltfantasien können sie das eigene Ohnmachtserleben reduzieren und Stärke erleben lassen oder die Hemmschwelle zu realer Gewalttätigkeit senken. Auch wenn Fantasien nicht nur nützlich und hilfreich sind und man auch von destruktiven Fantasien oder von Zwangsfantasien sogar geplagt werden kann, so stellen sie doch grundsätzlich ein extrem wertvolles menschliches Vermögen dar.

Ohne innere Vorstellungsbilder und Fantasien gibt es keine Kunst, keine Literatur, keine Lyrik, keine Filme, keine Wissenschaft, keine Vision, keine Erfindungen, keine Utopien, keine Hoffnung mehr. Die Fähigkeit zu fantasieren ist eine zentrale menschliche Fähigkeit, vergleichbar der Fähigkeit, zu denken oder sich seiner selbst bewusst zu sein.

Doch die Fähigkeit zu eigenen Fantasien kann verloren gehen, wenn sie nicht praktiziert wird. Wie bereits in Teil II angesprochen, führt das verstärkte Visualisierungsangebot zur Verkümmerung der Fähigkeit zu fantasieren: Durch die immer schnellere Reihenfolge von Bildern werden die inneren Vorstellungsbilder nicht evoziert, sondern ersetzt. Mit jeder Ersetzung aber wird das eigene Fantasieren weniger praktiziert und verliert diese Eigenkraft an Stärke und Boden. Gleichzeitig nimmt die Fantasielosigkeit in dem Sinne zu, dass sich die Imaginationsfähigkeit immer mehr von den angebotenen Fantasiebildern her bestimmt und von diesen abhängt.

Tatsächlich gehören Vorstellungsbilder und Fantasien so sehr zu unserem alltäglichen Leben, dass kein Leben und Planen ohne sie denkbar ist. Insofern gibt es zwar kein fantasieloses Leben, aber sehr wohl eines, wo keine eigenen Ideen – also keine *eigenen* Vorstellungsbilder – mehr produziert werden, vergleichbar der Entwicklung, dass Menschen keine eigenen Gedanken mehr haben, sondern nur noch vorgefertigte. *Eigene* Fantasien gibt es dann nur noch als *angeeignete* Fantasien, als Abziehbilder von angebotenen Fantasien.

Neben dem Verlust eigenen Fantasierens ist die Zunahme von Langeweile eine andere Folge der immer stärkeren Visualisierung. Wenn die inneren geistigen Aktivitäten nicht mehr praktiziert und stattdessen durch angebotene ersetzt werden, bedarf es äußerer Anregungen und Belebungen, um die innere Leblosigkeit und Langeweile zu überwinden.

Nicht-produktives Ich-Erleben
als entfremdetes Ich-Erleben

Postmodernes Ich-Erleben zeichnet sich dadurch aus, dass an die Stelle von menschlichen Kompetenzen »gemachte« Kompetenzen treten. Das postmoderne Ich nimmt nicht sich selbst mit seinen ihm eigenen körperlichen, seelischen und geistig-intellektuellen Eigenschaften und mit seinen Differenzierungsfähigkeiten (Ich-Funktionen) wahr, um sich durch die Praxis dieser Ich-Kompetenzen zu erleben; vielmehr nimmt es die (meist nicht von ihm persönlich) geschaffenen Produkte und deren intrinsisches Vermögen wahr, um durch deren Gebrauch sich als Wirklichkeit zu erleben. Ist das postmoderne Ich-Erleben deshalb eine entfremdete, nicht-produktive Weise des Ich-Erlebens?

Um diese Frage beantworten zu können, soll noch einmal die autoritäre Charakterorientierung zum Vergleich herangezogen werden und außerdem kontrastierend die Entfremdung eines am Marketing orientierten Ich-Erlebens aufgezeigt werden. (Vgl. zum Folgenden auch R. Funk 2003, S. 22–27.)

Die Entfremdungsdynamik der autoritären Orientierung

Wie nimmt sich das autoritäre Ich wahr, und worin besteht die Entfremdung des autoritären Ich-Erlebens? Von »autoritärer Charakterorientierung«, so wurde bereits ausgeführt, spricht man dann, wenn das Bezogensein auf andere, auf sich selbst, auf die Natur, auf die Arbeit usw. durch *Herrschaft* und *Unterwürfigkeit* gekennzeichnet ist, Herrschende und Unterwürfige zugleich aber wechselseitig voneinander abhängig sind. Die Herrschaftsstruktur wird psychologisch dadurch etabliert, dass der Unterwürfige sich auf Druck des Herrschenden jener Eigenkräfte, die ihn selbst kompetent, wissend, stark, eigenständig, unabhängig und frei sein lassen, dadurch entledigt, dass er sie auf den Herrschaft Ausübenden projiziert. Gleichzeitig unterwirft er sich ihm aber, um in der Abhängigkeit von ihm an den eigenen, auf den Herrschenden projizierten Eigenkräften sekundär wieder Anteil zu bekommen.

Das, woran der Herrschaft Ausübende vor allem Interesse hat, ist des Unterwürfigen Freiheit, Unabhängigkeit, Autonomie, sein aggressives Selbstbehauptungspotenzial, seine Kompetenz und Ich-Stärke. Der Unterwürfige soll diese Ich-Kompetenzen bei sich verleugnen und auf den Herrschaft Ausübenden projizieren, so dass dieser sich kompetent fühlt, während der Unterwürfige sich selbst als schwach, minderwertig, hilflos, ja selbstlos erlebt, es sei denn, er macht sich vom Herrschenden abhängig und lebt dann in unterwürfiger Abhängigkeit von dessen Ich-Erleben: seinem Wissen, seiner Gnade, Stärke, Überlegenheit. Dass auch der Herrschaft Ausübende vom Unterwürfigen abhängig ist und ohne ihn sich nicht als solcher erleben kann, liegt in der Natur der wechselseitigen Abhängigkeit. Gleichzeitig projiziert er seine eigene Inkompetenz und sein eigenes Schwachsein auf den Unterwürfigen und macht diesen zum Träger seines nicht akzeptierten inkompetenten Ich-Erlebens.

Unter dem Druck des Herrschenden entfremdet sich also der Unterwürfige seiner Eigenkräfte, tritt mit ihnen aber wieder in Kontakt, wenn er sie als Eigenkräfte der Autorität anerkennt und sich der Autorität unterwirft. *Diese* ist nun mächtig, weise, erhaben, stark, fürsorglich, wohlwollend, gnädig usw. Das durch die Projektion der Eigenkräfte erzeugte Ich-Erleben der autoritär Orientierten muss dabei verdrängt werden und kann auch so lange in der Verdrängung bleiben, solange der Unterwürfige über die Symbiose mit der Autorität sekundär mit seinen eigenen Kräften verbunden ist.

Wird die wechselseitige emotionale Abhängigkeit ernstlich bedroht, dann kommt es zur Dekompensation und wird die Entfremdung des Ichs von seinen Eigenkräften, die sich bisher meist nur in Träumen und Symptombildungen meldete, schmerzvoll wahrgenommen. Das Ich-Erleben ist jetzt durch Gefühle von Ohnmacht, Minderwertigkeit, Verlassenheit, Hilflosigkeit, Alleinsein, Scham und Schuld bestimmt. Die Beziehung zum Herrschaft Ausübenden zeigt sich nun nicht mehr in einer bewussten Idealisierung, Bewunderung und Dankbarkeit, sondern oft durch eine Angst vor und um den Autoritären beziehungsweise in einer Rebellion gegen ihn. Je nachdem, wie dominant das Autoritäre in einer Gesellschaft noch ist, kommt es zur Etablierung einer neuen

Herrschaft, um die alte wechselseitige Abhängigkeit wieder zu festigen, oder es kommt zu einem »gnadenlosen« Kampf gegen das Autoritäre und einem entsprechenden Anti-Autoritarismus.

Die Entfremdungsdynamik der Marketing-Orientierung

Um den Unterschied zwischen dem autoritären Ich-Erleben und dem postmodernen Ich-Erleben deutlicher fassen zu können, soll zunächst noch die *Entfremdung eines am Marketing orientierten Ich-Erlebens* aufgezeigt werden. (Zur Marketing-Orientierung vgl. E. Fromm 1947a, GA II, S. 47–56; ders. 1991e [1953], GA XI, S. 211–266; ders. 1976a, GA II, bes. S. 364–378, sowie das in Teil I, S. 27–31, zum »produktorientierten Marketing« Ausgeführte.)

Bei der Marketing-Orientierung dreht sich alles um die Verkaufsstrategie, das Marketing. Ob es um Sachgüter, Dienstleistungen, Kunstwerke, Religion, pädagogische Konzepte oder um die eigene Persönlichkeit geht, entscheidend ist immer, dass man all dies wie eine Ware erfolgreich verkauft und dass man gut drauf sein kann, also in jene Rollen zu schlüpfen imstande ist, für die es einen Markt gibt.

Immer wird das Augenmerk auf das Erscheinungsbild des Produkts gelenkt, sei dies nun das eigene Ich (das »Ego«) oder ein Gegenstand oder eine Dienstleistung. Die Verpackung, das Aussehen, das Image, der Show-Effekt, die Vermittlung, die Didaktik, die Performance, die Darstellung, das Outfit, die Inszenierung sind das Vorrangige. Es geht höchstens sekundär um die Frage, was jemand wirklich tut oder leistet oder welche Fähigkeiten er hat, und noch weniger darum, wie er wirklich ist und sich erlebt. Entscheidend ist stattdessen, wie man am besten seine behauptete Leistung, sein gut verpacktes Produkt, seine gestylte Persönlichkeit, sein selbstbewusstes Image, seine gut in Szene gesetzte Botschaft »rüberbringt« und verkauft.

Das tatsächliche Fühlen, Denken und Wollen eines Menschen, sein authentisches Ich-Erleben, seine wirklichen Bedürfnisse und Sehnsüchte – all dies ist bei der Herrschaft des Marketing nicht mehr gefragt. Es ist sogar ein Hindernis, um anpassungsfähig, flexibel, ungebunden, mobil, cool und immer gut drauf zu sein, problemlos in alle Rollen schlüpfen und jene Persönlichkeit darstellen zu können, die der Markt verlangt. Auch hier also entfremdet sich der Mensch von seinen menschlichen Eigenkräften.

Die Entfremdungsdynamik der Marketing-Orientierung ist von der autoritären nicht prinzipiell verschieden. Auch bei der Marketing-Orientierung entfremdet sich der Mensch von seinen menschlichen Eigenkräften durch Projektion. Die Werbung macht diesen Projektionsvorgang besonders anschaulich. Geworben wird nämlich nicht mit dem Produkt, sondern mit den auf die Waren projizierten menschlichen Eigenkräften.

Allerdings gibt es einen entscheidenden und folgenreichen Unterschied zwischen der Entfremdung bei der autoritären und bei der Marketing-Orientierung: Bei der autoritären Entfremdung werden die Eigenkräfte auf einen anderen Menschen projiziert, und es kommt zu einer wechselseitigen symbiotischen Abhängigkeit. Dieses Moment der starken emotionalen Bezogenheit auf andere Menschen (und auf sich selbst) gibt es bei der Marketing-bestimmten Entfremdung und ihrem Ideal der Bindungslosigkeit zu sich und anderen nicht mehr. Ganz im Gegenteil, dieses Bezogensein wird schizoid gemieden, so dass nur eine Art »Als-ob-Beziehung«, eine oberflächliche, geschäftliche Beziehung zu anderen und zu sich selbst, hergestellt wird, die sich manchmal in einer regelrechten Bindungslosigkeit äußert. Allerdings wird eine einseitige starke »emotionale Beziehung« zu den marktgerechten Produkten (einschließlich dem Ego, dem marktgerecht gestylten Ich) aufgebaut, die nicht symbiotisch oder kolludierend ist, sondern eine suchthafte Qualität hat. Diese suchthafte Abhängigkeit teilt den »Vorteil« aller Suchtformen, nämlich über das, was als zugewandt, erfüllend und befriedigend erlebt wird (den »Stoff«, das Produkt), selbst verfügen zu können.

Das Ziel der Projektion der menschlichen Eigenkräfte ist nicht ein anderer Mensch, sondern das eigene Werk: Güter, Dienstleistungen, Ideen, Kunst, Kultur, Persönlichkeit, das eigene Ego. Die Produkte des Menschen sind zwar von ihm geschaffen, aber in seinem Ich-Erleben sind sie die Träger seiner menschlichen Eigenkräfte. Bei einer dominanten Marketing-Orientierung ist der Mensch ohne das *Haben* (Konsumieren und Gebrauchen) seiner

Produkte und seines Egos ein Nichts, und die Produkte (einschließlich seines Egos) sind ohne die auf sie projizierten menschlichen Eigenkräfte ein Nichts. Erich Fromm hat diese Entfremdungsdynamik der Orientierung am Marketing in seinem Buch ›Haben oder Sein‹ (1976a, GA II) ausführlich dargestellt.

Der »Umweg« des Ich-Erlebens über das Haben der Produkte funktioniert so lange gut, als der Mensch sich vom Haben her definieren kann. Gerade dort aber, wo es um Beziehungserfahrungen oder Persönlichkeitsattribute geht, also um das Haben von Kindern, Partnern, Schülern oder um das Haben eines guten Images, des Rechts, der Wahrheit, bestimmter Kompetenzen usw., droht der Verlust der projizierten Eigenschaften zu einer Dekompensation zu führen, bei der dann das bisher verdrängte Ich-Erleben zum Vorschein kommt: Misslingt die Bestimmung vom Haben eines mit menschlichen Eigenschaften ausgestatteten Produkts oder produzierten Persönlichkeitsprofils, dann äußert sich das entfremdete Ich-Erleben und Bezogensein in einer inneren Leere, in quälender Langeweile, in einer lähmenden Antriebslosigkeit sowie in einer gefühllosen Depressivität, in suchthafter Abhängigkeit von Stimulanzien und Gegenständen des Habens sowie in einem gesteigerten Konsumismus. Die latente Suchtstruktur wird nun offensichtlich, weil nur noch zählt, was in den Menschen hineingeht und was er sich aneignen kann, nicht aber, was aus ihm und seinem menschlichem Vermögen hervorgebracht (»produziert«) werden kann.

Die aufgezeigte Entfremdungsdynamik bei der autoritären und der Marketing-Orientierung lässt auch eine je andere Art von Nicht-Produktivität erkennen: Bei der autoritären Orientierung besteht die Nicht-Produktivität im Angezogensein von Herrschaft und Unterwürfigkeit und in einer wechselseitigen Abhängigkeit voneinander, die auf Kosten der Fähigkeit geht, aus eigenen Kräften autonom und frei zu leben. Dagegen wird der Marketing-Orientierte von dem Wunsch, käuflich zu sein, umgetrieben, der zu einer suchthaften Abhängigkeit von den Produkten und dem eigenen Ego führt.

Die Entfremdungsdynamik der Ich-Orientierung

Beim Ich-Erleben des postmodernen Menschen, so wurde bereits dargelegt, treten an die Stelle von menschlichen Kompetenzen »gemachte« Kompetenzen. Statt sich in seinen körperlichen, seelischen und geistig-intellektuellen Eigenkräften und in seinen Differenzierungsfähigkeiten (Ich-Funktionen) wahrzunehmen, nimmt das postmoderne Ich die Fertigkeiten der von ihm geschaffenen Produkte wahr, um sich durch deren Gebrauch als Wirklichkeit – das heißt als Ich – zu erleben. Getrieben von der Faszination, Wirklichkeit ohne Rücksicht auf Vor- und Aufgegebenes zu erzeugen und das eigene Ich auf ganz neue Weise zu erleben, verlieren die dem Ich eigenen Kompetenzen mehr und mehr an Bedeutung.

Während sowohl Autoritäre als auch Marketing-Orientierte ihre menschlichen Eigenkräfte und Ich-Kompetenzen auf die Herrschaft Ausübenden beziehungsweise auf menschliche Produkte projizieren, so dass diese die Träger der eigenen Kompetenzen sind, die man sich *in Abhängigkeit* von ich-fremd erlebten Größen und Fertigkeiten wieder anzueignen versucht, so geht es dem Ich-Orientierten gerade um die *Vermeidung jeder Abhängigkeit*. Das, was den Charakter von ich-orientierten Menschen am stärksten auszeichnet, ist das leidenschaftliche Streben, jede Abhängigkeit zu vermeiden und *selbstbestimmt* Wirklichkeit zu erzeugen beziehungsweise erzeugte Wirklichkeit *selbstbestimmt* zu nutzen. Eben darum wird er »ich-orientiert« genannt.

Der postmoderne Versuch selbstbestimmten Ich-Erlebens stellt also eine Alternative dar, da das Erleben der Abhängigkeit von Trägern der Projektion vermieden wird. Der postmoderne Ich-Orientierte setzt auf den Gebrauch von Fertigkeiten, die die vom Menschen geschaffenen Produkte haben. Diese aber geben keinen direkten Bezug zu eigenen Ich-Kompetenzen zu erkennen, sondern zeigen ihre Fertigkeiten unabhängig von entfremdeten oder nicht-entfremdeten Eigenkräften. Der Ich-Orientierte erlebt sich folglich frei und unabhängig. Dies umso mehr, als die neuen Medien und digitalen Techniken Zugang zu Kompetenzen ermöglichen, die sich der Mensch nie hätte träumen lassen und die den postmodernen Menschen potenziell größer und kompetenter sein lassen, als es je ein Universalgenie früherer Generationen war.

Und doch stellt sich die Frage sofort neu: Was macht der postmoderne Ich-Orientierte mit seinem menschlichen Vermögen, wenn er sein Ich bevorzugt durch den Gebrauch von »gemachter« Kompetenz in Erfahrung bringt? Entfremdet er sich nicht auch – wenngleich auf andere Weise – von seinem menschlichen Vermögen?

Der Ich-Orientierte verleugnet sein menschliches Vermögen und projiziert es auf das Vermögen der von ihm geschaffenen Dinge dergestalt, dass es dort untergebracht (»hineingesteckt«) und wirksam ist, ohne dass er es noch als sein Eigenes erlebt. Zwar ist es ursprünglich sehr wohl sein eigenes Vermögen gewesen, ist im Erleben aber jetzt von ihm unabhängig. So wenig es noch sein eigenes menschliches Vermögen ist, so sehr vermag er es bei der Anwendung des »gemachten« Vermögens zu kontrollieren und zu steuern, indem er über Methoden, Techniken und das Know-how der Beeinflussung und Handhabung (»Management«) sein Ich und eine selbstbestimmte Wirklichkeit erzeugt.

Ich-Orientierung und projektive Identifikation

Psychoanalytisch betrachtet, macht sich der Ich-Orientierte nicht die Projektion zunutze, sondern die so genannte »projektive Identifikation«. Dieser psychologische Abwehrmechanismus ist aus dem psychotherapeutischen Beziehungserleben bekannt und dort auch am intensivsten erforscht worden (vgl. vor allem M. Klein 1946, P. Heimann 1950 und 1960, W. Bion 1959, D. V. Carpy 1989 und – resümierend – H. Thomä und H. Kächele 1988, Band II, S. 141–155). Zum besseren Verständnis soll wenigstens in knappen Strichen skizziert werden, wie das Ich-Erleben bei zwei Menschen aussieht, deren Beziehung zum einen durch eine Projektion, zum anderen durch eine projektive Identifikation bestimmt ist.

Die projektive Identifikation in der Psychotherapie

Wird beispielsweise eine Aggression auf eine andere Person projiziert, dann erlebt sich der Projizierende von diesem Gefühl entlastet, das heißt ohne Animositäten und aggressive Impulse, während der andere, also der Träger der Projektion, vom Projizierenden als aggressiv erlebt wird. Das Ich des Projizierenden nimmt sich selbst aggressionsfrei, den anderen aber als aggressiv wahr. Welche (Selbst-)Wahrnehmung aber hat der andere? Im Allgemeinen hört er zwar, dass er als aggressiv erlebt wird, doch fühlt er sich nicht so. Das Ich-Erleben der beiden ist unterschiedlich und klar unterscheidbar, wenn auch nicht auf einen Nenner zu bringen (was bekanntlich manchmal zu endlosen Schuldzuweisungen führt).

Ganz anders, wenn eine projektive Identifikation die Beziehung bestimmt. Auch hier ist das Ich-Erleben des Projizierenden – um beim Beispiel zu bleiben – frei von Aggression; im Gegenteil, ihm sind solche feindseligen Gefühle völlig fremd. Der Träger der Projektion hingegen fühlt sich aggressiv gemacht (!), wobei ihm meist unklar bleibt, warum er mit heftigen aggressiven Fantasien oder Impulsen zu tun hat. Auch erlebt er sich mit seiner Aggressivität irgendwie fremd und desorientiert. Er weiß nicht recht, wie er mit der »gemachten« Aggression umgehen soll.

Die Art, wie etwa ein Therapeut auf diese Projektion reagiert, ist aber für den Klienten von entscheidender Bedeutung. Richtet man in dieser Situation den Blick genauer auf das Ich-Erleben dessen, von dem die Aggression ausgeht, so lässt sich nicht nur eine starke Verleugnung der eigenen Aggression beobachten, sondern auch ein gesteigertes Interesse, wie der mit der Aggression Identifizierte mit der auf ihn projizierten Aggression umgeht: ob er sie steuern kann, zu verheimlichen sucht, sie vielleicht vernichtend auslebt (indem er zum Beispiel die Therapie mit dem Klienten abbricht) oder ob er sie deuten kann.

In therapeutischen Beziehungen spielen solche projektiven Identifikationen meist bei destruktiv erlebten Selbstanteilen eine große Rolle. Indem der Therapeut »das Realitätsschema seines Urhebers« übernimmt (Th. Gilmore und J. Krantz 2003, S. 55) und der Projektion einen »psychischen Raum« gibt, verschafft er dem Klienten die Möglichkeit zu beobachten, wie er mit dem meist sehr bedrohlich erlebten Selbstaspekt umgeht, ob er in gleicher Weise Angst vor ihm hat oder ob er ihn entdämonisieren kann. Gelingt dem Therapeuten Letzteres, dann lebt er einen für beide weniger bedrohlicher Umgang vor und schafft damit die Voraussetzungen für eine Wiederaneignung (Re-Introjektion) beim Klienten.

Das besondere Interesse des Klienten bei dieser Art Projektion besteht darin, etwas, das er bei sich nicht aushalten kann, in den Therapeuten hineinzustecken, um dann kontrollieren zu können, wie dieser damit umgeht. Dieses kontrollierende Moment auf Seiten des Klienten ist ganz zentral, weil es ihn spüren lässt, dass er die Fäden in der Hand hat und beobachten kann, wie der Therapeut mit seiner Projektion kämpft. Auf diese Weise erlebt sich das Ich des Klienten nicht mehr passiv bedroht, sondern aktiv kontrollierend, so dass es zu dem für die projektive Identifikation typischen »Rollentausch« (P. Heimann 1966, S. 257) kommt. Und nur wenn sich der Therapeut kontrollieren lässt, das heißt einen Umgang mit dem Projizierten zu erkennen gibt, kann es zu einer positiven Entwicklung im therapeutischen Prozess kommen.

Gelingt dem Therapeuten ein weniger bedrohlicher Umgang

nicht, dann kommt es zu einer Kollusion zwischen Therapeut und Klient, die ganz nach dem Muster der oben beschriebenen Kollusion zwischen Anbieter und Nutzer bei der postmodernen Ich-Orientierung verläuft. Schafft es hingegen der mit der Projektion identifizierte Therapeut, mit der Projektion weniger bedrohlich umzugehen, dann wird der Klient ermutigt, diesen bei sich selbst verleugneten Aspekt auf Grund einer Deutung zu Bewusstsein kommen zu lassen und zu integrieren. »Diese Selbsterkenntnis steht vor deren Reintegration. Denn solange ein Mensch von seinen Selbstanteilen entfremdet ist, können diese auch nicht an- und aufgenommen werden« (H. Thomä und H. Kächele 1988, Band II, S. 155).

Die projektive Identifikation wurde und wird im therapeutischen Bereich vor allem bei negativ erlebten Selbstaspekten beobachtet und für die Heilung nutzbar gemacht. Inzwischen steht ihre generelle Bedeutung außer Zweifel und wird nicht nur für die Aneignung positiver Selbstaspekte bei der psychischen Entwicklung unterstrichen (vgl. N. G. Hamilton 1986). Die projektive Identifikation ist auch allgemein als Kommunikationsmodus beschrieben (vgl. T. H. Ogden 1982) und für andere Bereiche komplizierter Interaktionen bis hin zur Organisationsberatung rezipiert worden. »Projektive Identifikation ist, obwohl sie mitunter zu dramatischen Situationen führen kann, ein bedeutender Teil von alltäglichen sozialen Beziehungen« (Th. Gilmore und J. Krantz 2003, S. 56).

Entfremdetes Ich-Erleben und projektive Identifikation

Die Bedeutung der projektiven Identifikation in der therapeutischen Beziehung legt es nahe, das Ich-Erleben des Ich-Orientierten mit ihrer Hilfe plausibel zu machen. Dabei gibt es einen nur scheinbar wichtigen Unterschied: Im therapeutischen Bereich geht es immer um eine Interaktion zwischen zwei (oder mehreren) Menschen, während es beim Ich-Erleben des Ich-Orientierten um die Beziehung zwischen seinem menschlichen und dem »gemachten« Vermögen geht. Dieser Unterschied schmälert die Relevanz der projektiven Identifikation jedoch nicht, da es bei der

Interaktion zwischen dem menschlichen und dem »gemachten« Vermögen um eine im Allgemeinen unbewusst fantasierte Interaktion geht (die zudem heute von einer Wirklichkeit inszenierenden Wirtschaft und Werbung als selbstverständlich und realitätsgerecht vorgelebt wird).

Was tatsächlich psychisch vor sich geht, wenn – wie hier behauptet wird – der postmoderne Ich-Orientierte sein menschliches Vermögen durch ein »gemachtes« Vermögen *ersetzt*, lässt sich als Vorgang der projektiven Identifikation erhellen. (Und nur, wenn psychologisch nachvollziehbar ist, was im Innern des Menschen stattfindet, lassen sich Strategien entwickeln, wie der Nicht-Produktivität der postmodernen Ich-Orientierung gegengesteuert werden kann.)

Weil der Mensch von heute auf Schritt und Tritt damit konfrontiert wird, dass seine Eigenkräfte und Ich-Kompetenzen gleichsam untauglich und blamabel sind angesichts des so viel wirksameren »gemachten« Vermögens, verleugnet er sein menschliches Vermögen und projiziert dieses auf Objekte, die tatsächlich mehr können als er – auf die vom Menschen geschaffenen Fertigkeiten und Techniken. Nun hat er seine eigenen menschlichen Fertigkeiten aufgegeben und kann sich ganz der Aufgabe widmen, in Erfahrung zu bringen, wie die Maschinen, die Softwareprogramme, die Steuerungsmechanismen, die Inszenierungstechniken, das Programm zur Kundenbetreuung, das Persönlichkeitstraining, die mediale Präsentation usw. für ihn Wirklichkeit erzeugen und gestalten.

Der Vergleich mit dem Klienten im gewählten Beispiel kann diesen spezifischen Projektionsvorgang verdeutlichen: Der Klient bringt seine bei sich selbst verleugnete Aggression beim Therapeuten unter. Dieser wird mit der projizierten Aggression identifiziert und gibt ihr Raum, so dass er mit ihr umgehen und auf sie reagieren muss. Auf diese Weise lässt der Klient den Therapeuten aggressiv sein, ohne sich selbst als aggressiv zu erleben oder gar selbst aggressiv aufzutreten.

Ganz ähnlich projiziert der Ich-Orientierte sein bei sich selbst verleugnetes menschliches Vermögen auf die von ihm geschaffenen Produkte und deren Fertigkeiten. Im Einspannen und Gebrauchen der Fertigkeiten seiner Produkte bringt er diese dazu, kreativ zu sein und Wirklichkeit zu erzeugen, ohne dass deren Kreativität noch etwas mit seinem eigenen menschlichen Vermögen zu tun hätte. Er hat sein menschliches Vermögen auf projektive Weise im »gemachten« Vermögen untergebracht und kann dann als Beobachter und als Akteur, als Nutzer und als Macher miterleben, was »gemachtes« Vermögen zustande bringt.

Durch den Einsatz der projektiven Identifikation kommt es zu dem angestrebten Rollentausch: Dem Ich-Orientierten geht es nicht darum, im »gemachten« Vermögen sein eigenes menschliches Vermögen (wieder) zu finden beziehungsweise durch den Gebrauch des »gemachten« Vermögens mit seinen Ich-Kompetenzen in Kontakt zu kommen. Im Gegenteil, sein Streben zielt darauf, auf Dauer nicht mehr mit seinen Ich-Kompetenzen und Eigenkräften in Berührung zu sein. So schafft er seinem eigenen Vermögen im »gemachten« Vermögen einen »psychischen Raum«. Hans-Joachim Busch (2002, S. 7) bringt deshalb mit Recht den von Julia Kristeva konstatierten und in der psychoanalytischen Praxis offenbar werdenden »Verlust des psychischen Raumes« »mit der Verlagerung der seelischen Aktivitäten in den virtuellen Raum« in Verbindung. Durch die Projektion hat er die Ich-Kompetenzen in das »gemachte« Vermögen gesteckt und ist frei davon.

Da aber kein Mensch auf Dauer leben kann, ohne sich nicht auch kompetent, gestaltend und vermögend zu erleben, droht er vom Träger der Projektion, dem »gemachten« Vermögen, abhängig zu werden. Genau dieser Gefahr der Abhängigkeit, der der Autoritäre (durch seine Unterwerfung) und der am Marketing Orientierte (durch seine süchtige Haben-Orientierung) regelmäßig erliegen, versucht der Ich-Orientierte mit Hilfe der projektiven Identifikation zuvorzukommen, indem er bei seiner Projektion die Fäden in der Hand behält. Er ist zwar nicht mehr mit seinen Eigenkräften in Berührung, doch richtet sich sein Augenmerk umso intensiver auf die kontrollierende Beobachtung des »gemachten« Vermögens.

Sein ganzes Interesse gilt sozusagen der »Gebrauchsanleitung«: was das Programm oder das technische Wunderwerk oder das Training alles kann und einem bringt und wie es zu handhaben ist, damit es sein ganzes Können offenbart. Um nicht durch eine Abhängigkeit vom Träger der Projektion passiv gemacht zu werden, kontrolliert er aktiv, wie das »gemachte« Vermögen reagiert.

Nicht das menschliche Vermögen, sondern das »gemachte« Vermögen bringt also etwas hervor und ist produktiv – allerdings wird es durch die Willenssetzung und das Know-how des postmodernen Ich-Orientierten kontrolliert: Mit diesem Rollentausch konstruiert und erzeugt er sein eigenes Ich und eine selbstbestimmte Wirklichkeit. Sein bewusstes Ich erlebt sich erst dadurch kompetent, dass es von seinen Ich-Kompetenzen und Eigenkräften unabhängig und trotzdem nicht vom »gemachten« Vermögen abhängig ist.

Bewusst erlebt der Ich-Orientierte: Ich bin ich, insofern ich ein Vermögen, das nichts mit mir oder den Vorgaben anderer zu tun hat, dazu bringe, Wirklichkeit zu erzeugen. Tatsächlich kennzeichnet den Ich-Orientierten ja vor allem das *selbstbestimmte* Erzeugen von Wirklichkeit – eine Produktivität, die sich nicht durch Vorgaben und Maßgaben menschlicher Eigenkräfte bevormunden und begrenzen lassen will, sondern sich bei seiner Wirklichkeitserzeugung ganz unabhängig, frei und spontan erlebt.

Der Klient, der sich des Therapeuten auf dem Wege der projektiven Identifikation bedient und seine eigene Aggressivität verleugnet, sie aber dennoch dadurch in Erfahrung bringt, dass er den Umgang des Therapeuten mit der auf ihn projizierten Aggression beobachtet, steht Pate für den Ich-Orientierten: Auch dieser nimmt das, was er durch sein eigenes Vermögen hervorbringen könnte, nicht mehr bei sich wahr, sondern lenkt sein Augenmerk auf die produzierte und produzierende Wirklichkeit des »gemachten« Vermögens.

Nicht nur der Autoritäre und der am Marketing Orientierte, auch der postmoderne Ich-Orientierte entfremdet sich von seinen menschlichen Kompetenzen. Im Unterschied zu Ersteren ist für den Ich-Orientierten aber kennzeichnend, dass er jedes bewusste Erleben einer Abhängigkeit vom Träger seiner Projektion kategorisch ausschließen muss. Die Verleugnung seines menschlichen Vermögens sowie die Verleugnung der Projektion (das »gemachte« Vermögen steht in keiner Verbindung zum menschlichen Vermögen, sondern ersetzt dieses) sind für ihn die Voraussetzungen für ein wirklich unabhängiges, selbstbestimmtes und kreatives Leben und Ich-Erleben.

Eine Betrachtungsweise wie die hier gewählte psychoanalytische – bei der sich das Ich-Erleben auf den Gebrauch der eigenen Kräfte und Ich-Kompetenzen gründet, so dass der Ich-Orientierte in Wirklichkeit von sich sagen müsste: »Ich bin *nicht* ich, weil es mich nur als Konstrukt gibt« – ist für den Ich-Orientierten nur Ausdruck eines entfremdeten Denkens, das sich nicht traut, mündig und selbstbestimmt zu sein. Die Frage, welchem Ich-Erleben der Vorzug zu geben ist – dem, das auf den Gebrauch der menschlichen Kompetenzen setzt, oder dem, das auf den Gebrauch der »gemachten« Kompetenzen setzt –, soll unter Einbezug des unbewussten Erlebens mit den nachfolgenden Ausführungen beantwortet werden.

Die Unbewusstheit der Entfremdung des Ich-Orientierten

Dass das Ich-Erleben des Ich-Orientierten in Wirklichkeit ein entfremdetes ist, weil es sich statt von seinen menschlichen Kompetenzen von »gemachten« Kompetenzen her definiert, ist dem Ich-Orientierten ebenso wenig bewusst, wie es dem zuvor erwähnten Klienten bewusst ist, dass die Aggression, mit der der Therapeut kämpft, seine eigene ist. Vielmehr würde der Ich-Orientierte vehement bestreiten, dass er sein menschliches Vermögen durch das ihm zur Verfügung stehende »gemachte« Vermögen ersetzt. In seinen Augen ist sein menschliches Vermögen nur im freien und selbstbestimmten Gebrauch von technischen Kompetenzen am Werk. Dass sich das Ich-Erleben vom Gebrauch von Eigenkräften her definiere, ist für ihn eine Stereotype der Moderne und der Vormoderne, die noch in den Kategorien von menschlichen Eigengesetzlichkeiten und Wesenskräften denken. Für postmodernes Denken zeichnet sich ein freies, spontanes und selbstbestimmtes Ich-Erleben hingegen durch eine völlige Unabhängigkeit von solchen subjekthaften Vorgaben aus.

Die Unbewusstheit der Abhängigkeit

In psychoanalytischer Perspektive leugnet der Ich-Orientierte nicht nur sein menschliches Vermögen und ein Ich-Erleben, das vor allem aus der Praxis menschlicher Kompetenzen resultiert; er leugnet auch, dass er mit dem »gemachten« Vermögen projektiv identifiziert ist. Der Zweck der projektiven Identifikation besteht ja darin, sich unter keinen Umständen vom Träger der Projektion abhängig erleben zu müssen. Vielmehr werden die Dinge so arrangiert, dass das »gemachte« Vermögen zwar der Träger der Kreativität ist, seine Aktivierung und Nutzung aber der freien Selbstbestimmung des Projizierenden vorbehalten ist, so dass die Kontrolle weiterhin in seinen Händen ist.

Um nochmals den Vergleich mit dem Klienten zu strapazieren: Er weiß weder, dass das Aggressionserleben des Therapeuten mit seiner eigenen, verleugneten Aggression zu tun hat, noch ist er sich dessen bewusst, dass er das Aggressionserleben des Therapeuten steuert. Der Therapeut erlebt anstelle des Klienten das Aggressive, während dem Klienten nur bewusst ist, dass er mit dem Aggressionsumgang des Therapeuten nichts zu tun hat und deshalb auch nicht von ihm abhängig ist. Im Gegenteil, der Klient würde es weit von sich weisen, dass er vom Therapeuten existenziell abhängig ist. Er würde eher die Therapie abbrechen, als dass er diese Abhängigkeit spüren und sich eingestehen würde (weshalb manche Klienten vor einer Urlaubspause lieber die letzte Stunde vergessen oder ausfallen lassen, um die Kontrolle nicht aus den Händen zu verlieren).

Die Unbewusstheit der projektiven Identifikation mit dem »gemachten« Vermögen und die daraus resultierende existenzielle Abhängigkeit des Ich-Orientierten von »gemachten« Kompetenzen sind seine empfindlichsten Punkte. Die Konfrontation damit und ein potenzielles Bewusstwerden müssen deshalb besonders energisch abgewehrt werden.

An dieser Stelle soll noch einmal in Erinnerung gerufen werden, dass die postmoderne Ich-Orientierung immer in einer aktiven und passiven Version als Anbieter und Nutzer, Erlebnismacher und Erlebniskonsument in Erscheinung tritt und dass deren Zuordnung zumeist kolludierend ist. Die Kollusion zwischen dem, der selbstbestimmt Wirklichkeit erzeugt, und dem, der selbstbestimmt in sie eintaucht, bedeutet faktisch eine wechselseitige Abhängigkeit voneinander, deren sich die Betreffenden aber im Allgemeinen nicht bewusst sind und auch nicht bewusst sein wollen. Sie wird nach Möglichkeit vom Bewusstsein fern gehalten und rationalisiert.

Dass man ohne Handy oder Internetzugang nicht mehr dazugehört, wird nicht thematisiert. Stattdessen hält man sich vor Augen und »kommuniziert« (wie das der Postmoderne nennt), welchen Zugewinn, welche Kontaktmöglichkeiten, Vorteile, Vergünstigungen, Freiheiten einem die Vernetzungen bringen. Das Gleiche macht der aktive Wirklichkeitsanbieter auf seine Weise: Statt sich und anderen einzugestehen, in welche Nöte er geriete, wenn ihm die Ideen zur Selbstinszenierung ausgingen und die

Leute davonzulaufen drohten, kompensiert er solche Verlust- und Absturzängste dadurch, dass er sich noch authentischer zu erkennen gibt und sich Techniken aneignet, für die ihm noch mehr Ausstrahlung und Charisma bescheinigt werden.

Die Unbewusstheit der Entfremdung

Die bisherigen Überlegungen haben ergeben, dass der Ich-Orientierte von seinem menschlichen Vermögen entfremdet ist und dass ihm bei dieser Entfremdung weder die Abhängigkeit des Ich-Erlebens von Ich-Kompetenzen bewusst ist noch seine Abhängigkeit vom »gemachten« Vermögen auf Grund der projektiven Identifikation mit diesem. Zum Phänomen der Entfremdung gehört fast immer, dass die Betroffenen sich ihrer – und damit auch der Nicht-Produktivität ihrer Charakterorientierung – nicht bewusst sind. Dieser Umstand erschwert es außerordentlich, Ich-Orientierten die Nicht-Produktivität ihrer Orientierung und ihr entfremdetes Ich-Erleben plausibel zu machen.

Um dennoch den Versuch einer Begründung zu unternehmen, soll zunächst noch einmal der Vergleich mit der autoritären Gesellschafts-Charakterorientierung bemüht werden, um dann in einem weiteren Abschnitt die unbewusste Befindlichkeit des Ich-Orientierten zu skizzieren und die nicht-produktive Qualität dieser Ich-Orientierung an symptomatischen Wirkungen aufzuzeigen.

Der Rückgriff auf die autoritäre Orientierung ermöglicht deshalb einen Zugang zur Entfremdung, weil die meisten Menschen sich inzwischen der Entfremdung der autoritären Orientierung bewusst sind. Hätte man die folgenden Aussagen vor hundert Jahren publiziert, so wären sie auf ein ganz ähnliches Unverständnis gestoßen wie die hier gemachten Aussagen über das entfremdete Ich-Erleben bei Ich-Orientierten der Gegenwart.

Den autoritär Orientierten zieht alles an, was mit Herrschaft zu tun hat, unabhängig davon, ob er Herrschaft ausübt oder sich Herrschaft unterwirft. Das leidenschaftliche Streben nach Herrschaft setzt voraus, dass alle Eigenkräfte, die Stärke, Autonomie, Selbstbehauptung, Selbstständigkeit, Unabhängigkeit, Mündigkeit, Eigenverantwortung usw. bedeuten oder ermöglichen, vom Ich-Erleben ausgeschlossen werden. Nur wenn der autoritär Orientierte sich von diesen seinen Eigenkräften entfremdet, indem er sie bei sich verdrängt und gleichzeitig auf einen Träger von Herrschaft projiziert, lassen sich autoritäre Strukturen aufrechterhalten. Bei der autoritären Entfremdung wird der Verlust von Eigenkräften dadurch kompensiert, dass man über eine symbiotische Beziehung zum Träger der Eigenkräfte mit den dem Ich-Erleben entfremdeten Eigenkräften sekundär wieder in Kontakt kommt.

Aus unserer heutigen Distanz zur autoritären Orientierung ist es uns sehr wohl plausibel, dass autoritär Orientierte von ihren Eigenkräften entfremdet sind. Wie kann jemand nur so unterwürfig, devot, selbstlos, ergeben, ohne eigenen Willen sein und sich nicht selbstverwirklichen, selbstbehaupten, selbstbestimmen wollen? Wie kann jemand nicht merken, dass er sich mit seiner Unterwürfigkeit, seiner blinden Treue und Pflichterfüllung seiner besten Kräfte zu einem selbstverantworteten Leben entledigt hat?

Doch die Betroffenen fühlten sich weder von ihren Eigenkräften entfremdet noch in ihrem Ich-Erleben defizitär. Im Gegenteil: Der monarchistische Beamte fühlte sich stark, wenn er ein treuer Diener seines Königs war. Die Mutter mit NSDAP-Parteibuch fühlte sich bedeutend, wenn sie dem Führer einen Sohn schenkte, der diesem einmal als gehorsamer Soldat sein Leben opfern würde. Der streng katholische Vater fand es richtig, dass der Pfarrer und der Papst ihm in sein Sexualleben hineinredeten und er jedes Mal zur Beichte musste, wenn er bei seinem sexuellen Begehren und Tun keine Nachkommenschaft im Sinn hatte. Das Mitglied der Staatssicherheit war stolz darauf, eine Stütze des DDR-Sozialismus zu sein. Die Großmutter hegte in ihrer Selbstlosigkeit keine Ansprüche an das Leben mehr, geschweige denn Gelüste nach einer Kreuzfahrt in der Karibik, um sich als Seniorin selbst zu verwirklichen. Die Kinder hatten nicht nur ein schlechtes Gewissen, wenn sie zur befohlenen Zeit nicht wieder zu Hause waren, sondern fanden es meist durchaus berechtigt, wenn sie für ihren Ungehorsam bestraft wurden (oder straften sich notfalls selbst).

Autoritär Orientierte sind sich der Entfremdung von ihren Eigenkräften ebenso wenig bewusst gewesen, wie sich heutige Ich-Orientierte der Entfremdung ihrer Eigenkräfte bewusst sind. Der Unterschied liegt nur darin, dass es damals um selbstbehauptende und die Autonomie ermöglichende Eigenkräfte ging, die aus dem Ich-Erleben ausgeschlossen wurden, während es bei der Ich-Orientierung um die Verleugnung von Ich-Kompetenzen (in Gestalt von menschlichen Eigenkräften und Ich-Funktionen) geht. Damals wie heute aber sind die Verdrängung und Verleugnung nicht bewusst und wird der Verlust kompensiert und rationalisiert. Der autoritär Orientierte machte den Verlust seiner Eigenkräfte mit einer symbiotischen Bindung an Herrschaftsstrukturen wett; der postmoderne Ich-Orientierte tut dies mit einer selbstbestimmten Nutzung »gemachten« Vermögens und psychologischen und sozialen Knowhows.

Wenn Menschen von ihren Eigenkräften entfremdet sind und diese Entfremdung nicht bewusst werden darf, kommt es zu vielfältigen Rationalisierungen (Scheinbegründungen) entfremdeten Ich-Erlebens. Die autoritären Rationalisierungen des Verlusts an selbstbehauptenden Eigenkräften klingen manchen noch in den Ohren: Ohne Disziplin und Selbstbeherrschung wird man nie lernen, seinen Mann zu stehen; Gehorsam ist eine Tugend, die nicht früh genug eingeübt werden kann; der trotzige Eigenwille muss gebrochen werden (»Den Teufel treib ich dir schon noch aus«); das Leben muss man ebenso in Demut hinnehmen wie Leid und Krankheit; »Geben ist seliger denn Nehmen«; Lieben setzt das Geliebtwerden voraus; »Ich weiß schließlich besser, was gut für dich ist«; Kritik muss – wenn überhaupt – immer konstruktiv sein; »Mir hat die Härte auch nicht geschadet«; die größte Liebe ist die Selbstlosigkeit usw.

Die Beispiele für das bewusste Erleben der autoritär Orientierten und für die gesellschaftlich akzeptierten Rationalisierungen ihres entfremdeten Ich-Erlebens sollten jenen Lesern, für deren Ich-Erleben die autoritäre Orientierung nicht mehr maßgebend ist, deutlich machen, wie schwer es ist, sich eines entfremdeten Ich-Erlebens bewusst zu werden und zu sein, wenn die betreffende Gesellschafts-Charakterorientierung dominant ist und deshalb den »gesunden Menschenverstand« bestimmt.

Entfremdung und »Pathologie der Normalität«

Der Schluss liegt nahe, dass das, was für den autoritär Orientierten normal und natürlich war, für den Nicht-Autoritären überhaupt nicht normal und natürlich ist. Es liegt aber auch der Schluss nahe, dass die postmoderne Ich-Orientierung nur für die dominant Ich-Orientierten etwas Produktives und Nicht-Entfremdetes ist (einen normativen Begriff des »Normalen« gibt es natürlich nicht mehr beim Postmodernen) und dass eine solche Sicht nur möglich ist, wenn die in ihr wirkende Entfremdung für das Ich-Erleben der Betroffenen unbewusst ist und bleibt. (In Teil IV wird die Frage gestellt, ob es auch eine produktive Orientierung gibt, wenn sowohl die autoritäre Orientierung als auch die postmoderne Ich-Orientierung eine nicht-produktive Qualität haben.)

Erich Fromm hat in seiner Charaktertheorie nicht nur zwischen einer produktiven Orientierung und verschiedenen nicht-produktiven Charakterorientierungen unterschieden, sondern auch von der »Pathologie der Normalität« gesprochen (1955a, GA IV, S. 13–19; vgl. ders. 1991e [1953], GA XI, 211–266), die für alle nicht-produktiven Charakterorientierungen typisch ist. Dass ein autoritär Unterwürfiger an seiner Selbstlosigkeit leidet, ist so lange ausgeschlossen, solange diese Art Selbstlosigkeit zur Pathologie der Normalität (der autoritären Gesellschafts-Charakterorientierung) gehört. Sie wird nicht als Symptom erlebt, an dem man leidet, sondern stellt einen »gesellschaftlich geprägten Defekt« dar (E. Fromm 1944a, GA XII, S. 127), der von vielen geteilt wird und als »normal« gilt. (»Normalität« wird hier von Fromm nicht im Sinne des »Normativen«, sondern des Durchschnittlichen, gesellschaftlich Dominanten verstanden.)

Solange ein »Defekt« Teil einer Gesellschafts-Charakterorientierung ist, wird er als »ich-synton« erlebt, das heißt als integrierter Selbstaspekt, der als gesund und normal wahrgenommen wird. Erst wenn entweder die gesellschaftliche Plausibilität für die autoritäre Orientierung dadurch an Kraft verliert, dass diese Orientierung nicht mehr mehrheitsfähig ist, oder wenn die autoritäre Gesellschafts-Charakterorientierung eines Einzelnen durch veränderte Umstände oder durch eine entsprechende persönliche Beziehung (ausgelöst etwa durch neue Berufs- oder Beziehungserfahrungen) an Stärke verliert und durch eine andere Charakterorientierung abgelöst wird, wird das entfremdete Ich-Erleben einer solchen Selbstlosigkeit bewusst und kommt es unter Umständen zu einem symptomatischen Leiden an ihr (etwa in Gestalt einer Depression oder einer Arbeitsstörung).

Dass es zu einem symptomatischen Leiden kommt, hielt Erich Fromm besonders dann für wahrscheinlich, wenn Menschen mit ihren produktiven Eigenkräften und Ich-Funktionen wieder in Berührung kommen. Denn solche Wiederaneignungen gehen meist mit schmerzhaften Desillusionierungen einher. Dies ist auch der Grund, warum er in einem seiner letzten Interviews sagen konnte: »Die Normalsten sind die Kränksten. Und die Kranken sind die Gesündesten ... Der Mensch, der krank ist, zeigt, dass bei ihm gewisse menschliche Dinge noch nicht so unterdrückt sind, so dass sie in Konflikt kommen mit den Mustern der Kultur und ... Symptome erzeugen« (E. Fromm 1977i).

Zweifellos trifft die am Beispiel der autoritären Orientierung illustrierte Pathologie der Normalität auch für die postmoderne Ich-Orientierung und deren »gesellschaftlich geprägte Defekte« in Form von ich-orientierten Persönlichkeits- und Charakterzügen zu. Allerdings ist wegen der weitgehenden Unbewusstheit des entfremdeten Ich-Erlebens mit einem heftigen Widerstand zu rechnen, wenn bei vielen Ich-Orientierten etwa die Gefühlsstärke als nicht-produktive Sentimentalität oder das Streben nach Entgrenzung als Unfähigkeit, Grenzen zu akzeptieren, demaskiert wird.

Unbewusste Wahrnehmungen und ihre Abwehr

Auch wenn dem Ich-Orientierten seine Entfremdung vom menschlichen Vermögen nicht bewusst ist, so bedeutet dies nicht, dass er sie nicht doch unbewusst wahrnimmt. Zugang zu solchen unbewussten Wahrnehmungen kann man auf verschiedene Weise erlangen. Sigmund Freud selbst hat den besten Zugang über das Verstehen von Träumen erhalten (S. Freud 1900a), aber auch gezeigt, wie über Symptombildungen (vgl. vor allem S. Freud 1926d), Fehlleistungen (S. Freud 1898b und 1901b), Reaktionsbildungen und Abwehrformationen (vgl. etwa S. Freud 1915d, 1933a und 1940a sowie A. Freud 1936) sowie Charakterbildungen (S. Freud 1908b) die unbewusste Wahrnehmung ermittelt werden kann. Im folgenden Abschnitt geht es um die unbewussten Wahrnehmungen der Ich-Orientierung des postmodernen Gesellschafts-Charakters und deren Abwehr mit Hilfe von Reaktionsbildungen und Rationalisierungen.

Der postmoderne Ich-Orientierte ist weitgehend von seinen Eigenkräften entfremdet. Er verleugnet sie, so dass ihm auch nicht bewusst sein kann und darf, dass sein Ich-Erleben in erster Linie von der Praxis seiner menschlichen Eigenkräfte abhängt. Mit der Verleugnung und der projektiven Identifizierung seines menschlichen Vermögens mit dem Vermögen von geschaffenen Produkten glaubt er zwar bewusst, die Fäden weiterhin in Händen zu haben und also selbstbestimmt Wirklichkeit zu erzeugen, tatsächlich aber *hängt sein Ich-Erleben vom Gebrauch des ihm zur Verfügung stehenden »gemachten« Vermögens ab*, und er muss die projektive Identifikation aufrechterhalten, um nicht mit seinem menschlichen Unvermögen konfrontiert zu werden. Wird der Gebrauch des »gemachten« Vermögens vereitelt, dann droht die projektive Identifikation ihren Dienst zu versagen, und die unbewusste Befindlichkeit tritt ans Tageslicht.

So selbstbestimmt, frei, unabhängig und omnipotent sich der Ich-Orientierte bewusst erlebt, so ist er doch ein Nichts, wenn sich sein »gemachtes« Vermögen verabschiedet – und sei es nur, dass die Festplatte des PCs kaputtgeht oder der Strom ausfällt. Faktisch ist das Ich des Ich-Orientierten dann inkompetent, es sei denn, er vermag sich (erneut) einen Zugang zu erzeugter beziehungsweise erzeugender Wirklichkeit zu verschaffen. So wie der Klient im obigen Beispiel den Zugang zum Therapeuten existenziell braucht, so abhängig ist der Ich-Orientierte vom Gebrauch des »gemachten« Vermögens (als Ersatz für den Gebrauch seines menschlichen Vermögens).

Doch der (vorübergehende) Verlust des »gemachten« Vermögens stellt nur eine der möglichen Bedrohungen der postmodernen Ich-Orientierung dar. Eine fast ebenso große Gefahr, mit der unbewussten Wahrnehmung seiner menschlichen Inkompetenz konfrontiert zu werden, geht vom Ich-Orientierten selber aus, nämlich dann, wenn er mit Lebensumständen zu kämpfen hat, die sich nicht oder nur sehr ungenügend mit »gemachtem« Vermögen lösen lassen. Enttäuschungen in Beziehungen auszuhalten, Verluste und Schicksalsschläge zu verkraften, nachlassende Leistungsfähigkeit durch Krankheit oder Älterwerden zu spüren, von unerklärlichen Stimmungsschwankungen oder Panikattacken heimgesucht zu werden, durch das soziale Netz zu fallen, bei Gericht erscheinen zu müssen, in der Kindererziehung zu scheitern – all dies stellt für den, der sein menschliches Vermögen durch den Gebrauch von »gemachtem« Vermögen ersetzt hat, eine akute Bedrohung seines Ich-Erlebens dar, eben weil er sich nicht mehr auf sich selbst verlassen kann und sein menschliches Unvermögen offenkundig wird.

Das Gewahrwerden des menschlichen Unvermögens

Wie fühlt sich das Ich, wenn die projektive Identifikation mit dem »gemachten« Vermögen brüchig wird oder gar scheitert? Welche unbewusste Befindlichkeit tritt zu Tage, wenn sie nicht sofort wieder durch eine projektive Identifikation mit einem anderen »gemachten« Vermögen abgewehrt wird? Allein schon die Tatsache, dass Menschen auf die Produktion und Inszenierung von Wirklichkeit setzen, weil sie etwas *erleben* wollen, lässt auf eine spezifische Qualität ihrer unbewussten Befindlichkeit und Wahrnehmung schließen. Wenn heute fast alles zum Erlebnis gemacht werden muss – das Einkaufen, das Schwimmen, der Urlaub, der

Gottesdienst, die Wartezeit auf dem Bahnhof, der Hausputz, das Lernen, der Unterricht usw. –, dann empfindet sich der Mensch unbewusst offensichtlich als weitgehend leblos und passiv, gelangweilt, ohne Interesse, Lust und Lebendigkeit.

Kinder bringen ihre innere Wahrnehmung noch unverblümter zum Ausdruck als Erwachsene. Wenn das Unterhaltungs- und Belebungsprogramm durch Fernsehen, Musikunterricht, organisierten Spiel- und Sportnachmittag oder Kindergeburtstag abgespult ist, sind sie weder müde noch voller Lebendigkeit, sondern klagen: »Mir ist langweilig!« und »Ich weiß nicht, was ich tun soll!«. Innerlich hat sie nichts von all dem berührt und interessiert, aktiviert und zum Überfließen gebracht.

Langeweile, Fantasielosigkeit, innere Leere sowie Gefühle von Gleichgültigkeit, Desinteresse, Leblosigkeit und Antriebslosigkeit sind die typischen unbewussten Wahrnehmungen von Ich-Orientierten, die an die Oberfläche drängen, sobald das »Programm« – die Kompensation des menschlichen Unvermögens mit Hilfe »gemachten« Vermögens – brüchig wird oder versagt. Menschliche Inkompetenz auf Grund der Vernachlässigung von körperlichen, seelischen und geistig-intellektuellen Eigenkräften kommt zum Vorschein.

Der Ich-Orientierte lebt nicht aus seinen Eigenkräften, sondern *be*lebt und will *be*lebt sein, um etwas mit Hilfe von »gemachtem« Vermögen zu *er*leben. Er findet im (aktiven) Beleben und (passiven) Belebtwerden einen Ersatz für ein Leben aus Eigenkräften. Aber dies allein erklärt noch nicht den Reiz der Ich-Orientierung. Die Lust an einer selbstbestimmten Erzeugung von Wirklichkeit hat ihre Quelle vor allem darin, dass »gemachtes« Vermögen dem menschlichen Vermögen haushoch überlegen ist und zu einer nie geahnten Entgrenzung des Menschen, seines Lebensstils, seiner Lebenswelt und seiner Bedürfnisbefriedigung führt.

Gerade die digitalen Techniken und die elektronischen Medien ermöglichen Erfahrungen, die bisher wichtige Ich-Funktionen zur Unterscheidung von Wunschwelt und Wirklichkeit, Fantasie und Realität, Mein und Dein, von Erwachsensein und Kindsein, Befriedigung und Versagung, Erfüllung und Aufschub, Bestätigung und Enttäuschung vergessen machen, weil die mit technischem und »gemachtem« statt menschlichem Vermögen hergestellte

Wirklichkeit das zu realisieren imstande ist, wonach einem gerade der Sinn steht. Die Ich-Orientierung ermöglicht dem Menschen ein Leben, das nicht durch Ambiguitäten und Balancen von Befriedigung *und* Frustration, Erfüllung *und* Versagung, Vermögen *und* Versagen, Aktivität *und* Passivität, Anspannung *und* Entspannung, Anstrengung *und* Erholung usw. bestimmt ist, sondern von Gefühlen der Grenzenlosigkeit, Allmacht und unmittelbaren Befriedigung. Die für ein durch Ambiguitäten und Ambivalenzen begrenztes Leben so lebenswichtigen Ich-Funktionen werden dadurch vernachlässigt. Das Ich ist ohne den Einsatz von »gemachtem« Vermögen schwach.

So sehr der Ich-Orientierte in seinem bewussten Erleben Grenzenlosigkeit, Allmacht und unmittelbare Befriedigung sein Eigen nennt, so sehr nimmt er unbewusst wahr, dass er die Begrenzungen und Ambiguitäten des Lebens nicht mehr aushalten kann und immer unfähiger wird, Begrenztheiten durch Alter, Generationenzugehörigkeit, sozialen Status, Krankheiten usw. anzuerkennen und zu bejahen. Unbewusst nimmt der Ich-Orientierte sein menschliches Unvermögen wahr, aus Eigenkräften zu leben; und unbewusst spürt er auch, dass ihm ein starkes Ich mit strukturierenden Ich-Funktionen fehlt, um die Begrenztheiten und Ambiguitäten des Lebens noch aushalten zu können und in eine neue Balance zu bringen. Er weiß unbewusst (oder auch halbbewusst), dass er ohne die Verfügung über das »gemachte« Vermögen in schwere psychische Leidenszustände gerät. All dies versucht er zwar aus dem Bewusstsein fern zu halten, doch eine – zumindest punktuelle – Ahnung überkommt ihn, wenn das Leben seine Gefühle der Grenzenlosigkeit, Allmacht und unmittelbaren Befriedigung Lügen straft und ihm eine Versagung zumutet.

Die postmoderne Ich-Orientierung als Reaktionsbildung

Auch wenn der postmoderne Ich-Orientierte seines menschlichen Unvermögens mehr oder weniger intensiv gewahr wird, so darf ihm doch unter keinen Umständen zu Bewusstsein kommen, wie existenziell abhängig er in seinem Ich-Erleben von der projektiven Identifikation mit dem »gemachten« Vermögen ist. Beim therapeutischen Umgang mit projektiven Identifikationen zwischen Klient und Therapeut sind der »Rollentausch« und die Wendung vom passiven, ohnmächtigen und hilflosen Abhängigsein in aktives Verfügen, Machen und Kontrollieren besonders auffällig. Die Verleugnung der Abhängigkeit auf Seiten des Projizierenden ist das deutlichste Anzeichen dafür, dass eine projektive Identifikation das Beziehungsgeschehen bestimmt. Warum aber der mit Hilfe der projektiven Identifikation ermöglichte Rollentausch, wenn nicht, um die mit dem Gefühl, existenziell abhängig zu sein, einhergehenden unerträglichen Gefühle von Passivität, Ohnmacht, Hilflosigkeit, Schwäche und Isolierung aus dem eigenen Ich-Erleben zu verbannen?

Vor diesem Hintergrund wird deutlich, welche Gefühle dem Ich-Orientierten unbewusst sind und auch unbedingt unbewusst bleiben müssen: vor allem sein Gefühl, vom »gemachten« Vermögen existenziell abhängig zu sein und sich ohne das Surrogat des »gemachten« Vermögens passiv, ohnmächtig, hilflos, schwach und isoliert zu fühlen. Wenn Gefühle unter keinen Umständen bewusst werden dürfen, müssen sie so abgewehrt werden, dass sie für den Einzelnen selbst ebenso unerkennbar sind wie für die Umwelt. Dieser Anforderung entsprechen *Reaktionsbildungen*.

Reaktionsbildungen sind meistens daran zu erkennen, dass eine gefühlsmäßige Verkehrung ins Gegenteil stattfindet, wobei das gegenteilige Gefühl eine Überbetonung erhält. Solche Verkehrungen lassen sich häufiger beobachten, wenn es um negative Gefühle geht, doch können auch positiv erlebte Gefühle ins Negative verkehrt werden. Um ein paar Beispiele aus dem Beziehungsalltag zu nennen: Statt vorwurfsvoll und tadelnd zu sein, ist man bewusst lobend und zuvorkommend; statt den anderen seine Zuneigung spüren zu lassen, muss man alles, was er äußert, in Frage stellen; statt dem anderen den Tod zu wünschen, macht man sich unendlich viele Sorgen um ihn und seine Gesundheit; statt seinen Ärger loszuwerden, bemüht man sich, alles positiv zu sehen und zu fühlen.

Bei einer psychoanalytischen Betrachtungsweise der Ich-Orientierung entpuppt sich die *Ich-Orientierung selbst als eine Reaktionsbildung* auf das unbewusste Gefühl der existenziellen Abhängigkeit vom »gemachten« Vermögen, und auch die wichtigsten Attribute der Ich-Orientierung lassen sich als Reaktionsbildungen verstehen, mit denen die unbewussten Gefühle von Passivität, Ohnmacht, Schwäche, Hilflosigkeit und Isolierung kompensiert werden.

Dass die Ich-Orientierung selbst eine Reaktionsbildung ist, um das verleugnete existenzielle Abhängigsein vom menschlichen Vermögen und das faktische existenzielle Abhängigsein vom »gemachten« Vermögen nicht spüren zu müssen, wird vor allem in der Überbetonung der Wirklichkeitserzeugung erkennbar, die *frei, spontan und selbstbestimmt* ist und bei der sich weder der aktive noch der passive Ich-Orientierte durch eine Vorgabe oder Maßgabe in seiner Selbstbestimmung bevormunden lässt.

Die Abgrenzungen der postmodernen zu anderen Ich-Orientierungen (egoistischen, narzisstischen usw.) bei der Darstellung des postmodernen Menschen in Teil II haben das Besondere und zugleich deutlich Überzogene dieser Ich-Orientierung zu fassen versucht: Jede Form der Abhängigkeit von Eigeninteressen oder von Fremdbestimmtheit weist der Ich-Orientierte weit von sich: »Ich bin ich, weil ich ich bin.« Wenn ein solcher Satz psychologisch überhaupt einen Sinn machen soll, dann nur als energische Abwehr jedes Angewiesenseins und jeder Abhängigkeit.

Die Bevorzugung erzeugter Wirklichkeit und die Benachteiligung oder gar Zurückweisung vorgegebener, »konventioneller« Wirklichkeit macht psychologisch durchaus Sinn, weil erzeugte Wirklichkeit tatsächlich in vielen Hinsichten mehr kann, eindrucksvoller und auch »besser« ist. Zudem haben der Vergleich mit der autoritären Orientierung sowie die Reflexion der Pathologie der Normalität gezeigt, dass, wenn Gesellschafts-Charakterorientierungen ihre gesellschaftliche Plausibilität verlieren, man zu Recht alles, was bisher gegolten hat, dekodieren und dekonstruieren kann. Wird allerdings die Bevorzugung erzeugter Wirklichkeit zum Prinzip gemacht, wie in der Lebensgestaltung postmoderner Menschen, dann zeugt dies von einem Abwehrinteresse, das jede Form der Abhängigkeit durch eine freie und selbstbestimmte Ich-Orientierung zu kompensieren trachtet. Auch hier verrät dann die Überbetonung, bei der das Heil in der totalen Selbstbestimmtheit gesucht wird, dass ein unbewusstes Gefühl »heilloser« Abhängigkeit abgewehrt werden muss.

Ich-Orientierung und verleugnete Gefühle

Auch andere hervorstechende Merkmale postmoderner Ich-Orientierung lassen sich psychoanalytisch als Reaktionsbildungen kaum zu ertragender, unbewusster Gefühle verstehen. Angesprochen wurde bereits das aktivierende Moment der Ich-Orientierung, bei dem alles zum Erlebnis wird und beide, der aktive und der passive Ich-Orientierte, alles, was sie tun und wahrnehmen, für sich zum Erlebnis machen. Gerhard Schulze (1992) hat als Soziologe die »Erlebnisgesellschaft« anhand einer empirischen Untersuchung aus dem Jahr 1985 eindrücklich vor Augen geführt. Allerdings deutet er die Befunde anders: Für ihn sind Erlebnisse »psychophysische Konstruktionen, die sich nicht durch Gegenstände substituieren oder an Dienstleistungsunternehmen delegieren lassen« (a. a. O., S. 14); Erlebnisse werden »nicht vom Subjekt empfangen, sondern von ihm gemacht« (a. a. O., S. 44), wobei die Situation »lediglich Material für subjektbestimmte, reflexive und unwillkürliche Konstruktionen« liefert (a. a. O., S. 60).

Sieht Gerhard Schulze in der wachsenden Bedeutung von Erlebnissen, in der Ästhetisierung des Alltagslebens und in einer Kultur des »schönen Lebens« eine *potenziell* subjektstärkende Wirkung der Erlebnisgesellschaft (wenngleich er auch einräumt, dass sich »der angestrebte Erfolg erlebnisorientierten Handelns immer wieder der rationalen Handlungsplanung« entzieht – a. a. O., S. 548) und kündigt sich für ihn in der Erlebnisgesellschaft eine Gesellschaft an, »die sich auf das Sein hin orientiert« (2003, S. 387), legt die hier vorgestellte psychoanalytische Deutung das Gegenteil nahe: Weil Menschen nicht mehr aus ihren Eigenkräften leben, müssen sie sich durch produzierte Erlebnisse beleben lassen. Das Problem besteht gerade darin, dass der postmoderne Mensch Erlebnisse kaum noch *selbst* »machen« kann. Dies gilt nicht nur für den Erlebniskonsumenten, sondern auch für den aktiven Postmodernen, der Erlebnisse erzeugt und anbietet, aber sich dabei immer weniger seiner Eigenkräfte und immer mehr »gemachten« Vermögens in Form jenes Knowhows bedient, mit dem man Unterhaltung, Comedy, spaßige Erlebnisse produziert.

Die Erlebnisorientierung des postmodernen Menschen zielt auf seine Aktivierung und hat offensichtlich die Funktion, ein tief reichendes unbewusstes *Gefühl der Passivität* und Leblosigkeit zu kompensieren. Ginge es wirklich um eine innere Aktivierung, dann würde die Belebung zu einer Veränderung im Leben des Betreffenden führen. Ein Buch, ein Film, eine Freundschaft, eine Verliebtheit können einen Menschen innerlich aktivieren und nachhaltig verändern. Wo dies geschieht, ist das Erlebnis kein Ausdruck einer Reaktionsbildung und keine Abwehr von Passivität, sondern eine Manifestation einer inneren Erlebnisfähigkeit, die eine Eigenkraft des Menschen ist.

Bereits die Kennzeichnung »Erlebnis*orientierung*« legt aber den Schluss nahe, dass das Erlebnis ein Surrogat ist, das je neu und mit steigender Dosis zugeführt werden muss, weil es immer nur eine aktuelle Wirkung zur Dämpfung beziehungsweise Zurückweisung eines unbewussten Gefühls von Passivität und Leblosigkeit hat. Die Erlebnisorientierung des Ich-Orientierten stellt eben keinen Anreiz dar, seine innere Erlebnisfähigkeit zu praktizieren, durch die allein er sich bleibend lebendig fühlen kann.

Ein anderes hervorstechendes Merkmal der postmodernen Ich-Orientierung ist die Entgrenzung sämtlicher Lebensbereiche und das Hingezogensein zu allem, was anders, unbekannt, ungewöhnlich, neu ist – gemäß dem Motto: »Nichts ist unmöglich.« Grenzen sind dazu da, überschritten zu werden, ob im Bereich der Genforschung oder der Weltraumforschung, des Extremsports, der Spiritualität oder der Schamgrenzen. Der postmoderne Mensch fühlt sich zu allem fähig und ist zu (fast) allem fähig. Sein bewusstes Allmachtserleben drückt sich in Gefühlen der Stärke und des Selbstbewusstseins aus, die durch keinerlei Selbstzweifel oder Anflüge von Bescheidenheit getrübt werden. Je entgrenzter das Erlebnis, als desto überzeugender und stärker wird es erlebt. Auch hier ist es die Übertreibung, die einen stutzig machen muss. Darum liegt der Schluss nahe, dass die zur Schau gestellte Omnipotenz und Stärke Reaktionsbildungen für seine unbewussten *Gefühle von Ohnmacht und Schwäche* sind.

Es gibt kaum ein Gefühl, das der Ich-Orientierte so sehr meidet wie das Ohnmachtsgefühl. Dies mag auch daran liegen, dass Ohnmachtsgefühle für die wenigsten Menschen zu ertragen sind (es sei denn, sie sind autoritär-masochistisch und erklären ihre Ohnmachtsgefühle zu einer Tugend). Und doch fällt auf, dass gerade der aktive Postmoderne jeder Situation aus dem Weg zu gehen versucht, in der er mit einem Ohnmachtsgefühl bei sich oder einem anderen konfrontiert werden könnte. Mitgefühl oder gar Mitleid mit Menschen, die schwach und ohnmächtig sind, sind für den Ich-Orientierten Fremdwörter. Er hat an ihre Stelle eine als Toleranz maskierte Gleichgültigkeit gesetzt, die ihm die nötige Distanz schafft zu ohnmächtigen und schwachen Menschen.

Wenn es darum geht, mit eigenen Ohnmachtsgefühlen in Berührung zu kommen, reagiert der Ich-Orientierte wie in einer lebensbedrohlichen Situation. Eine ihm entgegengebrachte Kritik wird einfach geleugnet, oder er entgeht ihr dadurch, dass er eine neue Beziehung oder ein neues Projekt beginnt. Eine andere Vorkehrung gegen die Möglichkeit, kritisiert zu werden und dadurch mit eigenen Schwächen und Ohnmachtsgefühlen konfrontiert zu werden, ist der für den Ich-Orientierten typische kontraphobische Umgang mit Kritik: Um sich nicht vor ihr ängstigen zu müssen, kritisiert er selbst jedes und alles. Es gibt nichts, was er nicht demaskiert, zynisch kommentiert und durch den Kakao zieht. Auch hat er eine übermäßige Sensibilität für die Unsicherheiten und Schwächen anderer und wartet nur darauf, bis er andere zum eigenen oder zum Ergötzen Dritter bloßstellen kann.

Eigene Gefühle der Ohnmacht und Schwäche lassen sich darüber hinaus auch dadurch abwehren, dass man an öffentlich dargebotenen Fantasien der Allmacht und Stärke teilhat. Beispiele hierfür sind die Reaktionen nicht nur der mächtigsten Regierung der Welt, sondern auch großer Teile der Bevölkerung des »Landes der unbegrenzten Möglichkeiten« auf das Ohnmachtserleben im Zusammenhang mit den Terroranschlägen vom 11. September 2001 und dem Scheitern der Kriege gegen den Terror.

Ein anderes Beispiel ist die Teilhabe an filmisch dargebotenen Fantasien der Allmacht und Stärke. Fantasien haben schon immer die Möglichkeit geboten, Wahrnehmungen und Gefühle zu inszenieren und ins Unbegrenzte auszuspinnen. Dass in einer so großen Anzahl von Filmen heute grenzenlose Allmacht und Stärke in Szene gesetzt wird, ist psychologisch kaum anders denn als Abwehr zu erklären: Mit ihnen sollen meist unbewusste, quälende Gefühle von Schwäche und Ohnmacht kompensiert werden. Der Action-Film kennt vor allem Supermänner, technische Wunderwerke und Wunderwaffen sowie Power in allen Schattierungen. So kann jeder noch so Ohnmächtige unter dem durchsichtigen Mäntelchen des Siegs der Gerechtigkeit sich stark, potent und allmächtig fühlen wie die Helden auf der Leinwand.

Ein weiteres Kennzeichen des postmodernen Menschen, das im Verdacht steht, die Reaktionsbildung auf ein unerträgliches unbewusstes Gefühl zu sein, ist die Macherqualität des Ich-Orientierten. Diese hat weniger mit seinem Allmachtsgefühl zu tun als vielmehr mit seinem starken Bedürfnis, über alles verfügen zu wollen (und zu müssen) und alles zu kontrollieren. Ob in Gestalt des leistungsorientierten Managers, der nicht nur hart arbeitet, sondern auch noch das Leben genießt, oder eines leidenschaftlichen Soziokraten, Technokraten oder Bürokraten, der sich das Controlling zum Lebensinhalt gemacht hat, oder ob in Gestalt eines Ratgebers in allen Lebensfragen, eines Arztes, eines Bastlers, eines Pädagogen oder Konsumenten, die alle wissen, »wie es geht«, die vom Knowhow leben und deren heilige Schriften die Gebrauchsanweisungen und die Rezepturen sind – sie alle bekennen sich zum Glauben an die Machbarkeit des Lebens. Es gibt nichts, was sich nicht machen lässt – obwohl auch sie wissen müssten, dass das Leben viele Situationen schafft, wo sich nichts oder nichts mehr machen lässt oder die Dinge aus dem Ruder laufen, weil kein »gemachtes« Vermögen mehr zur Verfügung steht. Wider besseres Wissen stimmen sie ein in das Credo von der Machbarkeit des Lebens. Solches macht nur Sinn, wenn ein *Gefühl der Hilflosigkeit* weit von sich gewiesen werden muss.

Man kann, sofern man noch Zugang zu seinem menschlichen Vermögen hat, sehr wohl bei einem Sterbenden ausharren, obwohl man nichts mehr machen, sondern ihm nur nahe sein kann. Die eigene Hilflosigkeit einzugestehen angesichts eines hoffnungslosen Falles kann sehr wohl ein Akt der Solidarität sein. Droht hingegen der Ich-Orientierte in eine aussichtlose Lage zu geraten und ratlos zu werden, so geht er auf Distanz, wirft das Handtuch, beendet die Beziehung oder den Job und wendet sich einem neuen Projekt zu. Nur ja nicht die Hände gebunden wissen und nichts mehr machen können. Nur ja nicht in eine Situation kommen, in der man nichts anderes machen kann, als geduldig abzuwarten. Man schwärmt zwar von einem Urlaub, wo man »so richtig die

Seele baumeln lassen« kann, aber die Realität sieht beim ich-orientierten Macher völlig anders aus: Da läuft ein volles Programm ab.

Als letztes auffälliges Kennzeichen des postmodernen Ich-Orientierten soll sein Kontakt- und Unterhaltungsbedürfnis als Reaktionsbildung für ein unerträgliches unbewusstes Gefühl gedeutet werden. Sowohl aktive als auch passive Ich-Orientierte haben ein ausgeprägtes Unterhaltungsbedürfnis, wobei der Inhalt meist nicht entscheidend ist. Hauptsache, man unterhält sich, ist unterhaltsam und wird unterhalten. Aktive Ich-Orientierte können sehr gute Unterhalter sein, aber auch sie wollen in erster Linie dadurch gute Unterhalter sein, dass ihre Inszenierungen unterhaltsam sind. Das Schlimmste, was ihnen zustoßen kann, ist, nicht unterhaltsam zu sein und damit die Verbindung zu ihrem Partner oder Publikum zu verlieren.

Verbunden zu sein ist das Lebenselixier des Unterhalters. Verbundensein ist aber auch das wichtigste Erkennungsmerkmal des passiven Ich-Orientierten. Unterhaltsam ist es immer dann, wenn man spürt, dass man verbunden ist, dazugehört, und wenn sich ein Wir-Gefühl einstellt. Ob im Sport, im Showgeschäft oder in der Musikszene: Die Fans fühlen sich verbunden und pflegen die Verbindung.

Auch der oben (S. 97 f.) beschriebene Wandel von der Beziehungspflege zur Kontaktpflege, der für die Ich-Orientierten so typisch ist, wird erst verständlich, wenn man die Kontaktpflege psychologisch als eine Rückversicherung des Verbundenseins versteht. Bei vielen Ich-Orientierten tritt an die Stelle einer intensiven emotionalen Beziehung zu einem oder wenigen anderen Menschen der Kontakt zu möglichst vielen. Entsprechend reduziert sich die Pflege der Beziehung zu wenigen auf eine Kontaktpflege zu vielen, die meist nicht viel mehr ausdrücken kann als eine Rückversicherung des Verbundenseins mit Hilfe von SMS, E-Mails oder dem Handy. Solche »Botschaften« besagen meist nicht mehr als: »Mich gibt es noch, und ich will nur mal hören, ob es dich auch noch gibt.«

Warum haben postmoderne Menschen ein derart gesteigertes Bedürfnis, sich ihres Verbundenseins zu versichern? Eine plausible psychologische Antwort ist, dass sie gegen ein unbewusstes *Gefühl der Isolierung* ankämpfen. Wer nicht mehr aus seinen Eigenkräften lebt, verliert die emotionale Basis, sich verbunden zu fühlen mit sich und anderen. Um dem Gefühl des Isoliertseins zu entgehen, bedient sich der Ich-Orientierte der projektiven Identifikation, um ersatzweise mit dem »gemachten« Vermögen verbunden zu sein, ohne allerdings seine Abhängigkeit von diesem zugeben zu dürfen. So kämpft er weiter mit einem unbewussten Gefühl drohender Isolierung.

Gefühle der Isolierung gehören zum Bedrohlichsten für den Menschen. Sie treiben ihn in den Suizid und sind eine häufige Ursache für Psychosen, das heißt für die Etablierung einer »verrückten«, aber weniger bedrohlichen Wirklichkeit. Der Ich-Orientierte ist nicht verrückt. Er entkommt dem unerträglichen Gefühl der Isolierung durch eine Reaktionsbildung: Verbundensein macht frei! Wird ihm allerdings diese Kompensationsmöglichkeit genommen, dann besteht durchaus die Gefahr von psychotischen Reaktionen.

Durch die projektive Identifikation mit dem »gemachten« Vermögen entsteht im Ich-Orientierten ein Gefühl der Abhängigkeit, das mit Gefühlen von Passivität, Ohnmacht, Schwäche, Hilflosigkeit und Isolierung einhergeht. Diese Gefühle dürfen ihm nicht bewusst werden, weil sie seine Abhängigkeit verraten würden. So ist er gezwungen, mit entsprechenden Reaktionsbildungen gegen die unbewussten Wahrnehmungen anzukämpfen. Kann er sein Ich-Erleben frei und selbstbestimmt gestalten, dann spürt er seine Abhängigkeit nicht. Mit der Aktivierung und Erlebnisorientierung kann er sein unbewusstes Gefühl der Passivität von sich fernhalten, mit einem entgrenzenden, omnipotenten und starken Verhalten sein unbewusstes Gefühl von Ohnmacht und Schwäche, mit seinen Macherqualitäten und seinem Knowhow sein unbewusstes Gefühl der Hilflosigkeit und mit seinen Techniken des Verbundenseins das ihm nicht bewusste Gefühl drohender Isolierung.

Rationalisierungen als Ausdruck unbewusster Wahrnehmungen

Eine weitere Möglichkeit, Einblick in die psychische Abwehr der unbewussten Befindlichkeit des postmodernen Ich-Orientierten zu bekommen, bieten die typischen *Rationalisierungen* für sein faktisches Verhalten. Erkennbar sind solche Rationalisierungen vor allem daran, dass bisherige Werte und Vorstellungen mit einem neuen Bedeutungsgehalt versehen werden. Postmoderne Ich-Orientierte verstehen unter vielen ihnen wichtigen Begriffen etwas zum Teil völlig Verschiedenes vom bisherigen Sprachgebrauch. Wenn beispielsweise für den postmodernen Ich-Orientierten der »authentisch« ist, der sich immer frei und glaubwürdig, sinnenreich und emotional inszeniert und immer sagt, was er gerade denkt und fühlt, dann hat ein solches Verständnis von Authentizität nichts mehr mit dem traditionellen Verständnis von Ursprünglichkeit statt Imitation, Echtheit statt Vorgabe, Sein statt Schein, Original statt Kopie, Gewachsensein statt Geschaffensein usw. zu tun. Die Folge ist, dass Menschen, obwohl sie dieselben Wörter benutzen, völlig aneinander vorbeireden und sich nicht mehr verstehen.

Sozialpsychologisch gesehen ist ein solcher sprachlicher Bedeutungswandel für jede gesellschafts-charakterologische Veränderung typisch. Kommen neue Bedeutungsgehalte auf, so soll mit den semantischen Veränderungen immer auch ein faktisches Ver halten begründet und legitimiert, das heißt als sinnvoll und ethisch wertvoll deklariert werden. In psychoanalytischer Perspektive haben solche Begründungen immer auch den Charakter von Rationalisierungen: Unbewusste, meist weniger schmeichelhafte Beweggründe für ein Verhalten sollen »hoffähig« gemacht werden. Dies war schon immer so: Semantische Veränderungen können als Veränderungen von Rationalisierungen begriffen werden.

Bei der Darstellung der Persönlichkeits- und Charakterzüge des postmodernen Ich-Orientierten wurde bereits auf viele Veränderungen von Begriffsbedeutung hingewiesen. Sie sollen deshalb hier nur exemplarisch resümiert werden.

Schon das Verständnis des Begriffs »Ich« in der Kennzeichnung »Ich-Orientierung« lässt sich als Rationalisierung der unbewussten Wahrnehmung begreifen, dass es kein fundiertes Ich-Erleben mehr gibt, sondern dass das Ich sozusagen aus dem Nichts schöpft. Der Begriff »Ich-Orientierung« wurde in den bisherigen Ausführungen ja immer als Widerspiegelung des bewussten Erlebens und der bewussten Selbstwahrnehmung des Ich-Orientierten gebraucht. Die nähere Beschreibung der Ich-Orientierung als einer freien und spontanen Wirklichkeitssetzung verrät ein wenig mehr davon, dass es dem Ich-Orientierten wichtig ist zu betonen, dass er aus keinen benennbaren menschlichen Vorgaben schöpft.

Auch der Begriff des »Selbst« und eines davon bestimmten Identitätserlebens ist beim postmodernen Charakter inhaltsleer und hat die Funktion, das unbewusste Erleben seines Selbstverlusts (auf Grund der Verleugnung seiner Eigenkräfte) zu bemänteln. Er spricht zwar immer noch von »Selbstverwirklichung« und »Selbstfindung«, aber er meint damit nun gerade nicht, dass es etwas in seinem Selbst zu finden gäbe, das er zum Vorschein bringen will, oder dass er etwas zur Wirkung bringen wolle, das schon in seinem Selbst angelegt ist und nur von ihm verwirklicht werden muss. Bewusst gibt es kein definierbares Identitätserleben. Der Postmoderne ist jetzt so und nachher anders, und doch ist er immer er selbst.

Die Betonung der »selbstbestimmten« Erzeugung von Wirklichkeit ist unschwer als Rationalisierung auszumachen. Fakt ist, dass bei den meisten Ich-Orientierten das »gemachte« Vermögen – also das, was das Management-Programm, die Technik, die Maschine, die Software kann – bestimmt, welche Wirklichkeit erzeugt wird, und nicht der Mensch. Angesichts der unendlich vielen Möglichkeiten, die »gemachtes« Vermögen heute dem Menschen zur Realisierung anbietet, hat er eine Auswahl zu treffen und muss er die Möglichkeiten kennen lernen. Wenn er trotzdem von einer »selbstbestimmten« Erzeugung von Wirklichkeit spricht, dann versucht er mit dieser Kennzeichnung zu verheimlichen, dass nicht er das »gemachte« Vermögen bestimmt, sondern dieses ihn.

Zwei weitere zentrale Begriffe sind »Kreativität« und »das Schöne«. Das Schöne, so hat bereits Gerhard Schulze (1992, S. 39) herausgearbeitet, ist »ein Sammelbegriff für positiv bewertete Erlebnisse«; als »schön« wird empfunden, was zu einem passt. Offensichtlich ist es dem Ich-Orientierten wichtig, nur positive Erlebnisse als zu ihm passend wahrzunehmen, womit deutlich wird, dass mit dem Begriff des »Schönen« die unbewusste Wahrnehmung, dass die eigene Wirklichkeit immer doppelgesichtig ist, vom bewussten Erleben ferngehalten werden soll. »Kreativität«, das Zauberwort sowohl der Marketing-Orientierung als auch der postmodernen Ich-Orientierung, dient dem Ich-Orientierten als Rationalisierung für die wenig kreative Tätigkeit: der vorzugsweisen Anwendung von Gebrauchsanweisungen. So bietet eine Volkshochschule »Kurse für Kreative und Lebensfreudige« an, tatsächlich aber geht es um Informatik-Lehrgänge, bei denen man »Web-Assistent« werden kann oder »Office-Master«. Die genannten Beispiele für semantische Veränderungen mögen genügen, obwohl es noch zahlreiche andere Neudefinitionen gibt, bei denen man aufzeigen könnte, dass sie dazu dienen, das tatsächliche Verhalten trotz einer gegenteiligen unbewussten Wahrnehmung schönzureden.

Ein Traum

Träume sind meist verschlüsselte Mitteilungen des Unbewussten und deshalb oft nicht ohne weitere Kenntnis des Träumers oder der Träumerin verständlich. Auch bedienen sie sich einer anderen Logik als der uns geläufigen und sprechen eine »symbolische Sprache«, die vielen nicht (mehr) vertraut ist. Und doch bieten Träume einen guten Zugang zum Unbewussten: »Es ist die Eigenart der Träume, dass innere Erfahrungen so ausgedrückt werden, als wären sie Sinneserfahrungen und subjektive Zustände« (E. Fromm 1949a, GA IX, S. 164; vgl. E. Fromm 1951a und 1972a). Weil Träume also unsere inneren, meist unbewussten gefühlsmäßigen Wahrnehmungen in sinnlich erlebbare Geschichten und Bilder übersetzen, ermöglichen sie einen guten Einblick in das, was uns im Wachzustand meist nicht an inneren Gefühlen, Fantasien, Fähigkeiten und Strebungen zugänglich ist. Dies illustriert der folgende Traum eines neunzehn Jahre alten Studenten des Maschinenbaus, den Erich Fromm (1973a, GA VII, S. 303 f.) mitgeteilt hat:

»Ich bin zu einer Party mit jungen Leuten eingeladen. Wir tanzen alle. Aber etwas Merkwürdiges ist im Gange; der Rhythmus wird immer langsamer, und es sieht so aus, als ob sich bald niemand mehr bewegen würde. In diesem Augenblick betritt ein überlebensgroßes Paar den Raum; offenbar hat es eine Menge Sachen in zwei großen Schachteln mitgebracht. Es nähert sich dem ersten tanzenden Paar. Der Mann nimmt ein großes Messer und schneidet dem jungen Mann in den Rücken; merkwürdigerweise fließt kein Blut, und der junge Mann scheint auch keinen Schmerz zu fühlen; der Große nimmt dann etwas, was ich nicht richtig erkennen kann, etwas wie ein Kästchen, und steckt es dem Jungen in den Rücken; es ist etwas sehr Kleines. Dann steckt er eine Art kleinen Schlüssel oder vielleicht auch einen Knopf in das Kästchen (aber so, dass der Junge es erreichen kann) und macht eine Bewegung, als ob er eine Uhr aufzöge. Während der Große das mit dem Jungen macht, tut seine Partnerin das Gleiche mit dem jungen Mädchen. Als sie fertig sind, tanzt das junge Paar weiter, aber jetzt schnell und energisch. Das große Paar nimmt die gleiche Operation auch noch bei den anderen neun anwesenden Paaren vor, und nachdem es weggegangen ist, bleiben alle in einer sehr angeregten und vergnügten Stimmung zurück.«

Diesen Traum hat Erich Fromm nur knapp kommentiert und in den Rahmen seines Nekrophiliekonzepts gestellt. Damit wird er der Bedeutung des Traumes wohl nicht gerecht, höchstens seinem Ende, wo der Sieg des technischen Vermögens über das menschliche Vermögen gepriesen wird. Der Traum lässt sich aber auf Grund der symbolischen Sprache auch ohne Einfälle des Träumers und weitere Informationen zum Träumer verstehen. Von einem amerikanischen Studenten Anfang der siebziger Jahre geträumt, macht er die Psychodynamik und Entfremdung der postmodernen Ich-Orientierung anschaulich.

Zunächst schildert er, wie der »Tanz des Lebens« im Zusammensein mit anderen jungen Menschen allmählich zum Erliegen kommt, obwohl alle zunächst fähig sind, am Lebenstanz teilzuhaben – also auf ihr menschliches Vermögen zurückzugreifen. Der Rhythmus als Kennzeichen des pulsierenden Lebens wird immer langsamer, und »es sieht so aus«, als ob die eigenen Wirkkräfte zum Erliegen kommen. Dass sie es tatsächlich tun, berichtet der Traum nicht. »In diesem Augenblick« tritt das überlebensgroße Paar mit den zwei großen Schachteln auf. Das überlebensgroße Paar symbolisiert die Überlegenheit des von ihm repräsentierten »gemachten« Vermögens, aber auch die suggestive Kraft dieses Vermögens. Niemand stellt eine Frage. Die großen Schachteln, die es mitbringt und in denen »eine Menge Sachen« sind, verstärken den Eindruck von der Überlegenheit; sie drücken aber auch aus, dass die Rettung von außerhalb kommt und wie Apparate und Dinge (»Gemachtes«, »Sachen«) in Schachteln transportiert werden kann.

Dass die Neubelebung tief in das Innere der Menschen vordringt und als invasiver Eingriff wahrgenommen wird, kommt im Traum durch die Operation im Rückenbereich zum Ausdruck. Der Eingriff kann von den Betreffenden nicht direkt beobachtet werden; er tut auch nicht weh, und es fließt kein Blut. Dies alles zu sagen ist dem Traum aber wichtig – sonst würde es nicht vorkommen. So wie am Anfang des Traumes mit den Tanzpaaren etwas »Merkwürdiges« geschieht, das sie nicht mehr steuern können, so geschieht jetzt etwas wie mit magischer Hand oder auf virtuelle Weise beziehungsweise mit suggestiver Kraft, das alle widerstandslos über sich ergehen lassen, ohne dass sie es direkt beobachten und spüren könnten. Die Schmerzunempfindlichkeit symbolisiert, dass der ganze Ersetzungsvorgang ohne Gefühlswahrnehmung stattfindet. Auch was eingesetzt wird, wird nicht erkannt (das heißt, es ist unbewusst).

Man kann sich zumindest vorstellen, dass mit dem Messer eigentlich das Herz (als Sitz der Gefühle und als Ursymbol von Lebenskraft) herausgeschnitten (so würde es das Märchen ausdrücken) und durch einen kleinen Apparat ersetzt wird. Dass das Ganze im Rückenbereich stattfindet, unterstreicht, dass die Ersetzung des menschlichen Vermögens durch das »gemachte« Vermögen »hinterrücks« und unbewusst erfolgt. Darüber hinaus erinnert die dann folgende Szene an aufziehbare Figuren oder Puppen, die durch das Spannen einer Feder in Bewegung gesetzt werden und so lange »belebt« sind, bis die Federspannung nachlässt und verschwindet. Prägnanter kann man den Unterschied zwischen etwas Lebendigem und menschlich Produktivem und etwas technisch zum Leben Gebrachten und menschlich Nicht-Produktivem kaum ausdrücken: Wer seine menschlichen Eigenkräfte praktiziert, der verbraucht keine Energie, sondern dem wächst Energie zu, während der Gebrauch von »gemachtem« Vermögen immer Energie verbraucht.

Die ausdrückliche Erwähnung, dass ein kleiner Schlüssel oder

Knopf eingesetzt wird, mit dem der Betreffende selbst den für ihn nicht erkennbaren Mechanismus betätigen kann, spiegelt exakt wider, was mit einer projektiven Identifikation erreicht werden soll: Man lebt nicht (mehr) selbst, aber man kann selbstbestimmt regulieren und steuern, was durch den kleinen Apparat (durch das »gemachte« Vermögen) belebt werden soll. Dass der Ersetzungsvorgang bei beiden Geschlechtern genau gleich vor sich geht, kann als unbewusste Einsicht des Träumers gedeutet werden, dass die postmoderne Entfremdung beide Geschlechter in gleicher Weise betrifft. Und dass schließlich alle zehn Paare nacheinander die Prozedur über sich ergehen lassen, kann als Wahrnehmung des Träumers verstanden werden, dass alle in seinem Alter beziehungsweise in seinen Kreisen von dieser Gesellschafts-Charakterorientierung ergriffen werden. Darum wohl auch die Zahl Zehn.

Der Traum schildert präzise das Ergebnis des Internalisierungsvorgangs der postmodernen Charakterorientierung: Das große Paar entfernt sich, nachdem bei allen der Ersetzungsvorgang durchgeführt wurde. Auch ohne die Gegenwart des großen Paares funktionieren alle dank des kleinen Aufziehapparates bestens. Sie fühlen nichts Fremdes in ihrem Tun, sondern sind eins (»ich-synton«) mit ihrem Zustand der Entfremdung.

Pathogene Wirkungen der Ich-Orientierung

Bisher ging es um das Verstehen der Psychodynamik der postmodernen Ich-Orientierung und ihrer Entfremdung sowie um eine psychoanalytische Einschätzung der nicht-produktiven Qualität der postmodernen Gesellschafts-Charakterorientierung, mit deren Hilfe die dem Ich-Orientierten unbewussten Aspekte seines Charakters aufgezeigt werden konnten. Im folgenden Abschnitt sollen nun die krank machenden Wirkungen der postmodernen Ich-Orientierung näher beleuchtet werden.

Die »Pathologie der Normalität« des postmodernen Charakters

Psychologisch gesehen ist die Hauptwirkung der von Wirtschaft und Gesellschaft geforderten und geförderten Ich-Orientierung die postmoderne Charakterbildung selbst. Der große »Vorteil« einer solchen Gesellschafts-Charakterbildung ist, dass das, was ein bestimmtes wirtschaftliches und gesellschaftliches System zu seinem Selbsterhalt an zielführendem Verhalten der Menschen braucht, von diesen verinnerlicht ist und von ihnen selbst »gewollt« wird.

Die Ausbildung einer Gesellschafts-Charakterorientierung erfolgt unabhängig davon, ob die dabei erzeugten Leidenschaften dem Wohl des Einzelnen und einem verträglichen Zusammenleben förderlich oder abträglich sind. (Dies gilt in gleicher Weise für individuelle Charakterbildungen: Ein zwanghafter Charakter funktioniert, auch wenn die permanenten Kontroll- oder Waschzwänge ihn viel Zeit und Energie kosten. Er will es dennoch so und fühlt sich nur beim Vollzug seiner Zwänge subjektiv zufrieden.) Selbst wenn eine Gesellschafts-Charakterorientierung wie etwa die nekrophile für den Einzelnen und die Gesellschaft sehr destruktive Auswirkungen hat (vgl. E. Fromm 1964a, GA II, S. 169–178; ders. 1973a, GA VII, S. 163–393; sowie R. Funk 2002a), so erfüllt sie dennoch ihre gesellschaftliche Funktion.

Vor diesem Hintergrund ergibt sich die Notwendigkeit, die Charakterorientierungen daraufhin zu unterscheiden, ob sie eine für den Menschen und das Zusammenleben produktive oder nicht-produktive, krank machende oder lebensfördernde Wirkung haben. Dazu muss man sich auf eine Urteilsebene begeben, die nach den Wirkungen für Mensch und Gesellschaft fragt und die zu unterscheiden weiß, dass das, was für das Gelingen des Systems Mensch förderlich ist, nicht identisch sein muss mit dem, was für den Bestand einer bestimmten Wirtschaft und Gesellschaft zuträglich ist.

Die nicht-produktive Wirkung der Ich-Orientierung, so wurde gezeigt, besteht in der Entfremdung des Ich-Orientierten von seinem menschlichen Vermögen, im zunehmenden Verlust seiner Ich-Kompetenzen. Diese Wirkung wird bei einer Charakterbildung ich-synton erlebt, das heißt als etwas, das zu einem gehört und einem im subjektiven Erleben weder fremd ist noch Leid oder Schmerz zufügt. Dieser Umstand brachte – wie bereits ausgeführt – Erich Fromm dazu, bei den nicht-produktiven Charakterorientierungen von einer »Pathologie der Normalität« und von »gesellschaftlich geprägten Defekten« zu sprechen. Solange es eine große gesellschaftliche Plausibilität für eine nicht-produktive Gesellschafts-Charakterorientierung gibt, so lange empfindet etwa der Ich-Orientierte seine Entfremdung von seinen Ich-Kompetenzen nicht als Entfremdung und wird auch kein direkter symptomatischer Leidensdruck spürbar.

Wie bei allen gesellschaftlich erzeugten nicht-produktiven Charakterorientierungen gilt auch hier: Solange die Bevorzugung »gemachten« Vermögens und die Ersetzung menschlichen Vermögens zur dominanten Gesellschafts-Charakterorientierung gehört, so lange ist das, was die Nicht-Produktivität bewirkt, auch das Heilmittel, mit dem die meisten Ich-Orientierten ihre Entfremdung kompensieren können. Wem es gelingt, mit »gemachtem« Vermögen den Verlust seines menschlichen Vermögens zu kompensieren und auf diese Weise kreativ zu sein, der spürt subjektiv nicht, dass ihm etwas fehlt. Er entwickelt deshalb auch keine leidvollen Symptome.

Zu einer leidenschaftlichen Bejahung von allem, was den Menschen von seinen Ich-Kompetenzen und von seinem menschlichen Vermögen entfremdet, kommt es nur bei einer Charakterbildung. Viele Menschen reagieren aber eben nicht mit einer lustvollen Ich-Orientierung, sondern mit einem vagen Gefühl des Leidens an sich selbst. Andere entwickeln gar leidvolle Symptome.

Erich Fromm hat in seinen Spätschriften immer wieder darauf hingewiesen, dass sich die Entfremdung des Menschen nicht nur in den gesellschaftlich relevanten Charakterbildungen und in symptomatischen Erkrankungen auswirkt, sondern in zunehmendem Maße in einem nicht richtig definierbaren Leiden an der Kultur und an sich selbst.

Leiden an der Kultur und an sich selbst

Die Formulierung Sigmund Freuds vom »Unbehagen in der Kultur« (S. Freud 1930a) aufgreifend und sie mit der zuerst in Frankreich beobachteten »maladie« oder »malaise du siècle« verknüpfend, hat Erich Fromm dieses symptomlose Leiden an der Kultur und an sich selbst als ein »Gefühl, unglücklich zu sein«, beschrieben. Es zeigt sich in einem »Gefühl von Fremdheit; das Leben hat keinen Sinn, keinen Geschmack, es treibt so dahin. [...] Es ist alles in Ordnung; (die Menschen) haben alles, aber sie leiden an sich selbst. Sie wissen nicht, was sie mit sich anfangen sollen. [...] Sie können Kreuzworträtsel lösen, aber sie können nicht das Rätsel lösen, das das Leben jedem vorlegt« (E. Fromm 1991d [1974], GA XII, S. 277; vgl. ders. 1992h [1975], GA XII, S. 382). In der nachgelassenen Schrift ›Vom Haben zum Sein‹ (1989a [1974–75], GA XII, S. 393–493) befasst sich Fromm mit Möglichkeiten der »transtherapeutischen Psychoanalyse« zur Überwindung dieser Art Krankheit, die leiden macht, aber doch keine Krankheit ist. Vielmehr fehlt diesen Menschen »das Wohlsein (well-being)« (E. Fromm 1960a, GA VI, S. 311).

Heute, dreißig Jahre später, hat sich das Erscheinungsbild dieses Leidens zwar etwas geändert, doch geht es im Kern noch immer um ein meist symptomloses Leiden an sich selbst und an der Kultur. Edith Frank-Rieser (2003, S. 1) charakterisiert die Klienten so: »Es kommen zunehmend Patienten in Psychoanalyse, die von einem chronischen Leeregefühl berichten, das sie in Verbindung bringen mit dem Gefühl einer Diskontinuität ihres Lebens.

175

Ihre Lebensgeschichte, die aus verschiedensten Szenen und Ereignissen aufgebaut ist, bleibt ihnen ohne erkennbare Logik, immer wechselnd, immer neu und immer weniger zufrieden stellend. Ein neues Land, ein anderer Beruf, ein neuer Partner wären die Lösung – doch das ist meist schon alles durchprobiert worden. Auf die Frage, in welchen Gefühlen, Ereignissen, Inhalten sie sich von früher an bis heute als sich selber wiedererkennen könnten, können sie keine Antwort geben – so etwas gäbe es nicht. [...] Sie funktionieren erfolgreich im Beruf, fühlen sich aber nicht im Alltag anwesend, außer als Darsteller von etwas, als Regisseur oder Kommentator. Alles sei eigentlich unwirklich wie ein Film, sie könnten genauso gut abdanken.«

Anders als der gut »funktionierende« postmoderne Charakter, der mit seiner aktiven und passiven Ich-Orientierung seine unbewussten Gefühle von Passivität, Ohnmacht, Schwäche, Hilflosigkeit und Isolierung erfolgreich kompensieren kann, so dass er sich psychisch gesund erlebt und auch keine sichtbaren Leidenssymptome entwickelt, ist das Selbsterleben der an der Kultur und an sich selbst leidenden Menschen angeschlagen. Manifeste Symptombildungen sind bei ihnen allerdings nicht zu beobachten. Dies kann im Einzelfall natürlich unterschiedliche Ursachen haben. Hier interessiert, ob diese »Unglücklichen«, nie wirklich Zufriedenen, sich leer fühlenden Menschen, die schon alles ausprobiert haben, nicht daran leiden, dass sie sich an die postmoderne Ich-Orientierung nicht oder nicht mehr ausreichend anpassen können und deshalb den zunehmenden Verlust ihrer körperlichen, seelischen und geistig-intellektuellen Eigenkräfte spüren.

Für eine solche Erklärung ihres Leidens spricht, dass diese Menschen alles, was sie ihre Eigenkräfte wieder erleben lässt, als hilfreich und wohltuend empfinden und dass dies dazu beiträgt, ihr Leiden an sich und an der Umwelt zu überwinden. In der Sicht der dominant postmodern Ich-Orientierten sind sie noch immer zu sehr ihrer Herkunft und den überbrachten Wertorientierungen und Sinnentwürfen verhaftet; aus psychoanalytischer Perspektive haben sie den Zugang zu ihren menschlichen Ressourcen noch nicht verloren und leiden an ihrer partiellen Entfremdung.

Die Wiedergewinnung und Verstärkung des Zugangs zu ihren Eigenkräften und deren Praxis kann ihre Malaise reduzieren und auflösen. Der bewusste Verzicht auf den Einsatz von »gemachtem« Vermögen und das gezielte Wahrnehmen und Praktizieren des menschlichen Vermögens sind die Eckpfeiler einer solchen »Kunst des Lebens«, die zu mehr Wohlsein führt. Erich Fromm hat einige Aspekte dieses Weges aus der postmodernen Entfremdung in der posthum veröffentlichten Schrift ›Vom Haben zum Sein‹ (1989a [1974–75], GA XII, S. 402–456) skizziert. Sie unterscheiden sich signifikant von dem, was postmoderne Wirklichkeitsverkäufer an »Wellness-Paketen«, »Feel-Well«- und »Feel-Good«-Produkten zu offerieren haben.

Auf »gemachtes« Vermögen verzichten kann nur, wer den »großen Schwindel« in den Bereichen durchschaut, »in denen es um des Menschen Heil und Heilung, um das Wohlsein, sein inneres Wachstum, sein Glück geht« (a. a. O., S. 403), und das Triviale meidet. Trivial ist dabei alles, »das nicht auf die zentrale Aufgabe des Menschen hinzielt: vollständig geboren zu werden« (a. a. O., S. 409). Auf »gemachtes« Vermögen zu verzichten heißt für Fromm darüber hinaus, dem »Irrtum eines Lebens ohne Anstrengung und Leiden« (a. a. O.; S. 412 f.) und der Verwechslung von Wille mit spontanem Impuls nicht zu erliegen. Etwas wirklich zu wollen »gründet sich auf innere Aktivität«, während der spontane Impuls daran zu erkennen ist, dass er kein »Warum« zu seiner Legitimierung angeben, sondern nur mit »Warum nicht?« antworten kann (a. a. O., S. 415).

Wer sein menschliches Vermögen wahrnehmen und praktizieren will, muss dieses Eine auch »wollen« und »wach sein«, um der geistig-intellektuellen, psychischen und körperlichen Eigenkräfte »gewahr zu werden«. »Der wichtigste Schritt auf dem Weg zur Kunst des Seins umfasst alles, was die Fähigkeit, gewahr zu werden, stärkt und kritisches, fragendes Denken fördert« (a. a. O. S. 424). Erst im Verbund damit und mit Hilfe von psychoanalytischen Methoden der Selbstanalyse (vgl. a. a. O., S. 433–456) sowie Konzentrationsübungen, Meditationsübungen, Übungen zur Achtsamkeit (mindfulness) und Bewegungsübungen zeigt das Einüben der Eigenkräfte des Menschen Wirkungen (vgl. a. a. O. S. 425–432).

Welche Eigendynamik die geistig-intellektuellen, psychischen und körperlichen Eigenkräfte haben und warum ihre Praxis für ein produktives Selbst- und Wirklichkeitserleben unerlässlich ist, davon wurde bereits oben gesprochen. Entscheidend ist immer, dass statt des »gemachten« Vermögens das menschliche Vermögen wieder zum Einsatz kommt, und zwar verstärkt jene Eigenkräfte, die durch den Einsatz »gemachten« Vermögens bei einem ich-orientierten Welt- und Selbsterleben besonders vernachlässigt werden. Vor diesem Hintergrund lässt sich die Sehnsucht mancher Zeitgenossen nach einem »einfachen« Leben, das durch wirtschaftliche Autarkie und politische Autonomie gekennzeichnet ist, als Wunsch verstehen, ihre produktive Orientierung zu stärken.

Das symptomlose Leiden an der Kultur und an sich selbst tritt bevorzugt bei Menschen auf, die auf Grund ihrer noch relativ starken produktiven Orientierung den Konflikt mit den Ansprüchen der nicht-produktiven Ich-Orientierung spüren. Sie leiden an diesem Konflikt und wenden viel psychische Energie auf, um ihn auszuhalten. Wird der Konflikt zugunsten des Einsatzes der menschlichen Eigenkräfte gelöst, dann zeigt die Praxis der Eigenkräfte verschiedene produktive Wirkungen. (Auf solche Wirkungen wird in Teil IV, S. 221–225, noch näher eingegangen.) Wird der Konflikt zugunsten des Einsatzes von noch mehr »gemachtem« Vermögen gelöst, so kommt es entweder zu einer symptomlosen Charakterpathologie (die aber – wie bei der nicht-produktiven Ich-Orientierung – nicht als pathologisch erlebt wird, vorausgesetzt, sie findet gesellschaftliche Akzeptanz oder gar Dominanz); oder es kommt zu einem symptomatischen Leiden an sich und seiner Umwelt, dessen Ursachen mangelhafte Ich-Kompetenzen und eine entsprechend defizitäre Ich-Stärke sind. Davon soll im folgenden Abschnitt die Rede sein.

Symptomatische Leiden auf Grund defizitärer Ich-Stärke

Auch wenn postmoderne Denker das Festhalten an überbrachten Vorstellungen wie psychischer Gesundheit, Entwicklung, Reife und produktiver Orientierung angesichts des Verlusts eines stabilen Objekt-, Ich-, Selbst- und Identitätserlebens beim Ich-Orientierten als obsolet abtun, so gibt es doch vom Klinischen her keinen Zweifel daran, dass solche Vorstellungen sinnvoll und auch unerlässlich sind für jede Art medizinischen und psychotherapeutischen Handelns. Dass psychiatrische und psychologische Kliniker an ihnen festhalten, hat nichts mit einer Verbohrtheit ihres Weltbilds zu tun, sondern damit, dass sie mit Symptomen und Krankheitsbildern konfrontiert werden, die durch maligne Regression statt gesunde Progression des psychischen Systems sowie durch zunehmende Ich-Schwäche statt Ich-Stärke und durch Defizite bestimmter Ich-Funktionen gekennzeichnet sind. Solche negativen Entwicklungen und Defizite lassen sich bei ganz unterschiedlichen psychischen Erkrankungen feststellen. Sie treten aber auch bei dominant Ich-Orientierten auf.

Richtet man das Augenmerk auf jene Gruppe von Ich-Orientierten, die an solchen Defiziten leiden (und entsprechende Symptome und Krankheitsbilder entwickeln), dann fallen zwei Merkmale besonders auf: ihre *Neigung zur Illusionierung* und ihre zum Teil weitreichende *Unfähigkeit, Spannungen und Ambiguitäten des Lebens aufrechtzuerhalten*. Statt sich neu zu balancieren und zu einem auch ambivalenten Gefühlserleben fähig zu sein, verleugnen sie bestimmte Aspekte der inneren und äußeren Wirklichkeit. Neben der Realitätsprüfung und der Ambivalenzfähigkeit sind freilich noch andere Ich-Funktionen wie etwa die Impulskontrolle, die Angst- beziehungsweise Affekttoleranz sowie die Konflikt- und Frustrationstoleranz durch die postmoderne Ich-Orientierung in Mitleidenschaft gezogen – das Augenmerk soll hier jedoch nur auf die beiden erwähnten Ich-Funktionen und die aus ihnen resultierende Reduktion der Ich-Stärke gerichtet sein.

Dass die mit der digitalen Technik und den elektronischen Medien einhergehenden Möglichkeiten entgrenzender und entgrenzter Wirklichkeitserzeugung in den Dienst einer Illusionierung des Menschen gestellt werden können, ist kein allzu fern liegender Gedanke. Wer möchte nicht sich nur wohl fühlen, völlig unabhängig, spontan und kreativ sein, mit Gott, der Welt und seinen inneren Ressourcen in Kontakt stehen, Konflikte, Kritik, Ärger, Enttäuschung, Destruktivität und Ohnmachtserleben als Relikte der zu überwindenden Moderne verstehen? So nahe liegend der Wunsch ist, dass mit der selbstbestimmten Ich-Orientierung die Vorgaben, Maßgaben, Begrenztheiten und Unzulänglichkeiten menschlichen Lebens und Zusammenlebens nachhaltig überwunden werden, so wenig ist es gerechtfertigt, die Flucht in inszenierte, illusionäre Wirklichkeiten als das eigentliche Movens des postmodernen Ich-Orientierten anzusehen. Die Lust an der Erzeugung und Inszenierung von Wirklichkeit sollte nicht gleichgesetzt werden mit der Lust an der Inszenierung illusionärer Wirklichkeiten. Darum soll zunächst nach der grundlegenden Bedeutung der Inszenierung von Wirklichkeit gefragt werden.

Das Inszenieren von Wirklichkeit war schon immer ein besonderes Kennzeichen von Kunst und auch von Religion. Dort wird Wirklichkeit so inszeniert, dass sie sich vom Alltagserleben unterscheidet. Die künstlerische Inszenierung von Wirklichkeit in der Literatur versucht zum Beispiel, Sinnzusammenhänge zu erschließen, Fantasie- und Gefühlswelten zur Sprache zu bringen oder die Dramatik des Lebens in erfundenen Geschichten vor Augen zu führen. Mit solchen Inszenierungen sollen Dimensionen des Lebens und des Menschseins erschlossen werden, die für die meisten Menschen nicht offen zu Tage liegen; es sollen Aspekte des Lebens zugänglich gemacht werden, die verborgen, verdrängt, bei der Reproduktion des Lebens im Alltag vergessen werden – und doch wichtige Dimensionen von Leben und Menschsein sind. Wenn die Religion in mythologischer Rede oder in mystischen Paradoxien Erfahrungen zu vermitteln versucht, deren man nicht habhaft werden kann, dann verfolgt sie mit ihren Inszenierungen ein ähnliches Ziel (vgl. hierzu R. Funk, 1985).

Das beste Beispiel dafür, dass wir Menschen geradezu ein Bedürfnis haben, verborgene Aspekte in Szene zu setzen und Wirklichkeit werden zu lassen, sind Träume. Dabei sind Träume eben keine »Schäume«, keine Illusionen, sondern oftmals sehr schwer zu verdauende unbewusste Gefühlswahrnehmungen oder Einsichten – etwa in das eigene Scheitern –, zu denen wir im bewussten Erleben keinen Zugang haben. Wir hätten es dann zwar gerne, dass sie Illusionen wären – also Wirklichkeiten, die keinen Realitätsanspruch haben –, aber das Gegenteil ist der Fall. Ob in Kunst, Religion oder Träumen: Inszenierung von Wirklichkeit meint hier das Zugänglichmachen verborgener – vorbewusster und unbewusster – Aspekte von Wirklichkeit.

Ganz anders wird die Frage der Inszenierung von postmodernen Autoren diskutiert. Seit der Aufklärungsphilosophie wissen wir, dass jede Erkenntnis von Wirklichkeit nicht einfach eine Wahrnehmung von etwas Vorgegebenem (wenn auch vielleicht noch nicht Erkanntem) ist, sondern immer auch Konstruktion, Entwurf, Neuschaffung, Inszenierung von Wirklichkeit. Je besser man unterschiedliche Kulturen, Weltverständnisse, Religionen, Lebensentwürfe erforschte, desto deutlicher wurde, wie vielfältig diese sind und dass keine Spielart des Lebens beanspruchen kann, allgemeingültig und verbindlich zu sein. Manche postmoderne Denker haben daraus die Konsequenz gezogen, dass es *die* Wirklichkeit, an der man sich orientieren könne, nicht gibt. »Unsere Wirklichkeit ist eine Wirklichkeit des Scheins. [...] Dass wir alle Theater spielen, ist für Soziologen heute eine Selbstverständlichkeit« (N. Bolz und D. Bosshart 1995, S. 68 und 70). Es gebe keine *allgemeine* Natur des Menschen und gesellschaftlicher Prozesse, sondern nur die verschiedensten Inszenierungen.

Selbst wenn alles (nur) Konstruktion und Inszenierung wäre, entbindet dies nicht davon, zwischen illusionären und nicht-illusionären Inszenierungen von Wirklichkeit zu unterscheiden. Was ist eine »Illusion«? Von »Illusion« spricht man in der Psychologie dann, wenn einer Sache oder Begebenheit inadäquate Bedeutungen oder Eigenschaften zugeschrieben werden, zum Beispiel: Ein in der Wirklichkeit vorgegebener Reiz, etwa der, der durch ein Paar Sportschuhe ausgelöst wird, wird vom Menschen so umgedeutet, dass der Besitz dieser Sportschuhe Jugendlichkeit verleiht. Die Sportschuhe *symbolisieren* nicht nur Jugendlichkeit; auch geht es nicht darum, dass mit ihnen Jugendlichkeit *assoziiert* wird oder dass man *imaginiert*, der Schuh verleihe einem Sportlichkeit, um sich mit dieser Vorstellung sportlicher zu erleben. Von »Illusion« spricht man vielmehr dann, wenn ein Sportschuh jugendlich *ist* und man sich deshalb mit seinem Erwerb Jugendlichkeit aneignet. Eben dies ist eine Illusion – eine Täuschung. Denn natürlich machen diese Schuhe ihren Träger nicht jugendlicher.

Problematisch wird es dann, wenn viele behaupten, dass dies bei ihnen dennoch so sei. Je mehr Menschen dies behaupten, desto schwieriger wird es, dann plausibel zu machen, dass sie einer Illusion erliegen. Wenn sehr viele von dieser Wirkung der Sportschuhe überzeugt sind, dann bestimmen diese vielen, was Wirklichkeit ist, und wer etwas anderes behauptet, der täuscht sich eben. Kein Wunder, dass soziologische und psychologische Betrachtungsweisen manchmal zu völlig unterschiedlichen Ergebnissen kommen, wenn es um mehrheitsfähige, kollektive Illusionen geht.

Es gibt noch eine weitergehende Stufe der Verdrehung von Wirklichkeit: die *Halluzination*. Bei ihr erlebt sich jemand – um beim Beispiel zu bleiben – jugendlich, ohne dass es noch irgendwelcher Sportschuhe oder anderer Attribute von Jugendlichkeit bedarf. Im Gegenteil, wie bei einer Fata morgana erlebt der Betreffende Jugendlichkeit, wo sein Aussehen eigentlich keinen Zweifel an seinem Alter aufkommen lässt. Auch bei der Halluzination gilt: Je mehr Menschen der Halluzination erliegen, desto realer wird das, was es in Wirklichkeit gar nicht gibt.

Die Inszenierung illusionärer Wirklichkeiten spielt heute für den wirtschaftlichen Erfolg eine immer größere Rolle. In vielen Wirtschaftszweigen, besonders aber in der Freizeit- und in der Unterhaltungsindustrie, lässt sich unschwer erkennen, dass sich illusionäre Wirklichkeiten zunehmend besser verkaufen lassen. Ihre Attraktivität ist nichts Neues: In einer illusionären Wirklichkeit zu leben war schon immer auch eine gesellschaftlich praktizierte Möglichkeit, dem »Jammertal« dieses Erdenlebens zu entkommen. Einst war eine solche Flucht aber nur der oberen Gesellschaftsschicht vorbehalten, während sich die Mehrheit mit der *Fantasie* vom himmlischen Jenseits und seinen Vergegenwärtigungen in heiligen Bezirken, Ritualen, Zeiten und Personen begnügen musste. Heute ist dank des gestiegenen Lebensstandards und der kostengünstigeren Herstellung und Verbreitung illusionärer Wirklichkeiten ihr Konsum ein »Heilmittel«, das allen zur Verfügung steht. Auch suchen Ich-Orientierte illusionäre Wirklichkeiten nicht als Trost und Fluchtmöglichkeit, sondern befriedigen mit ihnen ihre Lust an einer selbstbestimmten Wirklichkeitserzeugung. Sie wollen und können sich deshalb auch nicht mit nur *einer* illusionären Wirklichkeit begnügen, sondern nutzen das Angebot vieler und unterschiedlicher illusionärer Wirklichkeiten.

Um die *Wirkung der Inszenierung illusionärer Wirklichkeiten beim Ich-Orientierten* zu verdeutlichen, ist es hilfreich, jene (meist) kollektiven Illusionen zu benennen, die heute bevorzugt inszeniert werden und deshalb zur Illusionierung des Ich-Orientierten beitragen.

– Die Illusion des *Paradieses*: In inszenierten illusionären Welten gibt es keine Unterschiedenheit, kein Wissen um Gut und Böse, kein Streben nach Erkenntnis, keine Kritik und Optimierung, nur unbekümmertes, sorgloses, freies, spontanes, ungebundenes Sich-Ergehen im »Garten Eden«. (Was zur Unterscheidung befähigen könnte – der »Baum der Erkenntnis« –, ist tabu, das heißt, es muss von der Wahrnehmung ausgeschlossen werden.) Weil es keine Unterschiedenheit gibt, muss der Lebensraum auch nicht auf Bedrohliches oder Scheinbares, Hinterhältiges oder Verderbliches hin überprüft werden. Unterschiede des Alters und des Geschlechts können ebenso vernachlässigt werden wie die Respektierung der Generationenunterschiede (etwa bei der Verleugnung der Leiden des Alters). Das Einzige, worauf es ankommt, ist, »drin« zu sein, indem man eintaucht – in die Cyberwelt, in die Traum-, Erlebnis-, Fantasiewelt, in die exotische oder mittelalterliche Welt – und sich zu Hause fühlt.

– Die Illusion des *Schlaraffenlandes*: Dabei wird suggeriert, dass der Mensch jeder Aktivität und Anstrengung enthoben ist und nichts selbst tun muss, um sein Leben zu bewältigen. Es wird ihm alles angeboten und nachgetragen, aufgeräumt und gereinigt. Er darf »die Seele baumeln lassen«, regredieren und passiv sein, weil immer jemand für ihn da ist, der ihn füttert und »pampert«.

– Die Illusion des *Konsumismus*: Mit Methoden der Gehirnwäsche wird dem Menschen plausibel gemacht, dass nicht das, was auf Grund eigenen Könnens und eigener Aktivität aus ihm hervorgeht, wertvoll ist, sondern das, was in ihn hineingeht und was er sich aneignen kann.

– Die Illusion der *Grandiosität des Menschen*: Mit der Inszenierung von illusionärer Wirklichkeit lässt sich die Endlichkeit des Lebens, lassen sich die eigenen Schattenseiten, das eigene Versagen, die Beschämung über das eigene Scheitern, die Begrenztheit des eigenen Vermögens vergessen und ausblenden, so dass man nur seinen Spaß hat.

– Die Illusion eines *frustrationsfreien Lebens*: Illusionäre Wirklichkeiten bieten den großen Vorteil unmittelbarer Befriedigung.

Man muss weder warten, noch kommt man zu kurz. Verzicht ist hier ebenso ein Fremdwort wie der Aufschub von Bedürfnisbefriedigungen. Und wenn es doch schwierig werden sollte, dann ändert man flugs das Projekt und wechselt das Programm, die Szene oder Inszenierung.

– Die Illusion eines *ambivalenzfreien Lebens*. Die Inszenierung der bisher erwähnten Illusionen hat eine weitere Illusion im Gepäck: Inszenierte Wirklichkeiten zeichnen sich heute ganz häufig dadurch aus, dass sie die Wirklichkeit aufspalten, so dass diese nur fantastisch, grandios, befriedigend, harmonisch, liebevoll und gut ist oder nur chaotisch, konfliktträchtig, destruktiv, verfolgend und böse. Die jeweils andere Seite der immer ambiguen und doppelgesichtigen Realität wird verleugnet.

Die Fähigkeit zu einer ambivalenten Wirklichkeitswahrnehmung ist eine ähnlich wichtige Ich- (und Über-Ich-)Funktion wie die Realitätsprüfung. Beide werden durch die Illusionen des Paradieses, des Schlaraffenlandes, des Konsumismus und der Grandiosität des Menschen partiell außer Kraft gesetzt. Jedes menschliche Leben, jede menschliche Entwicklung verlaufen als Prozess von Werden und Sterben, Bindung und Trennung, sind durch widersprüchliche Strebungen und Gefühle gekennzeichnet und müssen je neu bestimmte Balancen finden. Diese Ambiguität menschlichen Lebens äußert sich darin, dass Wirklichkeit meistens positiv *und* negativ, befriedigend *und* versagend, beglückend *und* beängstigend ist und als solche wahrgenommen und erlebt werden muss. Will das Ich diesem Anspruch der Wirklichkeit gerecht werden, benötigt es als Ich-Kompetenz die so genannte »Ambivalenzfähigkeit«.

Das Wort »Ambivalenz« kommt aus dem Lateinischen. »*Ambi*« heißt »beides«; »valenz« kommt von »*valēre*« und heißt so viel wie »gelten«, »wert sein«. Ambivalenzfähigkeit bedeutet, dass man *fähig* ist zum Wahrnehmen und Erleben sowohl des Positiven als auch des Negativen in sich selbst, in einem anderen Menschen, in der uns umgebenden Wirklichkeit. Wer ambivalenzfähig ist, vermag seine Umwelt als beglückend und Sicherheit gewährend wie auch als bedrohlich zu erleben. Ein anderer Mensch kann als Bereicherung wie auch als Belastung empfunden werden, und sich selbst vermag der Ambivalenzfähige mit seinen Talentierungen, aber auch mit seinen Fehlern wahrzunehmen.

Ambivalenzfähigkeit bedeutet nicht unbedingt, dass man beides immer *gleichzeitig* wahrnehmen und erleben kann, obwohl für jede Konfliktlösung die Fähigkeit, zugleich auch das andere zu sehen und zu fühlen, ausschlaggebend ist. Sprachlich lässt sich das Ambivalente immer durch ein Sowohl-als-Auch kennzeichnen.

Die Ambivalenzfähigkeit wird im Laufe der ersten Lebensjahre erlernt und steht dem erwachsenen Menschen zur Bewältigung des Alltags und all der schwierigen und konflikthaften Lebenssituationen zur Verfügung. Sie kann aber auch wieder verlernt werden. Ein solches Verlernen lässt sich gerade dort feststellen, wo Menschen ihr Heil in der Inszenierung von illusionären Wirklichkeiten suchen. Man verlernt strukturierende Fähigkeiten wie die Ich-Funktionen nicht einfach dadurch, dass sie vergessen werden, sondern dass man regrediert und auf ein entwicklungsmäßig niedrigeres Niveau der psychischen Strukturierung zurückfällt.

Während sich das Entwicklungsniveau der Ambivalenzfähigkeit dadurch auszeichnet, dass Wirklichkeit *sowohl* positiv *als auch* negativ wahrgenommen und erlebt werden kann, wird Wirklichkeit bei dem ihm vorausliegenden, niedrigeren Entwicklungsniveau *entweder* positiv *oder* negativ erlebt. Dies kann im Einzelfall zeitlich versetzt sein, so dass man sich oder den anderen heute positiv erlebt und morgen negativ, meistens aber ist das Entweder-Oder nicht zeitlich bestimmt, sondern durch eine dauerhafte Spaltung der Wirklichkeit und des Erlebens fixiert. Das positive Erleben bezieht sich dann zum Beispiel auf das Eigene, während das Negative in der bösen Umwelt oder in den mobbenden Kollegen gesehen wird. Die Spaltung kann aber auch so gestaltet sein, dass sich das negative Erleben auf einen selbst bezieht: Man fühlt sich hässlich und minderwertig, voller Selbstzweifel und Scham, bewundert und idealisiert aber den Kollegen, Sabine Christiansen oder den VfB Stuttgart. Wo die ambivalente Wirklichkeit in ein Entweder-Oder aufgespalten wird, kommt es zu einer dualistischen Sicht der Dinge und zu einer Polarisierung.

Bei näherer Betrachtung lassen sich verschiedene (Regressions-)Grade einer solchen polarisierenden *Spaltung in ein Entweder-Oder* ausmachen:

– Es gibt ein Entweder-Oder, bei dem das bei sich negativ Wahrgenommene aus dem eigenen realen Erleben fern gehalten wird, in der bewussten Fantasie aber zum Vorschein kommt. Solche Menschen bringen andere in ihrer Fantasie um, sie sind in ihrer Fantasie die größten Verbrecher oder die größten Helden. Das spaltende Entweder-Oder findet sich hier in der strikten *Trennung von Realität und Fantasie.*

– Eine stärkere Spaltung findet dort statt, wo das negativ Wahrgenommene aus dem realen eigenen Erleben, der eigenen Fantasie und dem eigenen Bewusstsein *verdrängt* wird, aber etwa beim Ehepartner oder in der Schwiegermutter, beim Vorgesetzten, beim Fremden oder beim politischen Gegner als real wahrgenommen und dort bekämpft wird. Meist versucht man, im anderen das Negative klein zu halten, und hält sich auf diese projektive Weise das eigene Negative von Leib und Seele fern.

– Noch einen Schritt weiter geht die so genannte *Verleugnung.* Bei ihr soll das auf den anderen projizierte Negative »nachhaltig entsorgt« werden, indem man den Projektionsträger auszulöschen – zu verleugnen – versucht. Da es das negativ Erlebte weder bei einem selbst noch beim Projektionsträger geben soll, muss dieser – wie bei George W. Bushs »Achse des Bösen« – vernichtend geschlagen oder für nicht mehr existent erklärt werden.

– Schließlich besteht noch die Möglichkeit einer völligen Abspaltung des negativ Erlebten, bei der es nicht einmal mehr ein Entweder-Oder gibt. Dies geschieht in der *psychotischen Dissoziation.* Solche Menschen sind monistisch nur noch das Eine: Hitler oder Napoleon oder der Messias oder ein Baby. Manchmal haben solche Menschen in ihrem Wahn auch keinen Zugang mehr zu ihren körperlichen und psychischen Bedürfnissen. Unter Umständen ist in einer solchen Dissoziation auch der Überlebenswille ausgeschaltet, so dass es zu Suiziden oder Selbstmordattentaten kommen kann.

Das bevorzugte Leben in inszenierten illusionären Wirklichkeiten hat – so sollte durch den Aufweis kollektiver Illusionen am Beispiel der Ambivalenzfähigkeit aufgezeigt werden – als pathogene Wirkung eine Regression der strukturierenden Ich-Kompetenzen zur Folge, die zu Defiziten in der Wahrnehmung, im Erleben und im Umgang mit der inneren und äußeren Wirklichkeit führt. Solche Defizite münden in vielfältigen symptomatischen Leidenszuständen, in psychischen und psychosomatischen Krankheitsbildern sowie in Persönlichkeitsstörungen, die sich vor allem im Grenzbereich zwischen neurotischen und psychotischen Leidenszuständen manifestieren. (Vgl. hierzu vor allem das von Otto Friedrich Kernberg und anderen herausgegebene ›Handbuch der Borderline-Störungen‹ [2000] sowie darin die Beiträge von O. F. Kernberg und B. Dulz.)

Auch wenn hier nicht auf spezifische Krankheitsbilder im Kontext der Ich-Orientierung eingegangen werden kann, so sollen doch wenigstens stichwortartig und resümierend einige ihrer psychopathogenen Wirkungen aufgezählt werden. Leugnet der Ich-Orientierte ganze Bereiche der Wirklichkeit, so kommt es zur Regression auf niedrigere Niveaus der Ich-Kompetenz:

- zu einer permanenten Verminderung der Ich-Stärke und eines selbstbehauptenden und liebesfähigen Ich-Erlebens
- zu der für den Ich-Orientierten so typischen Identitätsdiffusion (die zu Selbstpathologien und Erkrankungen des Selbstwerterlebens führen kann)
- zu einer Schwächung von Ich- und Über-Ich-Funktionen, insbesondere der Realitätsprüfung, der Frustrationstoleranz und der Ambivalenzfähigkeit
- zu einem (oft mit Kontrollzwängen und Sicherungsbedürfnissen kompensierten) unsicheren Selbst- und Objekterleben
- zu einer Reduktion der Affekttoleranz und hier besonders der Angsttoleranz (mit entsprechenden Angsterkrankungen)
- zu einem »gemachten« Gefühlserleben, das sentimental ist und bisweilen hysterisch anmutet; es hat beim Ich-Orientierten bevorzugt den Zweck, Gefühle von Passivität, Ohnmacht, Hilflosigkeit, Schwäche und Isolierung vom eigenen Ich-Erleben fern zu halten, und führt zum »Verlust des psychischen Raums«
- zu einer manchmal weitreichenden interpersonellen und intrapsychischen Konfliktunfähigkeit
- zu einer Unfähigkeit, Kritik ertragen zu können (die oft kontraphobisch durch dekodierende Kritiklüsternheit und Zynismus maskiert wird)

- zu Impulshandlungen und emotionaler Sprunghaftigkeit, die als Spontaneität rationalisiert werden; im Bereich des Konsumismus (etwa des Handy-Konsums) können solche Impulshandlungen zum finanziellen Ruin führen
- zu malignen Regressionsschüben (mit meist vorübergehenden psychotischen Episoden)
- zur Aufgabe reiferer Abwehrmechanismen zugunsten unreifer, spaltender Abwehrformen wie der Verleugnung, der Projektion und projektiven Identifikation (die unter anderem zu verstärkten Problemen im Beziehungsleben führen, aber auch psychosomatische Erkrankungen und Psychosomatosen begünstigen)
- zur Schwächung oder zum Verlust der inneren moralischen Regulationssysteme von Über-Ich und Ich-Ideal.

Die letztgenannte psychopathogene Wirkung der Ich-Orientierung bedarf noch eines genaueren Hinsehens. Versteht man unter »Über-Ich« und »Ich-Ideal« verinnerlichte und mit psychischer Energie besetzte Vorstellungen dessen, was gesellschaftliche und persönliche Autoritäten nicht wollen und deshalb verbieten beziehungsweise für erstrebenswert und geboten halten, dann zeichnen sich Ich-Orientierte zweifellos dadurch aus, dass sie diese verinnerlichten und das moralische Verhalten strukturierenden Ich-Größen verloren haben. Sie ersetzen jede Art von innerer und äußerer Bevormundung durch spontane und freie Selbstbestimmung und wollen von allem frei sein, was als Pflicht und Verbindlichkeit beziehungsweise als erstrebenswertes Ideal und Lebensziel gelehrt und beigebracht wurde und wird.

Nun hat Erich Fromm bereits im Zusammenhang mit dem Konzept des autoritären Charakters darauf hingewiesen, dass die Freudsche Vorstellung vom Über-Ich vorrangig nur jene Aspekte der moralischen Ich-Funktionen des Menschen betrifft, die für eine autoritäre Orientierung typisch sind und die sich bei deren Überwindung gleichsam in Luft auflösen. Fromm hat deshalb zwischen dem autoritären und dem humanistischen Gewissen unterschieden (vgl. vor allem E. Fromm 1947a, GA II, S. 91–109). Das autoritäre Gewissen ist »die Stimme einer nach innen verlegten äußeren Autorität«, während das humanistische Gewissen »die

Re-Aktion unseres Selbst auf uns selbst ist«, durch das wir »zu dem werden, was wir unserer Möglichkeit nach sind« (a. a. O., S. 93 und 102). Dass Ich-Orientierte kein Gespür mehr für zwingende Verbindlichkeiten, Pflichtgefühle und die Realisierung hoher Ideale haben, hat seinen Grund darin, dass sie – mit Recht – kein autoritäres Gewissen mehr haben.

Was aber geschieht mit dem humanistischen Gewissen beim Ich-Orientierten? Wenn kein Selbst und kein diesem Selbst innewohnendes Wachstumspotenzial wahrgenommen werden kann, das den Menschen zu dem werden lässt, was an Menschenmöglichem in ihm steckt, weil es immer weniger auf das *menschliche* Vermögen ankommt, dann verlieren auch die inneren Regulative an Bedeutung, die moralisches Handeln steuern. Dem Ich-Orientierten fehlen zunehmend jene normativen Ich-Funktionen, die sein Verhalten von innen her zwischen Wachstum und Verfall, Selbstinteresse und Gemeininteresse, Vorteilsnahme und Rücksichtnahme usw. regulieren (vgl. hierzu R. Funk 2002, bes. S. 24–26).

Bewusst erlebt der Ich-Orientierte dieses Defizit nicht als Mangel, sondern als Befähigung zu Wertepluralismus, Toleranz und »Openmindedness«. Dass er dennoch den Mangel an inneren Regulativen unbewusst spürt und ihn zu kompensieren versucht, zeigt sich in seinem überzogenen und manchmal autoritär anmutenden Setzen auf »gemachtes« Gewissen. Dieses hat viele Gesichter. Es tritt zum Beispiel in Gestalt von meist überschätzten Vorbildern oder Regeln auf, die in einer bestimmten Szene gelten. Bei Fragen des gesellschaftlichen und politischen Zusammenlebens setzt man auf die Vereinbarung von Regeln, die in erster Linie Sache des Gesetzgebers ist.

Eine weitere Folge der Kompensation eines geschwächten menschlichen Gewissens mit Hilfe von »gemachtem« Gewissen ist die Überschätzung von Regelwerken und Manualen, die oft zu einem unkontrollierten Bürokratismus führt. Der Beratungs- und Ratgebermarkt bezüglich moralischer Fragen boomt auch dort, wo es eigentlich um Selbstverständlichkeiten geht. Jede Zeitschrift sagt einem, wie man sich richtig zu verhalten hat. Die Zuflucht beim »gemachten« Gewissen ist unter anderem auch ein Grund dafür, dass man allenthalben nach »Ethik« ruft und dass es betriebliche und universitäre Ethikkommissionen gibt.

Je stärker die nicht-produktive Ich-Orientierung das moralische Verhalten des postmodernen Menschen dominiert, desto mehr müssen die »ethischen Konturen einer Postmoderne« wie etwa »Wertepluralismus, Lebensstiltoleranz, Öffnung nach außen und kulturelles Lernen« (J. Ueltzhöffer 1999, S. 650) zur Kompensation fehlender innerer Regulative dienen und etabliert sich eine Abhängigkeit vom »gemachten« Gewissen. Das Moralische ist dann nichts dem Menschen Innewohnendes mehr, sondern ein anzueignendes »gemachtes« Vermögen, das gleichwohl wie ein eigenes ethisches Vermögen erlebt wird. Die Aufgabe, die das autoritäre Gewissen hatte, wird nun vom »gemachten« Gewissen wahrgenommen.

Psychogramm eines kranken Ich-Orientierten

Menschen, deren Charakter ich-orientiert ist und die ihre Ich-Orientierung mit Überzeugung und Lust sich und ihrer Umwelt demonstrieren, haben ihre Ich-Schwäche durch die Charakterbildung *erfolgreich* kompensiert. Menschen, denen es – aus welchen Gründen auch immer – nur unzureichend gelingt, ihre Ich-Schwäche mit einem ich-orientierten Charakter zu kompensieren, entwickeln oft psychische Krankheitssymptome, die sie weiterhin an ihrer Ich-Schwäche leiden lassen. Sie »kranken« daran, über kein eigenständiges, ihre Beziehung zu anderen und zu sich selbst strukturierendes Ich zu verfügen, so dass sie trotz der Charakterbildung weiterhin ihr defizitäres Ich-Erleben und Identitätsgefühl spüren.

Das Ziel einer therapeutischen Arbeit könnte nun sein, einem solchen Kranken eben dadurch zu einer gelungenen Kompensation zu verhelfen, indem das »gemachte« Vermögen und mit ihm die Ich-Orientierung verstärkt werden. Wenn aber psychoanalytische Arbeit »im Auffinden der Wirklichkeit von Herkunft und Zukunft – beide als gegebene und zu vollziehende –« besteht (E. Frank-Rieser 2002, S. 51), dann ist aus psychoanalytischer Perspektive die Zielsetzung eine andere. Das Leiden des Kranken wird als Chance begriffen, die Gründe, die zu seiner Ich-Schwäche führen, in Erfahrung zu bringen, um auf diese Weise der Ich-

Regression den Nährboden zu entziehen. Gleichzeitig gilt es, gezielt an der Stärkung der Ich-Kompetenzen zu arbeiten.

Wie auch immer die therapeutischen Zielsetzungen aussehen, das psychische Erkranken eines Ich-Orientierten gibt die Möglichkeit, nochmals die Entfremdungsdynamik bei der Ich-Orientierung anschaulich zu machen.

Das folgende Psychogramm eines ehemaligen Patienten von mir (der nach Beendigung der Therapie seine Einwilligung zur Veröffentlichung seiner Äußerungen gegeben hat) lässt gut erkennen, wie sehr dieser junge Mann in Zusammenhang mit seiner Identitätsproblematik an seiner passiven Ich-Orientierung litt. Beziehungsstörungen, berufliche Desorientierung und eine sexuelle Potenzproblematik motivierten den einundzwanzigjährigen Studenten, der im dritten Semester schon zweimal das Studienfach gewechselt hatte, bei mir eine Psychoanalyse zu machen.

Als Uwe – so soll er hier heißen – zur ersten Therapiestunde kam, setzte er sich ganz vorne auf die Sesselkante und überschüttete mich sofort mit einem Redefluss, als wenn wir schon immer die besten Freunde wären. Es interessierte ihn weder, wer ich war, noch, wie das Zimmer aussah, noch, ob vielleicht ich die Initiative ergreifen wollte. In meiner Selbstwahrnehmung spürte ich ihn regelrecht mit seinen Augen und Worten in mich hineinschlüpfen und vom Therapieraum Besitz ergreifen.

Im Laufe der ersten fünfzig Sitzungen wurde Uwe nicht müde, sein nichtiges und leeres Selbsterleben und sein Angewiesensein auf bestimmende äußere und innere Objekte zu beschreiben. Er klagte, dass er keine eigenen Gefühle spüren könne und zu keinem autonomen Identitätserleben fähig sei. Die nachfolgende Aneinanderreihung von Äußerungen Uwes aus den ersten Therapiestunden soll illustrieren, in welchen Bildern und Metaphern er seine Befindlichkeit und sein Angewiesensein auf das Verbundensein mit anderen und mit seiner Umwelt erlebte:

»Ich kann gar nicht anders, als sofort mit den Gefühlen meiner Umwelt mitzuschwingen«; »die Umwelt färbt auf mich ab«; »ich hänge in der Luft«; »ich bin ausgehöhlt«; »ich bin völlig ohne Profil«; »ich fühle mich kleiner, als ich bin«; »ich überlasse mich meinem Freund«; »ich übernehme sofort den Dialekt oder die Redewendungen meines Gegenübers«; »ich verflüchtige mich in den Charakter des anderen und höre und fühle wie der andere – bin ihm aber auch ausgeliefert«; »ich muss unbedingt meine Hülle aufrechterhalten, denn sie ist das Einzige, was ich habe«; »niemand darf wissen, wie es tatsächlich in mir aussieht; darum darf auch niemand wissen, dass ich eine Psychoanalyse mache«; »ich bin wie ein Schwamm, der alles aufsaugt«; »ich schlüpfe sofort in den Charakter des anderen hinein«; »wenn ich mit einem Freund zusammen bin, dann bin ich nicht ich, sondern bin mit dem Freund eins und fühle mich wie der Freund«; »ich bin dazu da, anderen Freude zu bereiten«.

Auch hinsichtlich der inneren Objekte gab es kein unmittelbares Identitätserleben. Erzählte er von Träumen, dann vermied er es immer, von sich als Ich zu sprechen. Er träumte nicht: »Ich gehe auf einer Straße …«, sondern »Uwe geht auf einer Straße …«. In der Wahrnehmung einer »inneren Stimme« trat das entfremdete Identitätserleben noch auffälliger hervor. Diese »innere Stimme« konnte ihn beherrschen und mit ihm tun, was sie wollte (»Uwe, das tust du aber nicht!«), oder sie konnte zustimmend und lobend sein (»Uwe, du bist einfach großartig!«).

Als es ihm im Laufe der Therapie gelang, sich während seines Zusammenseins mit seinem Freund Maximilian ansatzweise als eigenständiges Selbst zu erleben, formulierte er: »Ich habe mich für kurze Zeit statt als Uwe-Maximilian als Uwe-Uwe erleben können.« In dieser Situation trat ihm die innere Stimme nicht mehr als etwas von ihm Unterschiedenes entgegen, sondern war die Stimme von Uwe.

Seine liebste Freizeitbeschäftigung, bei der er »mit Leib und Seele dabei« war, waren Fantasierollenspiele. Diesem Hobby war er schon als Schüler im Jugendhaus seiner Heimatstadt gerne nachgegangen. Am Studienort hatte er es erneut aufgenommen. Als er von seinen Rollen erzählte, kam er geradezu ins Schwärmen: »Das gefällt mir sehr, sehr, sehr gut!«

Auch andere Freizeitbeschäftigungen hatten die Funktion, das fehlende Identitätserleben auf Grund eines strukturierten Ichs zu kompensieren: Er sagte: »Ich muss mir meinen fehlenden Charakter ersetzen mit Kampfsport, Segeln, Surfen …, das sind alles Dinge, die ich mir angeeignet habe und die ich mir auf mein Haben-Konto gutschreiben kann.« Seine angeeignete, »gemachte« Potenz ermöglichte ihm ebenso wie die Menschen, in deren Charaktere er hineinschlüpfte, ein sekundäres Identitätserleben, das sich aber nur aufrechterhalten ließ, wenn er mit seiner Umwelt und mit der »gemachten« Potenz in Kontakt blieb.

Dennoch hatte dieses Angewiesensein keine symbiotische Qualität. Sobald es nämlich zu wirklicher Nähe kam, trat Angst auf, und er suchte Distanz:»Maximal vier bis fünf Stunden schaffe ich es, mit Bekannten zusammen zu sein, dann bleiben die Emotionen auf der Strecke. Ich bin dann so erschöpft, dass ich allein sein und für Stunden schlafen muss. Wenn ich mit sehr guten Freunden zusammen bin, geht es acht bis neun Stunden, bis ich erschöpft bin.« Immer wieder berichtete er davon, dass er nach der Therapiestunde erst einige Stunden schlafen musste.

Seine Schwierigkeit, eine emotionale Bindung einzugehen, statt Kontakte zu leben, kam in Metaphern zum Ausdruck, die die schizoide Qualität seines Bezogenseins verdeutlichten. Er berichtete wiederholt davon, dass er andere wie durch eine Scheibe oder einen Schleier oder einen Nebel getrennt wahrnehme. »Die Wirklichkeit ist wie durch eine Wand von mir getrennt.« – »Ich nehme nicht über meine Augen und Ohren wahr, sondern über die inneren Gefühle« – womit er aber eben nicht seine eigenen Gefühle meinte, sondern die vom anderen »geliehenen« Gefühle. Manchmal gelang es ihm, durch lautes Sprechen oder durch ein kräftiges Niesen – also durch eine unzweifelhafte körperliche Selbstwahrnehmung – den Schleier seines entfremdeten Identitätserlebens zu zerreißen.

Die Ausdrucksweisen seines »Drinsteckens« im anderen und seiner Kontrolle der projektiven Identifikation waren viel sagend. Sie zeigten sich als »Dünnhäutigkeit« und Übersensibilität für alles, was im anderen vor sich ging. »Ich reagiere nur noch auf Impulse, die mir vorgegeben werden. Ich selbst habe keine Identität.« Oder: »Ich habe an jedem Mädchen Interesse, das an mir interessiert ist.« Oder: »Ich kann jemanden erst wertschätzen, wenn ich mich wertgeschätzt erlebe.«

Das Erleben der Abhängigkeit seines Ich-Erlebens von den von ihm kontrollierten Kontakten war ihm schmerzlich bewusst:

»Wenn jemand kein Interesse an mir zeigt, dann muss ich dies total auf mich beziehen und fühle mich total entwertet.« Verzweifelt versuchte er dann, sich selbst zu stimulieren: Sobald er mit sich allein gelassen war, hörte er Musik, am liebsten ganz laut über Kopfhörer: »Das Charakterdefizit lässt sich auch durch Musik ausgleichen.« Oder er musste stundenlang fernsehen. Manchmal redete er auch laut mit sich oder deklamierte, was er gerade fürs Studium las. Half dies alles nicht weiter, drehte er seine Haare und drückte seine sämtlichen Mitesser aus.

Bezeichnenderweise hatte sich dieser junge Mann am Studienort ein Zimmer gemietet, das nur über das Zimmer eines Kommilitonen zugänglich war. Als die Therapie ein wenig in Gang gekommen war, gab er das Zimmer auf und suchte sich ein neues, zu dem er direkt Zugang hatte.

Teil IV

Produktivität und postmoderne Ich-Orientierung

Der postmoderne Anspruch und die psychische Wirklichkeit

Die in Teil III ausgeführte Psychoanalyse der postmodernen Ich-Orientierung führte zu dem Ergebnis, dass die Ich-Orientierung eine *nicht-produktive* Charakterorientierung ist. Ihre psychische Nicht-Produktivität wurde damit begründet, dass sie eine Reaktionsbildung gegen ein begrenztes und ambivalentes Wirklichkeits- und Ich-Erleben ist. Durch das Verleugnen von vorgegebenen, unbeliebigen, begrenzenden und negativen Wirklichkeitsaspekten und entsprechenden Gefühlen von Passivität, Ohnmacht, Schwäche, Hilflosigkeit und Isolierung kommt es faktisch zu einem Verlust von Ich-Kompetenzen und zu einem unbewussten defizitären Ich-Erleben, das mit Hilfe von »gemachten« Kompetenzen kompensiert wird. Das defizitäre Ich-Erleben wird so vom Bewusstsein fern gehalten. Es zeichnet sich vor allem aus durch eine existenzielle Abhängigkeit von »gemachten« Kompetenzen als Ersatz für ein Ich-Erleben auf Grund von Ich-Kompetenzen. Da diese Abhängigkeit ebenfalls unbewusst bleiben muss, legt sich die Deutung nahe, dass die freie, selbstbestimmte Ich-Orientierung eine Rationalisierung dieser unbewussten existenziellen Abhängigkeit ist.

Diese psychoanalytische Sicht der postmodernen Ich-Orientierung als einer nicht-produktiven Charakterorientierung wird nicht unwidersprochen bleiben. Denn sie stellt den Anspruch postmodernen Denkens in Frage, Wirklichkeit überhaupt, aber auch menschliche und soziale Wirklichkeit unabhängig von überlieferten Grenzen konstruieren und erzeugen zu können. Die in Teil III (S. 173–194) dargestellten pathogenen Auswirkungen der postmodernen Ich-Orientierung mögen darüber hinaus den (falschen) Eindruck verstärkt haben, dass die von postmodernem Denken reklamierte notwendige Konstruktion von Wirklichkeit ohne Rückgriff auf Vor- und Aufgegebenes aus psychoanalytischer Warte als pathologisch und pathogen kritisiert wird. Dieser Eindruck trügt zwar, doch macht er deutlich, dass die Erörterung der Frage ansteht, wie frei der Mensch bei der Erzeugung von Wirklichkeit ist. Es gilt hier, sowohl die Verfasstheit der ihn umgebenden Wirklichkeit als auch die Verfasstheit der Wirklichkeit »Mensch« in den Blick zu nehmen. Dabei soll die Diskussion auf jene Frage-stellungen beschränkt bleiben, die durch die spezifisch psycho-analytischen Perspektiven und Erkenntnisse eröffnet wurden und also die Verfasstheit des Menschen betreffen.

Die Frage nach der Verfasstheit der Wirklichkeit »Mensch« wird gemeinhin als Frage nach der »menschlichen Natur« bezie-hungsweise der *conditio humana* oder – allgemeiner – als Frage nach dem Menschenbild erörtert. Vor dem Hintergrund des Un-terschieds zwischen dem postmodernen und einem psychoanaly-tischen Menschenbild soll in einem zweiten Abschnitt der Frage der unterschiedlichen Menschenbilder nachgegangen und das psy-choanalytische Menschenbild Erich Fromms aufgezeigt werden. Dabei wird die Unterscheidung zwischen produktiver und nicht-produktiver Orientierung aufgegriffen, und es wird verdeutlicht, dass die Existenz der produktiven Orientierung nicht einfach als Relikt idealistischen Denkens abgetan werden kann.

Postmodernes Denken und seine psychoanalytische Deutung

Die meisten Richtungen postmodernen Denkens erheben den An-spruch, jede Vorstellung und jedes Bild davon, was der Mensch ist, nicht nur kritisch zu hinterfragen, sondern zu dekodieren und zu dekonstruieren. Niemand kann und soll im Sinne einer ob-jektiven Aussage definieren, wer und was der Mensch ist; des-halb gibt es weder eine Natur des Menschen noch Essentials des Menschen, also unverzichtbare Wesensmerkmale oder Eigenge-setzlichkeiten. Auch lässt sich weder definieren, was das Mensch-liche – das dem Menschen Gemäße – noch was das Menschen-mögliche ist. Von dorther gibt es kein stabiles Identitätserleben, keine Vorstellung von einem »reifen« Menschen, keinen Huma-nismus und auch keine Utopien mehr. Für Norbert Bolz etwa hat das Zeitalter aufklärerischer Vernunft und Kritik, das nach einer alternativen oder anderen Wahrheit suchte, einem »besonnenen Komplexitätsbewusstsein« (N. Bolz 1999, S. 3) Platz zu machen. Aus der in Teil III vorgenommenen psychoanalytischen Deutung

der postmodernen Ich-Orientierung lässt sich unschwer auch ableiten, dass bestimmte Aspekte des Anspruchs postmodernen Denkens als typische »Zeitgeist-Phänomene« psychoanalytisch demaskiert und dekodiert werden können. Dies betrifft in erster Linie
den Anspruch, den die postmoderne Art zu leben erhebt: Jeder
habe das Recht, seine Art zu leben frei und selbstbestimmt zu wäh-
len. Begründet wird dieses Recht damit, dass Wirklichkeit immer
Konstruktion sei. Psychoanalytisch lassen sich solche Ansprüche
als Abwehr unbewusster Befindlichkeiten (etwa des Gefühls der
Abhängigkeit oder der Begrenztheit) deuten. Die Begründung
(Wirklichkeit sei immer Konstruktion) wird durch eine solche
Deutung zu einer Scheinbegründung, zu einer Rationalisierung.

Rationalisierungen haben – das wurde aufgezeigt – die Aufgabe,
ein faktisches Verhalten so zu begründen, dass dieses als sinnvoll
und ethisch wertvoll deklariert wird. Unterschiedliche Verständ-
nisse von Wirklichkeit und Wirklichkeitserzeugung, aber auch unterschiedliche Menschenbilder lassen sich deshalb als Wandel von
Bedeutungsgehalten verstehen, der sich auf Grund der Notwendigkeit ergibt, das veränderte Verhalten mit Hilfe von Rationalisierungen zu legitimieren.

Die sicherlich interessante Frage, ob es immer nur um einen
Wandel von Rationalisierungen – also von Konstrukten – geht, so
dass alle menschliche Wirklichkeit *nur* konstruierte Wirklichkeit
ist, kann hier nicht ausdiskutiert werden. Die hier vertretene Position soll aber angedeutet werden. Solange man auf der Ebene der
Bedeutung von Begriffen und Sprache bleibt, scheinen alle Argu-
mente für eine konstruktivistische Sicht zu sprechen. Es gibt keine Möglichkeit, auf der Ebene von Symbolisierungen von Erfahrung cine Erfahrung sprachlich und bcgrifflich adäquat zu fassen
und ihre Spezifität zu sichern. Jeder noch so »heilige« Begriff wird
vermarktet und vom »Gegner« vereinnahmt. Dies war und ist das
Schicksal von Begriffen wie »Gott«, »Heil« oder »Erlösung« in
Geschichte und Gegenwart, und es ist heute das Schicksal von Begriffen wie »alternativ«, »kreativ«, »vernünftig«, »produktiv«,
»humanistisch« oder auch »authentisch«. Und doch gibt es Erfahrungen, die sich von allem Benannten und Benennbaren unterscheiden und nur durch Erfahrungs-Umschreibungen (wie
etwa in der Kunst, in der Mystik oder in der symbolischen Spra-

che von Lyrik, Mythos, Traum, Märchen, Epos) jenen Menschen annäherungsweise zugänglich gemacht werden können, die zu ähnlichen Erfahrungen bereit sind.

Die psychoanalytische Unterscheidung zwischen Rationalisierungen und unbewussten Motivationen oder Strebungen stellt ebenfalls einen Versuch dar, Bedeutungen von Erfahrungen jenseits eines begrifflichen Begreifens zu ermitteln, indem zwischen bewusster und unbewusster Bedeutungszuschreibung unterschieden wird. Ob eine unbewusste Bedeutungszuschreibung plausibel und kommunikabel ist, hängt ganz wesentlich von der eigenen Erfahrungsfähigkeit ab – zum Beispiel davon, ob man selbst zu einer Feindseligkeit gegen das eigene Kind einen gefühlsmäßigen Zugang hat beziehungsweise ob man eine solche Feindseligkeit »hautnah« miterlebt hat.

Angewendet auf die Frage der Rationalisierungen und ihres unbewussten Bedeutungsgehalts, geht es auch hier darum, welchen Erfahrungshintergrund jemand mitbringt, um eine Rationalisierung als Rationalisierung erkennen zu können. Der Bezugspunkt des Erkenntnisurteils kann dabei durchaus auch eine andere Rationalisierung sein; sie kann aber auch eine – in Fromms Sinn – produktive Erfahrung sein. Um dies an einem Beispiel zu verdeutlichen: Das Verständnis des postmodernen Ich-Orientierten von Beziehung als punktuellem Kontaktnehmen kann von einem produktiv Orientierten als eine Rationalisierung der Unfähigkeit gedeutet werden, sich auf einen anderen Menschen gefühlsmäßig einzulassen. Mit »gefühlsmäßig einzulassen« ist die Fähigkeit gemeint, einen anderen wertzuschätzen, seine Nähe zu genießen, sich mitzuteilen, um ihn besorgt zu sein, ihn in seinem Sosein verstehen zu können und ihn zu vermissen, wenn die Erfahrungen wegen seiner Abwesenheit nicht geteilt werden können. Ein autoritär Orientierter wird das postmoderne Verständnis als Rationalisierung einer Unfähigkeit zur festen Bindung verstehen. Unter »fester Bindung« versteht er eine lebenslange Treue, eine verbindliche Rollenzuweisung, eine Schutz- und Trutzbeziehung, eine gegenseitige Pflicht zur Fürsorglichkeit, ein hohes Maß an Verlässlichkeit, das Verbot von intimen Außenbeziehungen usw.

Beide Deutungen begreifen das postmoderne Beziehungsverständnis als Rationalisierung. Der postmoderne Ich-Orientierte selbst wird diese Deutungen weit von sich weisen und sein Verständnis von Beziehung überhaupt nicht als Rationalisierung verstehen, sondern als seine ureigenste und gelingende Art, Beziehungen zu leben. Die Situation sieht völlig verfahren aus, und der Schluss liegt scheinbar nahe, dass sich eben jeder seine Wirklichkeit konstruiert und die eigene Deutung als wahr und dem Wesen von Beziehung gemäß versteht. Dementsprechend sollte auch niemand sich anmaßen, ein anderes Verständnis als Rationalisierung zu qualifizieren und in Frage zu stellen.

Und doch gibt es einen Ausweg aus dieser Patt-Situation: Wenn alle drei sich von der Deutungsebene auf die Erfahrungsebene begeben würden und jeder nachempfinden könnte, wie der andere Beziehung erlebt, dann könnte jeder auch die Auswirkungen spüren, die das jeweilige Beziehungserleben auf ihn hat. Er würde merken, was anders ist, wenn er sich auf ein anderes Beziehungserleben einlässt, und er würde das Bedürfnis haben, von den Wirkungen her, die das jeweils andere Beziehungserleben auf ihn hat, zu qualitativen Aussagen zu kommen. Die spannende Frage ist jetzt natürlich, ob alle drei zu den gleichen qualitativen Aussagen kämen. Es spricht viel für die Annahme, dass alle drei, wenn sie denn tatsächlich bereit wären, auch die produktive Art, Beziehung zu leben, selbst an sich zu erfahren, dieser den Vorzug gäben. Denn alle drei würden ihre Wirkungen qualitativ deutlich positiver erleben als die der beiden anderen Beziehungsarten. Natürlich kann und wird dieser Annahme widersprochen werden. Der Widerspruch müsste aber vom gleichen Erfahrungsniveau her formuliert und plausibel gemacht werden.

Die Annahme, dass alle drei der produktiven Beziehungserfahrung den Vorzug gäben, lässt sich psychoanalytisch damit begründen, dass bei der produktiven Erfahrung die Beziehung weitgehend durch die Praxis der Eigenkräfte gestaltet wird. Deshalb werden die für eine Beziehungsgestaltung grundlegenden emotionalen Eigenkräfte nicht verdrängt und an ihrem bewussten Erleben gehindert, sondern stehen für das Beziehungserleben zur Verfügung. Erkennen lässt sich die Quantität der produktiven Orientierung in erster Linie an dem »deutlich positiveren Erleben«, wenn ein Mensch aus seinen Eigenkräften lebt. Sie zeigt sich aber auch daran, wie stark und kompetent sein Ich durch die

Praxis seiner Eigenkräfte und reifer Ich-Funktionen ist, so dass er mit dieser Ich-Kompetenz zu einer differenzierten Wahrnehmung von sich und der ihn umgebenden Wirklichkeit fähig ist. Das »deutlich positivere Erleben« auf Grund der größeren Ich-Kompetenz lässt sich anhand der *Wirkungen* der produktiven Orientierung noch verdeutlichen.

Bevor dies getan werden kann, soll der Anspruch reflektiert und verständlich gemacht werden, den das psychoanalytische Menschenbild Erich Fromms und sein Konzept der produktiven Orientierung erheben.

Das psychoanalytische Menschenbild von Erich Fromm

Im 20. Jahrhundert waren es vor allem die gesellschaftswissenschaftlichen Disziplinen, die mit der Vorstellung aufräumten, dass es quer durch die Kulturen und gesellschaftlichen Schichten und Milieus so etwas wie Wesensmerkmale des Menschen und des Menschlichen gibt. Heute sind es die so genannten »Bio-Wissenschaften«, die den Anspruch erheben, den Menschen genbiologisch und gengeschichtlich, neuro- und soziobiologisch so zu »erklären«, dass alles beim Menschen machbar ist. Der allgegenwärtige soziologische Relativismus hat – dem postmodernen Zeitgeist folgend – auf weiten Strecken einem biologischen Machbarkeitsglauben Platz machen müssen. Der Mainstream der Psychologie versucht, auf diesen Zug aufzuspringen.

Gegenüber diesen mächtigen Trends im Bereich der Öffentlichen Wissenschaft und des universitären Wissenschaftsbetriebs mutet es wie ein Rückfall in vormodernes naturalistisches Denken an, wenn Psychoanalytiker und humanistische Psychologen (aber auch mancher Neuro- und Biowissenschaftler) davon sprechen, was beim Menschen nicht machbar ist, oder auch von dem, was *nur* der Mensch machen kann. Gibt es Potenziale und Grenzen des Machbaren, die nur für den Menschen typisch sind? Wenn es sie gibt, dann verweisen sie auf eine für den Menschen typische Produktivität und Unbeliebigkeit. Und es stellt sich die Frage nach dem, was den Menschen als Menschen auszeichnet. Dass die Alternative zum postmodernen Menschenbild kein fundamentalistisches oder naturalistisches sein muss, soll am psychoanalytischen Menschenbild von Erich Fromm verdeutlicht werden.

Fromm gebraucht zwar die Begriffe »Wesen« und »Natur des Menschen«, doch sein Verständnis dieser Begriffe führt nicht die Tradition der naturalistischen philosophischen Anthropologien fort. Nicht bestimmte Eigenschaften und Wesensmerkmale – also etwa, dass der Mensch ein soziales oder ein politisches Wesen sei – kennzeichnen nach Fromm den Menschen, sondern *Widersprüche*, die aus seinen Möglichkeiten *und* Begrenztheiten resultieren und die immer wieder in ein neues Gleichgewicht gebracht werden müssen. Diese Widersprüche ergeben sich aus seiner Vernunftbegabung, dem Bewusstsein seiner selbst und seinem Vorstellungsvermögen. Dies sind Fähigkeiten, mit denen er die Instinktgebundenheit des Tieres übersteigt, die aber – so Fromm – auch »Konflikte und Ängste« hervorrufen und ein »Ungleichgewicht« schaffen, »mit dem der Mensch fertig werden muss, um zu einem besseren Gleichgewicht zu kommen. Aber sobald er dieses erreicht hat, tauchen neue Widersprüche auf, so dass er nach einem neuen Ausgleich streben muss, und so immer weiter. Die Fragen, und nicht die Antworten machen also das Wesen des Menschen aus« (E. Fromm 1968g, GA IX, S. 379).

Um welche »Fragen« geht es, die alle Menschen gemeinsam haben und die von allen Menschen beantwortet werden müssen, wenn auch nicht endgültig? Eine ausführliche Antwort darauf hat Fromm mit seiner Lehre von den psychischen Bedürfnissen des Menschen gegeben (vgl. E. Fromm 1955a, GA IV, S. 24–50 sowie ders. 1973a, GA VII, S. 207–214; vgl. R. Funk 2004, S. 17 f.). Anders als die körperlichen Bedürfnisse (nach Essen, Trinken, Schlafen, Sexualität) sind die psychischen Bedürfnisse (nach Bezogenheit, Verwurzelung, einem Identitätserleben, nach Transzendenz des Vorfindlichen, einem Rahmen der Orientierung und nach einem Objekt der Hingabe) nur für den Menschen typisch. Wie die körperlichen Bedürfnisse, die der Mensch mit dem Tier gemeinsam hat, verlangen auch die psychischen Bedürfnisse bei allen Menschen »gebieterisch nach Befriedigung« (E. Fromm 1941a, GA I, S. 385), *müssen* also befriedigt werden; allerdings spielen bei der Art der Befriedigung die anderen Möglichkeiten und Begrenzungen des Menschen eine wichtige Rolle.

So, wie man bei der Befriedigung von körperlichen Bedürfnissen (etwa zu essen) Befriedigungsweisen ermitteln kann, die der physischen Gesundheit des Menschen zuträglich oder abträglich sind, kann man auch bei den psychischen Bedürfnissen ermitteln, welche Möglichkeiten ihrer Befriedigung zuträglich oder abträglich sind. Zuträglich sind jene, die den Menschen psychisch wachsen lassen (das heißt, die ihn zu einer differenzierten Wahrnehmung von sich und der ihn umgebenden Wirklichkeit befähigen), abträglich jene, die ihn in seiner Wachstumstendenz behindern beziehungsweise das Wachstum vereiteln und in sein Gegenteil verkehren. Befriedigungsformen, die die Wachstumstendenz unterstützen, sind deshalb Ausdruck der »primären Potenzialität« (vgl. etwa E. Fromm 1947a, GA II, S. 137 f.); diese ist für jede Art von Leben typisch und versucht sich deshalb auch beim Menschen tendenziell zuerst zu aktualisieren.

Kommt die für jedes menschliche Leben typische primäre Möglichkeit zu wachsen jedoch nicht zum Zug, dann deshalb, weil die Erfordernisse des Wirtschaftens und die von ihnen abhängigen Erfordernisse des gesellschaftlichen Zusammenlebens den Menschen dazu bringen, solche Befriedigungsformen zu entwickeln, die nicht das Wachstum des Menschen und seiner Eigenkräfte zum Ziel haben, sondern das Funktionieren des gesellschaftlichen Zusammenhalts auf Kosten der Wachstumspotenziale des Einzelnen. Auch zu solchen dem Wachstum und der Gesundheit abträglichen Befriedigungsformen ist der Mensch fähig, doch sind sie sekundäre Möglichkeiten, die erst aktualisiert werden, wenn die primäre Potenzialität behindert oder gar vereitelt wird.

Die Unterscheidung zwischen Befriedigungsweisen, die die primären Wachstumstendenzen des Menschen fördern, und solchen, die sie vereiteln, wird von Fromm mit der gesellschaftlichen Produktion seines Charakters in Verbindung gebracht. Der Mensch ist weder der »leblose Schatten kultureller Muster«, noch ist er »eine biologisch von vornherein festgelegte, angeborene Summe von Trieben« (E. Fromm 1941a, GA I, S. 230). Es gibt sowohl gesellschaftliche Erfordernisse und Bedürfnisse als auch menschliche Erfordernisse und Bedürfnisse, wobei der Mensch »nicht unbegrenzt anpassbar« (a. a. O., S. 385) ist.

Jedes gesellschaftliche Zusammenleben setzt eine weitgehende

Anpassungsleistung des Einzelnen an die gesellschaftliche Lebenspraxis voraus, die eben dadurch zustande kommt, dass der Einzelne die Erfordernisse der Produktions- und Lebensweise verinnerlicht und schließlich mit Leidenschaftlichkeit tun will, was für das Funktionieren und den Bestand der Gesellschaft erforderlich ist. Kommt hierbei die primäre Möglichkeit nicht zum Zug, übt die Gesellschaft eine entfremdende Wirkung auf den Menschen aus, und es kommt zur Ausbildung einer nicht-produktiven Charakterorientierung. Sosehr Fromm also betont, dass die Psyche des Menschen im Hinblick auf seinen Gesellschafts-Charakter von der Gesellschaft geprägt wird, verdeutlicht er auch, dass »seelische Gesundheit nicht als ›Anpassung‹ des Einzelnen an die Gesellschaft« zu verstehen ist, sondern »*als die Anpassung der Gesellschaft an die Bedürfnisse des Menschen* [...], und dass es dabei darum geht, ob die Gesellschaft ihre Rolle erfüllt, die Entwicklung der seelischen Gesundheit zu fördern, oder ob sie dieser Entwicklung hinderlich ist« (E. Fromm 1955a, GA IV, S. 54 f.).

Die entscheidende Frage bei der Befriedigung seiner psychischen Bedürfnisse lautet deshalb, ob der Einzelne einen Zugang zu seinen primären Wachstumsmöglichkeiten hat oder ob ihm dieser Zugang mehr oder weniger durch eine – weitgehend gesellschaftlich produzierte – nicht-produktive Charakterorientierung verstellt ist. Der Mensch ist nie der Notwendigkeit enthoben, seine psychischen Bedürfnisse zu befriedigen. Immer muss er auf irgendeine Weise zum Beispiel auf andere Menschen bezogen sein. Um nicht stets neu entscheiden zu müssen, wie er dieses Bedürfnis befriedigt, bildet er psychische Reaktionsmuster in Form von Charakterzügen aus, die auf weiten Strecken den gesellschaftlich geforderten und geförderten entsprechen. Ob ein Mensch das Bedürfnis nach Bezogenheit mit einfühlenden, liebenden, fürsorglichen Charakterzügen befriedigt oder mit distanzierenden, aggressiven oder gar vernichtenden, hängt also von der produktiven oder nicht-produktiven Orientierung seines Charakters ab.

Ist der Mensch den sein Wachstum fördernden Möglichkeiten entfremdet, dann greift er auf sekundäre Möglichkeiten zurück, die zwar die psychischen Bedürfnisse befriedigen, die aber nicht dazu führen, dass er seine Möglichkeiten eines differenzierten und strukturierten menschlichen Lebens realisiert. Im Gegenteil, die sekundären Möglichkeiten zeigen eine innere Dynamik, die Entfremdung des Menschen von seinen primären Möglichkeiten zu verstärken, das heißt, das menschliche Leben hinsichtlich seiner ihm innewohnenden Entfaltungstendenz zu hemmen oder diese gar zu vereiteln. Auf diese Weise entsteht ein Verfallssyndrom (statt eines Wachstumssyndroms). (Vgl. die Grafik zur Dynamik von Wachstums- und Verfallssyndrom in E. Fromm 1964a, GA II, S. 238.)

Die Frage nach dem Menschenbild Fromms führt zur Unterscheidung zwischen primären, das Wachstum fördernden und sekundären, Wachstum verhindernden Möglichkeiten der Befriedigung von psychischen Bedürfnissen und deren Verinnerlichung in produktiven und nicht-produktiven Charakterorientierungen. »Produktiv« heißt dabei, dass die spezifisch menschlichen Wachstumspotenziale aus dem Zustand der Potenzialität (des Vermögens) in den der Aktualität (des Tätigseins) »hervorgeführt« (pro-ducere) werden.

Die Bezeichnung »produktiv« beziehungsweise »nicht-produktiv« zur Qualifizierung der Orientierung, gemäß der menschliches Verhalten bewusst oder unbewusst strebt, mögen angesichts der gegenwärtigen Übermacht des ökonomischen Produktivitätsbegriffs als nicht optimal erscheinen. Fromm selbst hat deshalb noch andere Bezeichnungen eingeführt. Die wichtigsten weiteren Begriffspaare zur Qualifizierung der Dynamik der Charakterorientierungen sind: »biophil« und »nekrophil«, »Wachstumssyndrom« und »Verfallssyndrom« (beide sind 1964 in ›Die Seele des Menschen‹ erstmals ausgeführt) sowie »Orientierung am Haben« und »Orientierung am Sein« (1976 in ›Haben oder Sein‹ ausführlich beschrieben).

So wichtig manchmal treffende Begriffe sind – worauf es ankommt, ist dennoch die Erkenntnis oder Erfahrung, die sie bezeichnen. Auch wenn die Begriffe der »Produktivität« und der »produktiven« Orientierung die Aufmerksamkeit auf das Ergebnis, das Produkt, lenken mögen, so wollen sie doch die prozessorientierte Erfahrung bezeichnen, dass etwas hervor- und zur Entfaltung gebracht wird. Was Fromm zunehmend faszinierte, war die von Neurowissenschaftlern gestützte Erkenntnis, dass alles

Lebendige in sich die primäre Tendenz hat, die Lebensmöglichkeiten auch zur Entfaltung zu bringen, so dass »der Mensch ein immanentes Ziel besitzt« (1973a, GA VII, S. 235) und man ihn definieren kann »als ein Wesen, das aktiv nach seiner optimalen Entwicklung sucht, wenn auch diese Suche oft scheitern muss, weil die äußeren Bedingungen zu ungünstig sind« (a.a.O., S. 230). Dieses *intrinsische aktive Suchen nach einer optimalen Entwicklung* lasse sich bei der Analyse der neuronalen Aktivität und der Funktion von aktivierenden Reizen nachweisen. Den Neurologen R.B. Livingston zitierend, resümiert Fromm: »Die Nervenzellen zeigen ein bemerkenswertes Maß an Aktivität wie an Integration. Im Gegensatz zu Annahmen, die der Stimulus-Response-Psychologie zugrunde liegen, ›reagiert das Gehirn nicht nur auf äußere Anreize, sondern ist selbst spontan aktiv‹« (E. Fromm 1991h [1974], GA XII, S. 172).

Inzwischen hat sich das Wissen um die Eigengesetzlichkeiten des Gehirns und der Gehirnentwicklung vervielfacht und zu unterschiedlichsten Menschenbildern bei den Neurowissenschaftlern geführt. Im Zusammenhang mit der hier diskutierten produktiven Orientierung sind jene Erkenntnisse besonders relevant, die sich kritisch mit dem Menschenbild der »Gentechniker« auseinander setzen und die Bedeutung der Beziehungs-, Lern- und Umwelterfahrungen für die Entwicklung der Komplexität und Differenziertheit des menschlichen Gehirns betonen.

Der Neurobiologe Gerald Hüther unterstreicht das »nutzungsabhängige plastische Potenzial des menschlichen Gehirns« (G. Hüther 2002, S. 84), das nicht nur sichtbar wird, wenn es zu Ausfällen gekommen ist. Vielmehr führe »die besonders intensive Nutzung einzelner Bereiche eines ansonsten ganz normalen Gehirns« dazu, »dass die für diese Aufgaben zuständigen neuronalen Netzwerke komplexer, dichter und bisweilen sogar größer werden« (a.a.O., S. 84 f.). Ganz im Sinne der Aussagen über die menschlichen Eigenkräfte, die nur durch Praxis zu *Eigenschaften* des Menschen werden, resümiert Hüther: »Konsequent zu Ende gedacht«, heißt dies, »dass unser Gehirn so wird, wie wir es benutzen. Diejenigen Verschaltungen, die wir besonders häufig und besonders erfolgreich aktivieren, um uns in der Welt zurechtzufinden, werden immer stärker ausgebaut, und diejenigen, die wir dazu nicht oder nur selten einsetzen, bleiben entweder so, wie sie sind, oder beginnen allmählich zu verkümmern.« (a. a. O., S. 85).

Auch die Aussagen Fromms über eine intrinsische Tendenz zur Realisierung der produktiven Orientierung lassen sich mit dem ungeheuren Wachstum der neuronalen Verknüpfungen in den ersten Lebensjahren und mit deren Abnahme schon im Laufe der Entwicklung des Kindes illustrieren. Fähigkeiten, die in der Kindheit noch praktiziert werden, werden dann nicht mehr genutzt. Hüther (2002, S. 67) spricht von »genetischen Potenzen zur Ausbildung eines zeitlebens lernfähigen, komplex vernetzten Gehirns«. Diese können durch festgefahrene, sterile, emotional kalte Beziehungs- und Umwelterfahrungen in ihrer Aktualisierung behindert werden. Es ist deshalb nicht so, dass die produktive Orientierung erst sekundär in den Menschen »hineingelegt« wird; sie ist vielmehr als primäre Potenz da und versucht, sich zu aktualisieren; sie ist dabei aber auf eine sie aufnehmende, spiegelnde, fördernde, ihr emotionale Sicherheit gewährende Umwelt angewiesen.

Ist eine Potenzialität ansatzweise aktualisiert, kommt es zu einer Eigendynamik, bei der diese Potenzialität auch zur Entfaltung gebracht wird. Das menschliche Gehirn mit dem fest »verdrahteten« Gehirn eines Maulwurfs vergleichend, sieht Hüther den Unterschied zwischen Mensch und Maulwurf nicht nur darin, dass nur der Mensch sich prinzipiell frei entscheiden kann, wofür er sein Gehirn nutzen will. Hat er sich entschieden, dann wird sein Gehirn »allein dadurch, dass er es künftig nur noch dafür benutzt, wofür er sich einmal entschieden hat, in seiner inneren Organisation immer besser an die von ihm verlangten Leistungen angepasst« (a. a. O., S. 98).

Die wenigen hier zitierten Ergebnisse neurobiologischer Forschung sollten andeuten, dass der Anspruch des psychoanalytischen Menschenbildes von Erich Fromm und das Konzept der produktiven Orientierung sich auch neurowissenschaftlich begründen lassen. Das spezifisch psychoanalytische Verständnis von Produktivität wurde bereits bei der Beschreibung der Ich-Kompetenzen und der Eigenkräfte des Menschen zur Darstellung gebracht (vgl. Teil III, S. 126–133). Ein produktiver Mensch ist demnach einer, der seine ihm eigenen körperlichen, seelischen und geistig-intellektuellen Potenziale optimal zur Entfaltung bringt. Dabei entwickelt er jene Fähigkeiten seines Ichs, mit denen er imstande ist, die eigene innere und die ihn umgebende äußere Wirklichkeit differenziert und strukturiert wahrzunehmen und zu verändern.

Die Unterscheidung der Potenziale nach den Dimensionen menschlicher Äußerungsweisen (Denken, Fühlen, Handeln) veranlasste Fromm, seine allgemeine Theorie der Produktivität auf diese Dimensionen hin zu konkretisieren (vgl. R. Funk 2003, S. 19f.). Orientiert sich das Verhalten des Menschen beim Denken, Fühlen und Handeln am Tätigsein, also an der Praxis der lebensfördernden geistig-spirituellen, psychischen und körperlichen Eigenkräfte, dann kommt es zu produktiver *Vernunft* (womit er die Fähigkeit zu einer realitätsgerechten Wirklichkeitswahrnehmung meint), produktiver *Liebe* (die Fähigkeit zu liebender Bezogenheit bei Wahrung der Unabhängigkeit) und zu produktiver *Arbeit* (die Fähigkeit zu schöpferischem Handeln).

Da diese *allgemeine* Theorie psychischer Produktivität von der Bedeutung von Begriffen abhängt, die ganz unterschiedlich verstanden und als idealisierende Leerformeln zur Rationalisierung jeder Art von Handeln missbraucht werden können (wer führt nicht gerne das Wort »Vernunft«, »Liebe« oder »Kreativität« im Mund?), bedarf sie der Ergänzung durch eine *spezielle* Theorie psychischer Produktivität, die danach fragt, was angesichts einer konkreten nicht-produktiven Charakterorientierung Produktivität und produktive Orientierung bedeuten. Erst wenn erkannt wird, welcher Ich-Kompetenzen zum Beispiel ein autoritärer Charakter entfremdet ist, lässt sich spezifizieren, was hier Produktivität bedeutet und wie sie wiederzugewinnen ist. Es soll deshalb abschließend der Frage nachgegangen werden, welche Möglichkeiten zur produktiven Orientierung der postmoderne Mensch hat. (Zur speziellen Theorie der produktiven Orientierung beim autoritären Charakter und beim Marketing-Charakter vgl. R. Funk 2003, S. 22–24.)

Der postmoderne Mensch zwischen Produktivität und Nicht-Produktivität

Die Ich-Orientierung als Fehlkonstruktion

Von den vielen Faktoren, welche die Funktionalität jener Gesellschaften definieren, in denen postmoderne Lebensstile und eine postmoderne Charakterorientierung zunehmend an Bedeutung gewinnen, wurde die Relevanz der digitalen Technik und der elektronischen Medien besonders hervorgehoben. Sie ermöglichen in potenzierter Weise, was schon immer das Streben der Menschen war: Wirklichkeit nach eigenen, selbstbestimmten Bedürfnissen und Wünschen herstellen zu können. Dieses Streben danach, Vorgegebenes und Aufgegebenes mit Hilfe von Kunst, Kultur und Technik zu transzendieren, kann zu einer ungeheuren Steigerung menschlichen Vermögens führen, wenn es als *Erweiterung* von *menschlichem* Vermögen eingesetzt wird. Wirklichkeitserzeugung ist deshalb nie eo ipso Ausdruck von Entfremdung, sondern in erster Linie Ausdruck des menschlichen Vermögens.

Doch das Streben nach Transzendenz kann auch eine gegenteilige Wirkung haben und zur Entfremdung des Menschen von seinem menschlichen Vermögen führen. Diese nicht-produktive Möglichkeit gab es auch schon immer. Sie wurde bereits von den Propheten als Götzendienst erkannt. »Der Mensch nimmt ein Stück Holz; mit der einen Hälfte macht er ein Feuer und backt seinen Kuchen; aus der anderen Hälfte schnitzt er eine Skulptur und verehrt sie als seinen Gott« (E. Fromm 1992g [1959], GA XII, S. 210). Entfremdung wie Götzendienst bedeuten, »dass ich mich meiner selbst beraube, dass ich mich leer mache, gefriere, eine lebendige Erfahrung loswerde, also mein eigenes Denken, mein eigenes Lieben, mein eigenes Fühlen auf eine andere Person oder auf ein Ding außerhalb von mir projiziere« (a. a. O., S. 209).

Die Möglichkeit des entfremdeten Umgangs mit dem technischen und »gemachten« Vermögen schließt einen menschlichen Umgang nicht aus. Nur weil man das Holz auch idealisieren und zu seinem Gott machen kann, muss man nicht darauf verzichten, mit Hilfe des Holzes einen Kuchen zu backen. Dies gilt in gleicher Weise für den Umgang mit den Wirklichkeiten herstellenden Verfahren heute. Wer sich der Computertechnik oder den künstlerischen Möglichkeiten der synthetischen Musik oder der digitalen Steuerung von Produktionsprozessen verschließt, der verschließt sich faszinierender Möglichkeiten der Erweiterung seines menschlichen Vermögens. Ob es zu einem nicht-produktiven und entfremdenden oder zu einem produktiven Umgang mit dem »gemachten« Vermögen von heute kommt, entscheidet sich am Schicksal, das das menschliche Vermögen beim Gebrauch des »gemachten« erleidet. Wird es zugunsten des technischen und »gemachten« Vermögens entwertet oder gar ersetzt wie bei der postmodernen Ich-Orientierung, dann wird das meiste »Holz« zum Götzendienst verwendet, und es verstärkt sich die Entfremdung des Menschen von seinen Ich-Kompetenzen.

Entscheidend ist also, was mit dem menschlichen Vermögen geschieht und wie das Kräfteverhältnis beziehungsweise die Kompatibilität von menschlichem und »gemachtem« Vermögen sich gestaltet: Hat das »gemachte« Vermögen eine ihm innewohnende Tendenz, menschliches Vermögen zu ersetzen? Diese Frage ist prinzipiell mit Nein zu beantworten, auch wenn die postmoderne Marketingstrategie eine andere Zielsetzung hat und nicht übersehen werden sollte, dass dem »gemachten« Vermögen eine große Verführungskraft innewohnt. So verleitet es dazu, auf mühsame und schmerzvolle Ich-Leistungen, die für das Erreichen von Ich-Kompetenz unerlässlich sind, zu verzichten. Grundsätzlich aber entwickelt weder das Holz noch die digitale Technik noch das Coaching-Programm noch das rhetorische Training von sich aus eine Dynamik, die bewirkt, dass Menschen das menschliche Vermögen und die Ich-Kompetenzen *ersetzen wollen*. Was mit dem Einsatz von »gemachtem« Vermögen zwangsläufig einhergeht, ist eine Veränderung im Bereich des Handlungswissens, wie das Experiment der Familie Boro illustriert hat. Handlungswissen lässt sich aber auch – anders als charakterliche Fähigkeiten – dank »Google« und anderen digitalen Techniken schnell wieder aneignen, wenn es die Situation erfordert.

Da es keinen notwendigen Widerstreit zwischen »gemachtem« und menschlichem Vermögen gibt, muss der postmoderne Mensch auch nicht zwingend ich-orientiert sein. Es ist für den gegenwärtigen Menschen ebenso möglich, das »gemachte« Vermögen zu nutzen, ohne dass diese Nutzung ich-orientiert ist und zur Ersetzung des menschlichen Vermögens führt. Allerdings ist dann der ichorientierte Gesellschafts-Charakter psychologisch als eine *Fehlkonstruktion* anzusehen. Denn ihm geht es, so wurde (S. 110–112) aufgezeigt, immer um die Ersetzung menschlichen Vermögens durch »gemachtes«. Dies lässt sich noch etwas genauer beschreiben.

In psychoanalytischer Perspektive ist der hauptsächliche Grund für die Fehlkonstruktion das der Ich-Orientierung innewohnende Streben danach, »gemachtes« Vermögen an die Stelle von menschlichem Vermögen zu setzen. Dieses Streben ist seinerseits die Ursache für weitere Fehlkonstruktionen, die für die Ich-Orientierung typisch sind. Zu nennen sind hier resümierend und beispielhaft:

– die Geringschätzung der Praxis der körperlichen, seelischen und geistig-intellektuellen Eigenkräfte sowie die Überbewertung »gemachten« Vermögens

– die Entwertung von allem, was Anstrengung und Disziplin bedeutet, sowie die Idealisierung von Wellness und Leichtigkeit

– die Verdrängung von unverzichtbaren Wirklichkeitsaspekten wie etwa dem Durchleben von Krankheit und Leid, dem Nachlassen der Kräfte im Alter, dem Bewältigen von Krisensituationen sowie die Selbstsuggestion machbarer Wirklichkeit wie ewiger Jugend, aggressions- und leidfreier Selbstentwicklung, »gesundem« Sterben

– das Ausblenden von Gefühlen der Passivität, Ohnmacht, Schwäche, Hilflosigkeit und Isolierung sowie das Inszenieren von positivem Denken und Fühlen, uneingeschränkter Aktivität, grundsätzlicher Machbarkeit und allseitiger Verbundenheit

– die Verleugnung negativ erlebter Grundaffekte wie Angst, Schuld und Scham sowie das kontraphobische Ausleben von Angstfreiheit, Schuld- und Gewissensfreiheit und Schamfreiheit in Gestalt von Angstlosigkeit, Schuldlosigkeit, Gewissenlosigkeit und Schamlosigkeit

– die Vermeidung des Konfrontiertwerdens mit Kritik und kritischen Situationen sowie das selbst gewählte Suchen und Herstellen von Harmonie und Risiko

– das Umgehen von frustrierenden Realitäten und Enttäuschungen sowie die Bevorzugung von illusionären Wirklichkeiten
– die Unlust gegenüber allem, was Abhängigkeit und Angewiesensein bedeutet, sowie die Lust an der Kontrolle über sich und andere beziehungsweise über das »gemachte« Vermögen.

Freilich kommen solche Konstruktionsfehler auch bei anderen Wirklichkeits- und Lebensentwürfen vor; bei der Fehlkonstruktion »Ich-Orientierung« ergeben sie sich alle aus dem Streben danach, menschliches durch »gemachtes« Vermögen zu ersetzen. Die Frage drängt sich auf, welche Kräfte am Werk sind, wenn die neuen und faszinierenden Möglichkeiten, Wirklichkeit zu erzeugen und zu konstruieren, psychologisch zu einer Fehlkonstruktion führen oder in den Dienst einer Fehlkonstruktion gestellt werden.

Die stärkste erkennbare Kraft, die eine Inkompatibilität von »gemachtem« und menschlichem Vermögen erzeugt und die Ersetzungsdynamik befördert, ist die Vermarktung der neuen Möglichkeiten der Wirklichkeitserzeugung in einer globalisierten kapitalistischen Wirtschaft. In welcher Form diese gegenwärtig auch auftritt, sie zeichnet sich dadurch aus, dass nicht der Mensch, seine Bedürfnisse und sein Gelingen, das Ziel des Wirtschaftens ist. Zielführend sind vielmehr der in der Vermarktung des »gemachten« Vermögens liegende ökonomische Erfolg und die Profitinteressen der Investoren und Aktionäre. Die in Teil I aufgezeigten Marketingstrategien lassen keinen Zweifel daran, dass die gegenwärtige kapitalistische Wirtschaft, zumal die neoliberale, die Menschen dazu drängt, ihre Ich-Kompetenzen zugunsten des »gemachten« Vermögens aufzugeben. Deshalb haben an jenen Kräften, die den Menschen dazu bringen, »gemachtes« an die Stelle von menschlichem Vermögen zu setzen, die Interessen der kapitalistischen Wirtschaft einen entscheidenden Anteil.

An dieser Stelle kann nicht aufgezeigt werden, warum und wie die heutige kapitalistische Wirtschaft im Einzelnen darauf aus ist, menschliches durch »gemachtes« Vermögen zu ersetzen. Auch die noch wichtigere Frage, welche anderen Modelle des Wirtschaftens und der Vermarktung nötig wären, damit beim Verkauf von »gemachtem« Vermögen die Ich-Kompetenzen gefördert statt ersetzt würden, weil nur so die psychologische Fehlkonstruktion »Ich-Orientierung« vermieden werden kann, sprengt den Rahmen dieses Buches.

Was aber geleistet werden kann, ist der Versuch, vom Psychologischen her konkrete Unterscheidungshilfen zu geben. Es ist möglich zu bestimmen, worin sich der produktive postmoderne Charakter vom nicht-produktiven unterscheidet, wie sich produktive von nicht-produktiver Nutzung des »gemachten« Vermögens abgrenzen lässt und wie man sich eine »Partnerschaft« zwischen »gemachtem« und menschlichem Vermögen vorstellen kann. Als Einstieg hierzu soll zunächst von den Selbstheilungstendenzen des Ich-Orientierten die Rede sein.

Selbstheilungsversuche des Ich-Orientierten

Selbstheilungen sind am besten vom Körpererleben her bekannt. Kommt es zu einer Mangelerscheinung, etwa auf Grund verminderter Zufuhr von Nahrung, greift der Körper auf seine Fettreserven zurück. Noch eindrücklicher ist die Arbeit der Immunsysteme und der Systeme zur Wiederherstellung der Integrität bei Infektionen oder Verletzungen. Nicht immer gelingen körperliche Selbstheilungsversuche vollständig. Es können auch Narben zurückbleiben und schlechte Kompromissbildungen entstehen, die zu neuen körperlichen Leiden oder gar zu Systemerkrankungen führen.

Auch im seelischen Bereich gibt es erfolgreiche, weniger erfolgreiche und gescheiterte Selbstheilungsversuche. Bei Letzteren kommt es zu einer malignen Regression beziehungsweise zu chronifizierten psychischen und psychosomatischen Pathologien. Im Hinblick auf den Ich-Orientierten interessieren vor allem die erfolgreichen und die weniger erfolgreichen Selbstheilungsbemühungen. Die Erwartung liegt nahe, dass Menschen, die durch ihre Berufsausübung oder durch Beziehungserfahrungen dazu gedrängt werden, ihr menschliches Vermögen durch »gemachtes« Vermögen zu ersetzen, dies auch realisieren. Dieser Erwartung zum Trotz lässt sich bei vielen Menschen beobachten, dass sie stattdessen ein Bedürfnis entwickeln, die Praxis ihres menschlichen Vermögens zu stärken, und eine Partnerschaft von »gemachtem« und menschlichem Vermögen anstreben. Zum Teil zeigt sich dieses Bedürfnis nur in der so genannten Freizeit, zum Teil aber auch in allen Lebensvollzügen.

Die auffälligste Selbstheilungstendenz ist dort zu beobachten, wo es um Bewegung und Muskelkraft als zentrale *körperliche Eigenkräfte* geht. Deren alltägliche Praxis ist durch die zahlreichen technischen Erleichterungen und durch den gestiegenen Komfort mit Hilfe von »gemachtem« Vermögen ins Hintertreffen geraten. Das Bedürfnis, sich zu bewegen, sich körperlich anzustrengen, stark und leistungsfähig zu sein, artikuliert sich auf unterschiedlichste Weise und mit zahlreichen Begründungen. Fakt ist dennoch, dass noch nie so viele Menschen von sich aus aktiv Sport betrieben haben wie heute, ob sie nun mit Ausdauer üben, sich freiwillig bewegen, wieder Fahrrad fahren, Tennis oder Golf spielen, skaten, joggen oder walken, wandern oder schwimmen, Ski fahren und ins Fitnesszentrum gehen, für sich zu Hause oder unter Anleitung mit anderen Gymnastik machen. Selbst wenn der Bewegungsdrang ein direkter Ausdruck des Strebens nach Flexibilität und Mobilität ist, der sowohl für den Marketing-Orientierten als auch für den Ich-Orientierten kennzeichnend ist, so wird doch die nicht-produktive Wirkung dieser Charakterorientierungen durch die Praxis der körperlichen Eigenkräfte reduziert.

Trotzdem manifestiert sich nicht in jeder sportlichen oder gymnastischen Ambition schon eine Selbstheilungstendenz. Bisweilen kann man unschwer erkennen, dass nicht die Praxis der körperlichen Eigenkräfte, sondern der Umgang mit technischem und »gemachtem« Vermögen gesucht wird. Ohne das richtige Outfit kann man nicht Fahrrad fahren und ohne einen Tennisschläger, den auch die Profis benützen, macht Tennis keinen Spaß. Die Leistung muss vor allem messbar und vergleichbar sein. Erst mit der richtigen Unterwäsche darf geschwitzt werden, und nur wenn das für den Waldboden ausgelegte Schuhwerk zur Verfügung steht, kann dort gejoggt werden. Der Schwierigkeitsgrad der Skiabfahrt zählt oder ob der Fußball den Standards von Bundesligaspielen entspricht. Wenn immer die Ausrüstung, die Instrumente, die technischen Voraussetzungen und die Anleitung wichtiger sind als die Praxis der körperlichen Eigenkräfte selbst, darf vermutet werden, dass es mit der Partnerschaft zwischen »gemachtem« und menschlichem Vermögen nicht weit her ist. Im Gegenteil, man lässt sich zum Erfüllungsgehilfen einer Wirtschaft und Sportindustrie machen, die den Menschen dazu bringen will, auf das technische Vermögen fixiert zu sein.

Was für den Bereich der körperlichen Eigenkräfte gilt, lässt sich weitgehend auch für die Selbstheilungsversuche im Bereich der *seelischen Eigenkräfte* sagen. Auch hier gilt es zunächst festzustellen, wie sehr Ich-Orientierte, die nur noch Kontakte pflegen, statt emotionale Beziehungen zu leben, und die mit positivem Denken und Fühlen sowie illusionären Wirklichkeitsinszenierungen sich alle Probleme und schwierigen Gefühle von der Seele fern halten, mit Selbstheilungsversuchen wieder Zugang zu ihren Eigenkräften bekommen wollen. Am deutlichsten manifestieren sich solche Selbstheilungstendenzen in therapeutischen Selbsthilfegruppen: Noch nie gab es ein so breites Angebot von Gesprächsgruppen und Initiativen, in denen sich Menschen mit ähnlich gelagerten Problemen regelmäßig treffen, um ihre Erfahrungen auszusprechen, ihren Gefühlen Ausdruck zu verleihen und im Verbund konkrete Schritte der Veränderung ihrer Situation zu erreichen. Das Spektrum reicht von den Anonymen Alkoholikern, Drogenabhängigen und anderen Suchtkranken sowie Menschen, die an besonderen psychischen und körperlichen Erkrankungen leiden, über Angehörige von Behinderten, Psychiatrisierten, Verunfallten, Pflegebedürftigen bis hin zu allein erziehenden Müttern oder Vätern, Frauengruppen, Männergruppen, Gemobbten, Geschiedenen, sexuell anders Empfindenden. Im Zusammenhang mit therapeutischen Selbsthilfegruppen sind auch religiöse und seelsorgerliche Gesprächs- und Gebetsgruppen sowie Hauskreise zu erwähnen, die – psychologisch gesehen – weitgehend die gleichen Bedürfnisse bedienen wie die therapeutischen Selbsthilfegruppen.

Neben den therapeutischen Selbsthilfegruppen sind an zweiter Stelle Gruppierungen und Kreise zu nennen, in denen die eigenen Probleme und Gefühlslagen in Symbolisierungen bearbeitet und zum Ausdruck gebracht werden. Gerade bei lesenden Menschen gibt es ein großes Bedürfnis, das Gelesene in Literaturkreisen (bei religiösen Menschen in Bibelkreisen) zu besprechen und mit den eigenen Fragestellungen in Verbindung zu bringen. Eine andere Aktionsform, um eigene Gefühle und Lebenslagen sichtbar zu machen, sind Gruppen, die Theater spielen. Auch die sonst skeptisch beäugten Rollenspiele der jüngeren Generation (»Das schwarze Auge«) können die Funktion haben, eigenen Gefühlen und Affekten eine Ausdrucksmöglichkeit zu verschaffen. Wieder eine andere Form, in symbolisierter Weise sich selbst und seine inneren Wahrnehmungen auszudrücken, ist das bildende Gestalten in so genannten Kreativwerkstätten. Für viele steht dabei nicht ihr künstlerisches Talent im Vordergrund, sondern die Möglichkeit, über das Musizieren in Bands, das Tanzen, das Arbeiten mit Tonerde, das Malen mit Aquarellfarben, das Bearbeiten eines Steines usw. den eigenen Fragen und Gefühlen im Verbund mit anderen eine Gestalt zu geben. Schließlich ist in diesem Zusammenhang noch das Singen in Chören zu erwähnen, das eine in unserer Zeit sehr vernachlässigte menschliche Ausdrucksmöglichkeit und Eigenkraft wieder verstärkt zum Leben bringt. Mit Hilfe des Singens haben Menschen schon immer auch ihre eigene psychische Befindlichkeit ausgedrückt und anderen mitgeteilt. Angesichts der Macht der Medien, die den Menschen pausenlos »besingen« und beschallen, ist die neu erwachte Begeisterung für das eigene Singen in Chören ein bemerkenswerter Selbstheilungsversuch.

Therapeutische Selbsthilfegruppen und Gruppierungen, die über Symbolisierungen ihren eigenen Gefühlen und Problemlagen Ausdruck verleihen, aber auch andere, gemeinschaftlich praktizierte Ausdrucksweisen, mit denen Ich-Orientierte den Versuch machen, mit ihren (auch schwierigen und gar nicht so positiven) Gefühlen Kontakt aufzunehmen, sie auszudrücken und Beziehungen zu gestalten, lassen sich als Selbstheilungsversuche verstehen. Durch sie werden seelische Eigenkräfte wieder mobilisiert und praktiziert.

Auffällig ist bei den genannten Selbstheilungsversuchen über die seelischen Eigenkräfte die starke Betonung des Gemeinschaftlichen und des Kreativen. Mit der Betonung des Gemeinschaftlichen wird gleichzeitig das Bedürfnis des passiven Ich-Orientierten befriedigt, verbunden zu sein, mit der Betonung des Kreativen das Bedürfnis des aktiven Ich-Orientierten nach freier Selbstinszenierung. Ähnlich wie beim Bewegungsdrang des Ich-Orientierten muss auch hinsichtlich der erwähnten seelischen Selbstheilungsversuche zunächst konstatiert werden, dass sie imstande sind, die nicht-produktive Ausrichtung des postmodernen Ich-Orientierten zu reduzieren.

Wie bei den körperlichen ist aber auch bei den seelischen Selbstheilungsversuchen ein gesundes Maß an Skepsis angebracht, denn oft wird in Selbsthilfegruppen und Kultur schaffenden Kreisen ein nicht-produktiver Umgang mit »gemachtem« Vermögen gesucht. Es wurde (S. 105–109) bereits dargelegt, dass unter »gemachtem« Vermögen im Bereich der zwischenmenschlichen Beziehungen die in andere Menschen, in Programme, Managements, Kommunikationstechniken, Beziehungsanleitungen, Therapiemethoden, Steuerungsmodelle usw. »hineingesteckten« Ich-Kompetenzen zu verstehen sind, die von den Ich-Orientierten angewendet und in ihrem Funktionieren kontrolliert werden. Entsprechendes lässt sich vom nicht-produktiven Umgang mit »gemachtem« Vermögen im Hinblick auf die kreativen Potenziale sagen, die nicht in der eigenen Gestaltungsfähigkeit gesucht werden, sondern in den Modellen, Anleitungen und Techniken kreativen Gestaltens.

Gerade die Betonung des Gemeinschaftlichen und des Kreativen bei den Selbstheilungsversuchen im Bereich der seelischen Eigenkräfte sollte aufmerksam machen für die Frage, wofür die Gruppe und das Kreative gut sind und worauf es den Beteiligten vor allem ankommt. Muss die therapeutische Gruppe oder die religiöse Gruppe der »Wiedergeborenen« als ausgelagertes Über-Ich fungieren, weil nur so der Drogenabhängige oder die Bulimikerin oder der kriminell Gewordene sich selbst steuern können, dann stellt der Verbund mit der Gruppe zwar eine konkrete Hilfsmaßnahme dar. Denn gerade die Ich-Orientierung (und die in ihr wirksame projektive Identifikation) kann die Sucht oder das deviante Verhalten kontrollieren helfen; eine Praxis der seelischen Ich-Kompetenzen wird dadurch aber noch nicht erreicht. Auch bei der Praxis der eigenen kreativen Möglichkeiten ist genauer zu fragen, wovon das Kreative abhängt. Wo immer eine Abhängigkeit von einem Fremdvermögen in Form einer bestimmten Technik, einer Methode oder eines Künstlers erkennbar ist, liegt der Schluss nahe, dass eine nicht-produktive Praxis des »gemachten« Vermögens vorliegt und in Wirklichkeit die Ich-Orientierung gefördert wird.

Selbstheilungsversuche des Ich-Orientierten lassen sich schließlich auch im Bereich der *geistig-intellektuellen und spirituellen Eigenkräfte* beobachten. Postmoderner Lebensstil zeichnet sich gegenüber den bisherigen Lebensformen vor allem durch die programmatische Befreiung von gesellschaftlichen Mustern des Selbsterlebens und des Umgangs mit der natürlichen und menschlichen Umwelt aus. Die Befreiung wird dabei nicht durch neue Lebensstile und Muster erreicht, die die alten ersetzen, sondern durch die Entgrenzung von allem Vorgegebenen. Dekodierung und Dekonstruktion stehen im Dienste dieser Entgrenzung. Im Hinblick auf das geistige und spirituelle Selbsterleben des Menschen kommt es zu einer Patchwork-Identität und Patchwork-Religiosität; das Lebensskript besteht im je neuen projekthaften »Basteln an der eigenen Biografie« (U. Beck 1997, S. 191). Schließlich geht mit der Entgrenzung der Verlust eines kohärenten Welt-, Geschichts- und Menschenbildes einher, der insofern zu einer dramatischen Orientierungslosigkeit führt, als kein Mensch psychisch überleben kann, ohne das »Bedürfnis nach einem Rahmen der Orientierung und nach einem Objekt der Hingabe« (E. Fromm 1955a, GA IV, S. 48–50) zu befriedigen.

Dieser bedrohlichen Orientierungslosigkeit versuchen viele Ich-Orientierte mit der Stärkung ihrer geistig-intellektuellen und spirituellen Eigenkräfte gegenzusteuern. Die Ausdrucksformen solcher Selbstheilungsversuche sind vielfältig. Sie reichen von Konzentrations- und Meditationsübungen über Entspannungsubungen, autogenes Training, Yoga und T'ai Chi-Chuan bis zur Neuentdeckung mystischer Religiosität in Ost und West, monastischer Einkehr und »Auszeit« und der Philosophie der Lebenskunst als einer integrativen intellektuellen Orientierung. Das vorrangige Ziel solcher Selbstheilungsversuche ist es, im Vollzug geistiger, intellektueller und spiritueller Selbsterfahrungsmöglichkeiten eine aktuelle Verortung und Orientiertheit zu spüren. Gegen das Übermächtigwerden »gemachten« Vermögens in Form von weitgehend beliebigen und austauschbaren Orientierungsangeboten postmodernen Lebensstils wird angekämpft. Mit der Praxis des spirituellen, religiösen und geistig-intellektuellen Vermögens soll das Bedürfnis nach einem Rahmen der Orientierung und nach einem Objekt der Hingabe auf produktive Weise befriedigt werden.

Auch bei den geistig-intellektuellen und spirituellen Selbstheilungsversuchen ist eine gesunde Skepsis angebracht. So reduziert ihre Praxis nicht in jedem Fall die nicht-produktive Ich-Orientierung, sondern diese kann durch einen nicht-produktiven Umgang mit den spirituellen Übungen und geistigen Orientierungs-Angeboten sogar verstärkt werden. Zu unterscheiden, ob jemand die Möglichkeiten auf nicht-produktive oder produktive Weise nutzt, gelingt nicht immer auf den ersten Blick. Ein Zeichen für eine nicht-produktive Nutzung »gemachten« Vermögens bei religiösen und spirituellen Praktiken ist, wenn die Wahl der richtigen Methode und Technik (des »richtigen Glaubens«) wichtiger ist als ihre Praxis selbst oder wenn es faktisch zu einer Abhängigkeit von Gurus, Auditoren, Bekehrten, Wissenden, Erleuchteten usw. kommt, die die Wirksamkeit der geistigen, intellektuellen und spirituellen Angebote garantieren und den Zugang zu ihnen kontrollieren. Dogmatismus und Autoritätsgläubigkeit waren noch nie Indizien für die erfolgreiche Praxis menschlicher Eigenkräfte.

Eine Reihe anderer Indizien wurde bereits bei der Erörterung des »Leidens an der Kultur und an sich selbst« (S. 175–178) erwähnt. Sie lassen sich – verkürzt – so resümieren: Für eine nicht-produktive Praxis »gemachten« Vermögens bei den geistig-intellektuellen und spirituellen Selbstheilungsversuchen spricht es, wenn die Angebote

- viel Geld kosten
- ohne Anstrengung, schnell, mühelos, schmerzlos, leicht und ohne das Risiko, in eine Krise zu kommen, zu erlernen sind
- mit (meist teuren) sinnlichen Hilfsmitteln (Bildern, Musik, Salben, Gerüchen) arbeiten
- mit suggestiven und autosuggestiven Techniken operieren
- narzisstische Selbstbesetzungen (Großartigkeitsgefühle), Selbstgefälligkeiten und Größenfantasien befördern
- zu einer sozialen und politischen Selbstvergessenheit, die nur noch Innerlichkeit kennt, führen.

Das kritische Sichten und Analysieren der Selbstheilungsversuche ich-orientierter Menschen stellt einen ersten Versuch dar, vom Psychologischen her zu bestimmen, wie sich die produktive von der nicht-produktiven Nutzung des »gemachten« Vermögens abgrenzen lässt beziehungsweise wie man sich eine »Partnerschaft« zwischen »gemachtem« und menschlichem Vermögen vorstellen kann. Ausgangspunkt der Überlegungen ist, dass die faszinierenden Möglichkeiten, Wirklichkeit mit Hilfe von »gemachtem« Vermögen zu erzeugen, nicht notwendig zu einer nicht-produktiven Ich-Orientierung und Charakterbildung führen müssen. Psychoanalytisch gesehen ist die Ich-Orientierung vielmehr als eine Fehlkonstruktion anzusehen.

Vor diesem Hintergrund gilt es, Unterscheidungsmerkmale zu finden, mit deren Hilfe sich produktive postmoderne Menschen von nicht-produktiven, weil ich-orientierten Postmodernen unterscheiden lassen. Dabei ist der in Teil III geleistete Aufweis des produktiven und des nicht-produktiven Ich-Erlebens (S. 126–133 und S. 134–140) eine wichtige Voraussetzung.

Wirkungen von produktiver und nicht-produktiver Charakterorientierung

Eine zweite Möglichkeit zur psychologischen Unterscheidung zwischen postmodernen Menschen, die in ihrem konkreten Verhalten ich-orientiert und deshalb nicht-produktiv sind, und solchen, die zu einer produktiven Nutzung auch des »gemachten« Vermögens fähig sind, ergibt sich aus den unterschiedlichen Wirkungen der produktiven beziehungsweise der nicht-produktiven Charakterorientierung.

Wie im Zusammenhang mit den Erläuterungen zur Charakterorientierung bereits betont, lässt sich Produktivität *nicht* am konkreten Verhalten erkennen, weil eine einzelne konkrete Verhaltensweise immer uneindeutig ist, das heißt von unterschiedlichen (bewussten und unbewussten) dynamischen Strebungen (Charakterzügen und Charakterorientierungen) motiviert sein kann. Ob in einem konkreten Verhalten eine produktive oder nicht-produktive Charakterorientierung zum Zuge kommt, lässt sich aber dennoch an den subjektiv erlebbaren und bis zu einem gewissen Grad auch objektivierbaren *Wirkungen* der das Verhalten bestimmenden Charakterorientierung erkennen.

Produktivität als Praxis menschlichen Vermögens hat ebenso wie die produktive Nutzung »gemachten« Vermögens immer eine
– *aktivierende Wirkung:* Diese zeigt sich darin, dass man nachhaltig belebt, wach, innerlich aktiv, mutig, lebensfroh, vertrauensvoll wird, intensiv wahrnimmt und aufmerksam, sinnlich, interessiert, engagiert ist. Das Zeiterleben ist gegenwärtig und kurzweilig. Nicht-Produktivität hingegen hat *eine passivierende Wirkung:* Man fühlt sich gelangweilt, alles ist zäh und endlos dauernd; man fühlt sich innerlich leer oder ausgenutzt, ohne Sinnlichkeit und sinnliche Bedürfnisse, antriebslos und müde. Man neigt dazu, sich beleben zu lassen, sich abhängig zu machen und regressiv zu reagieren.
– *energetisierende Wirkung:* Wer in produktiver Weise auf sich und die Wirklichkeit bezogen ist, der nimmt wahr, dass ihm aus dieser Art, bezogen zu sein, Energie zufließt; er spürt eine Fülle des Lebens, möchte »überfließen« und entwickelt ein Bedürfnis, zu geben, zu teilen und mitzuteilen. Im Kontrast hierzu zeichnet sich die nicht-produktive Orientierung dadurch aus, dass die *Lebensenergie* im Vollzug der Bezogenheit weniger wird und *sich verbraucht*; man fühlt sich ausgepowert, ausgebrannt und erschöpft; alles kostet Kraft und erzeugt doch ein Gefühl der Ohnmacht und Leere.
– *sozialisierende Wirkung:* Eine produktive Charakterorientierung fördert die Sozialität des Menschen, das emotionale Bezogensein, die Fähigkeit, einem anderen Menschen nahe sein, auf ihn wirklich mit allen Sinnen bezogen sein zu können, eine unmittelbare Kommunikation zu leben, einfühlend und mitfühlend sein zu können. Die sozialisierende Wirkung zeigt sich darüber hinaus in einem Interesse und in einer Toleranz sowie »openmindedness« gegenüber dem Fremden und Nicht-Eigenen bei anderen Menschen, Kulturen und Überzeugungen. Nicht-Produktivität hingegen hat eine *Distanz schaffende Wirkung:* Nur wenn der Abstand klar ist – am Telefon oder wenn man fünfhundert Kilometer voneinander getrennt ist –, kann man Nähe zulassen. Bezo-

gensein hat entweder eine schizoide Qualität oder ist darauf aus, den anderen narzisstisch zu entwerten, oder reduziert die Beziehung auf ein geschäftliches Bezogensein. Im Umgang mit dem Nicht-Eigenen und Fremden meldet sich ein ängstliches oder aggressives Gefühl, auf das mit Überlegenheit, Distanzierung oder Ausgrenzung reagiert wird.

– *selbst-stärkende Wirkung:* Produktivität stärkt die Autonomie, Unabhängigkeit und Selbstbestimmung und macht zur Wahrnehmung der eigenen Individualität und Selbstinteressen fähig. Produktive Menschen erleben sich selbst als abgegrenzte, autonome, eigenständige, unabhängige Individuen, die sich im Engagement und in der Hingabe stark und potent erleben können und gleichzeitig keine Angst haben, von anderen vereinnahmt, instrumentalisiert oder missbraucht zu werden. Nicht-Produktivität dagegen verstärkt die *Unfähigkeit, sich abzugrenzen* und die eigenen Interessen wahrzunehmen. Die Abhängigkeit kann symbiotisch, kontrollierend oder suchthaft sein. Immer ist Bezogensein verquickt mit der Angst um den Verlust eigener Freiheit, Potenz und Autonomie.

– *integrierende Wirkung:* Wer sich selbst mit seinen ihm eigenen Möglichkeiten realisiert und imstande ist, »gemachtes« Vermögen produktiv zu nutzen, der erlebt sich »stimmiger«, harmonischer, ausgeglichener, »identischer«, gefestigter, ganzheitlicher. Die integrierende Wirkung zeigt sich geistig in einem sinnerfüllteren, psychisch in einem gefühlsstärkeren und körperlich in einem bewegungsaktiveren und zugleich entspannteren Leben sowie in einer stärkeren Integration dieser drei Dimensionen des Menschseins. Vor allem aber zeigt sich die integrierende Wirkung in der Fähigkeit, die Ambiguität der Wirklichkeit und die ihr entsprechenden ambivalenten Gefühlswahrnehmungen auszuhalten. Umgekehrt hat die nicht-produktive Orientierung eine *desintegrierende und dissoziierende Wirkung.* Nicht-produktive Charaktere neigen dazu, die Wirklichkeit aufzuspalten: in eine äußere und in eine innere, in eine gute und in eine böse, in eine befriedigende und in eine Versagung zumutende. Unterschiede zwischen dem Eigenen und dem anderen werden als bedrohlich erlebt und müssen überbetont werden; die Dimensionen des Geistig-Intellektuellen, des Psychischen und des Körperlichen werden aufgeteilt. Nicht-Produktive erleben sich oft nur als Körper oder nur als Gefühl oder nur als Intellekt.

– *sinnstiftende Wirkung:* Die Praxis körperlicher, seelischer und geistiger Eigenkräfte wird als in sich sinnvoll und befriedigend erlebt und bedarf keiner weiteren ethischen, religiösen und weltanschaulichen Begründung. Wer sich liebend erlebt, fragt nicht nach dem Sinn seines Liebens; wer das Leid mit jemandem wirklich teilen kann, den quält keine Theodizee- und Sinnfrage. Nicht-Produktivität hat demgegenüber eine *sinnzerstörende oder sinnentleerende Wirkung.* Die Ausdrucksweisen zeigen sich in einem fatalistischen oder nihilistischen Gefühl, der Auffassung, dass letztlich alles sinnlos ist, oder in einer Art Realismus, der keine Sinn- und Bedeutungsebenen kennt, oder in einer postmodernen Dekodierung jeder Suche nach Sinn und Bedeutung.

– *schöpferische Wirkung:* Wer seine eigenen Potenziale ebenso wie die »gemachten« Potenziale zur Steigerung seines menschlichen Vermögens nutzen kann, fühlt und erlebt sich kreativer, einfallsreicher, intuitiver, sprudelnder, freier, spontaner. Die kreative Wirkung kann sich auch auf den Nachwuchs beziehen oder zeigt sich bei technischen oder künstlerischen Produktionen. Sie äußert sich in visionären und utopischen Entwürfen und einer ständigen Offenheit für Neues. Nicht-Produktivität hat im Kontrast dazu eine *leblos machende Wirkung.* Sie sucht die Wiederholung des Gleichen, strebt nach Konformismus, pflegt das Imitationsverhalten, konzentriert sich auf die Rekonstruktion und konserviert und archiviert das Beständige und Bewährte.

– *ich-stärkende Wirkung:* Wer mit seinen Eigenkräften und mit der produktiven Nutzung von »gemachtem« Vermögen seine Ich-Kompetenzen stärkt, der ist auf seine innere und die ihn umgebende Wirklichkeit intensiver bezogen, erlebt sich besser als in der Realität stehend, auf vertrautem und festem Boden, wahrnehmungsfähiger, leidfähiger, frustrationsfähiger, ambivalenzfähiger. Die nicht-produktive Orientierung hingegen hat eine *Ich-Regression* zur Wirkung, die mit einer Schwächung von Ich-Kompetenzen und Ich-Funktionen einhergeht und sich in der Neigung manifestiert, auf frühere Stufen der Ich-Entwicklung zu regredieren. So kommt es zu einer mangelhaften Unterscheidungsfähigkeit von Fantasie und Wirklichkeit, Wunschwelt und Realität, Mein und

Dein, aber auch zu einer ungenügenden Impulskontrolle und Realitätsprüfung. Typisch ist auch die Tendenz zu Spaltungen und frühen Konfliktbewältigungsformen.

Zu ergänzen ist, dass die Stärke der Produktivität vom gleichzeitigen Vorhandensein der Wirkungen abhängt. So müssen die sozialisierende und die selbst-stärkende Wirkung zugleich spürbar sein. Ist die das Selbst stärkende Wirkung nicht wahrnehmbar, liegt der Verdacht nahe, dass die Sozialität auf Kosten des Selbstinteresses dieses Menschen geht und also Ausdruck einer nicht-produktiven Selbstlosigkeit ist. Zeigt sich nur eine aktivierende Wirkung, ohne dass zugleich eine energetisierende Wirkung wahrgenommen wird, kann vermutet werden, dass die Aktivierung nicht der produktiven Orientierung des Charakters entspringt, sondern aktivierenden Substanzen oder aktivierenden anderen Menschen, dass sie ihre Quelle also nicht in den Eigenkräften des Betreffenden hat.

Sind die vorstehenden Unterscheidungen typisch für alle Arten von Charakterorientierungen und beschreiben sie vor allem Möglichkeiten der subjektiven Wahrnehmung, so geht es bei den nachfolgenden Unterscheidungen gezielt um die Frage von Produktivität und Nicht-Produktivität des postmodernen Menschen.

Merkmale zur Unterscheidung von produktiven und nicht-produktiven postmodernen Menschen

Die nachfolgend ausgeführten Unterscheidungsmerkmale, mit denen produktive von nicht-produktiven (weil ich-orientierten) postmodernen Charakteren abgegrenzt werden können, setzen die bei den Ausführungen über die Selbstheilungsversuche des Ich-Orientierten und über die Wirkungen von produktiver und nicht-produktiver Orientierung bereits erarbeiteten Unterscheidungsmerkmale voraus. Diese werden deshalb hier nicht mehr referiert. Vielmehr sollen im Folgenden nur jene Unterscheidungsmerkmale vorgestellt werden, die sich aus der spezifischen Entfremdungsdynamik der postmodernen Ich-Orientierung ergeben.

– Die *Idealisierung von »gemachtem« Vermögen* und die *Entwertung von menschlichem Vermögen* sprechen für eine nicht-produktive Orientierung. Damit ist nicht gemeint, dass man das, was eine Maschine oder ein Programm besser kann als der Mensch, dennoch besser selbst machen sollte. Es geht vielmehr um eine Überschätzung (Idealisierung) beziehungsweise Geringschätzung (Entwertung), wie sie sich zwar auch hinsichtlich des Vermögens von Technik, vor allem aber im Bereich der Sozialtechniken und des Persönlichkeitsmanagements beobachten lässt. Umgekehrt ist eine *realitätsgerechte Wahrnehmung des »gemachten« Vermögens*, das den Unterschied zwischen der Nutzung »gemachten« Vermögens und der Praxis menschlichen Vermögens nicht nur kennt, sondern auch im Vollzug spüren kann, ein deutliches Indiz für eine produktive Orientierung.

– Das Angewiesensein auf und die *Abhängigkeit von »gemachtem« Vermögen* sind die Erkennungsmerkmale nicht-produktiver Orientierung, während die *Unabhängigkeit von ihm* ein Zeichen für eine produktive Orientierung ist. Dieses Unterscheidungsmerkmal hat eine zentrale Bedeutung, auch und gerade, weil postmoderne Ich-Orientierte das Angewiesensein und das Erleben ihrer Abhängigkeit von »gemachtem« Vermögen so sehr fürchten, dass sie es zu verleugnen suchen. Der Ich-Orientierte denkt, fühlt und handelt nicht aus seinem menschlichen Vermögen, zu denken, zu fühlen und zu handeln, sondern mit Hilfe von »gemachtem« Vermögen. So kann er besser denken, fühlen und handeln, weil er sich die Eigenschaften des »gemachten« Vermögens zu Eigen macht und sie nutzt. Damit aber macht er sich vom »gemachten« Vermögen abhängig.

Es gibt einen einfachen Zugang zur Aufdeckung der faktischen Abhängigkeit vom »gemachten« Vermögen. Man muss sich nur vorstellen (oder sich notfalls der Situation aussetzen), dass es kein Handy mehr gibt oder dass man wegen einer Erkrankung kein gewinnendes Lächeln mehr produzieren kann oder dass plötzlich die Kundschaft ausbleibt, weil das Meditationsangebot des Konkurrenten trendiger ist, oder dass der Hoffnungsträger mit dem allein erziehenden Elternteil bricht und einen nicht mehr belebt und begeistert, sondern man sich plötzlich allein und verlassen erlebt. Konfrontiert man sich mit solchen Verlustmöglichkeiten, kann man schnell erkennen, ob man vom »gemachten« Vermögen abhängig oder unabhängig ist und wie groß unter Umständen die Abhängigkeit ist. Lässt sich keine Abhängigkeit wahrnehmen, dann kann mit Recht angenommen werden, dass man produktiv orientiert ist und deshalb kein Interesse hat, menschliches durch »gemachtes« Vermögen zu ersetzen. *Und nur, wenn keine faktische Abhängigkeit vom »gemachten« Vermögen spürbar ist, kann davon ausgegangen werden, dass auch die Nutzung »gemachten« Vermögens durch den produktiv Orientierten eine produktive Wirkung hat.*

– Ein ausgeprägtes *Bedürfnis nach Kontrolle des »gemachten« Vermögens* ist immer ein deutliches Indiz für eine nicht-produktive Orientierung; sein Nicht-Vorhandensein *kann* ein Indiz für eine produktive Orientierung sein. Beim Aufweis der Entfremdungsdynamik des Ich-Orientierten mit Hilfe der projektiven Identifikation wurde gezeigt, wie wichtig dem Ich-Orientierten die Kontrolle dessen ist, was in das »gemachte« Vermögen »hineingesteckt« wurde beziehungsweise in diesem steckt. Es wird wie ein ausgelagerter – weil verleugneter – Aspekt von sich selbst in seinem Funktionieren beobachtet und kontrolliert. Dieses Kontrollbedürfnis manifestiert sich beim aktiven wie beim passiven Ich-Orientierten auf unterschiedliche Weise. Es zeigt sich in der permanenten Kontaktpflege und Versicherung der Existenz des anderen mit Hilfe von SMS, E-Mails und Telefonaten, im Nichtaushalten des Getrenntseins, im Mitleiden an den Leiden des »gemachten« Vermögens (der Defekt des Autos oder der Virusbefall des Computers werden erlebt, wie wenn etwas mit einem selbst nicht stimmte) oder in Kontrollritualen der Funktionalität jener Programme, mit denen man sein Image, seine Zeit, seine Finanzen, die eigene oder die Leistung von anderen managt und »im Griff hat«. Anders als Kontroll*zwänge*, die oft Ausdruck existenzieller Ängste oder eines tief reichenden Misstrauens in sich und die eigene Umgebung sind, zeigen die Kontroll*bedürfnisse* des Ich-Orientierten sein existenzielles Verbundensein mit dem »gemachten« Vermögen und sein Angewiesensein auf dieses.

Der produktive Postmoderne kennt kein derartiges Kontrollbedürfnis, weil die Quelle seines Denkens, Fühlens und Handelns nicht in »gemachtes« Vermögen ausgelagert ist, sondern in seinen ihm eigenen Kräften liegt. Das Nichtvorhandensein dieses Kontrollbedürfnisses bei postmodernen Charakteren ist aber nicht mehr als ein *Hinweis* auf eine *mögliche* produktive Orientierung. Der Postmoderne erlebt nämlich sein Bedürfnis, das »gemachte« Vermögen zu kontrollieren, oft als Ausdruck einer Abhängigkeit von diesem, so dass er mit dem Erleben der Abhängigkeit auch das Erleben des Kontrollbedürfnisses aus dem Bewusstsein ausschließen muss. Die bevorzugte postmoderne Kompensationsform eines verleugneten Kontrollbedürfnisses ist dessen Verkehrung in sein Gegenteil: Man zeigt sich total tolerant, gelassen, großzügig, nachsichtig, distanziert gegenüber Menschen, Dingen, Programmen, Maschinen, die einem als »gemachtes« Vermögen in Wirklichkeit zur *Verfügung* stehen.

Wenn Begriffe nicht so sehr für die eigenen Zwecke gedeutet und missbraucht werden könnten, wodurch sie uneindeutig werden, ließe sich der Unterschied zwischen einem produktiven und nicht-produktiven Postmodernen im Hinblick auf den Gebrauch des »gemachten« Vermögens begrifflich daran festmachen, dass ein produktiver Charakter das »gemachte« Vermögen *nutzt*, während ein nicht-produktiver Charakter über es *verfügt*.
– Ein weiteres Unterscheidungsmerkmal ist das *unterschiedliche Zeiterleben* beim produktiv beziehungsweise nicht-produktiv orientierten Postmodernen. Die Wertschätzung der *Gegenwärtigkeit* und des Lebens im Augenblick und im Hier und Jetzt wird zwar ebenso vom nicht-produktiven wie vom produktiven Ich-Orientierten für sich reklamiert, doch gibt es einen deutlichen Unterschied zwischen beiden. Beim Produktiven gründet die Kurzweil in seiner Interessiertheit und in seinem emotionalen Bezogensein auf die Wirklichkeit, in seiner Wachheit und Achtsamkeit – kurz: in der Gegenwärtigkeit seines menschlichen Vermögens, wenn er denkt, fühlt und handelt. Er denkt, weil *er* denkt, und dieses Tätigsein aus *seinem* Denkvermögen lässt die Zeit im Flug vergehen. Er ist interessiert, weil *er* interessiert ist und also dieses Interessiertsein nicht von außen oder vom »gemachten« Vermögen stimuliert ist, sondern in *seinem* Vermögen, »dabei zu sein« (inter-esse), gründet. Beim Ich-Orientierten hingegen hängt die Kurzweil davon ab, ob er sich mittels eines »gemachten« Vermögens als aktiver Macher betätigen oder sich vom Gemachten

passiv beleben lassen kann. Fehlt diese Voraussetzung, dann werden der aktive und der passive Ich-Orientierte von einer quälenden *Langeweile* heimgesucht.

– Am psychischen Energiehaushalt lässt sich ein weiteres Unterscheidungsmerkmal zwischen produktivem und nicht-produktivem Postmodernen aufzeigen. Die Praxis menschlicher Eigenkräfte, so wurde bereits betont, hat immer eine energetisierende Wirkung. Der Grund dafür liegt in der Tatsache, dass der *Gebrauch der menschlichen Eigenkräfte zu einem Energiezuwachs führt.* Wer seine Freude mit einem anderen teilt, erlebt diese Freude noch intensiver (weshalb ein Rockkonzert mit Tausenden von Musikfans, die ihre Freude an der Musik einer Band teilen, eben als »Mega-Ereignis« erlebt wird); wer ganz konzentriert und aufmerksam bei einer Sache ist, einen spannenden Krimi liest oder auf einen anderen Menschen bezogen ist, der ist und bleibt wach, weil ihm durch den Gebrauch seiner Eigenkräfte psychische Energie zufließt. Auch wer beim Gebrauch »gemachten« Vermögens anhaltend »elektrisiert« und begeistert ist, der ist fähig, »gemachtes« Vermögen in produktiver Weise zu gebrauchen. (Postmoderne Jugendliche bezeichnen diese Erfahrung als »cool« und »geil«.)

Allerdings sollte man beim Gebrauch »gemachten« Vermögens noch einmal genauer hinsehen, worin dieses besteht. Handelt es sich um Psychopharmaka, Drogen oder andere Stimulanzien, *verbraucht* sich eben der Energydrink und mit ihm seine energetisierende Wirkung. Dies ist denn auch das Merkmal, an dem der nicht-produktive Postmoderne erkannt werden kann: *Sein nichtproduktiver Gebrauch von Vermögen führt immer zum Verbrauch dieses Vermögens und zu einem Energieverlust.*

Aktive und passive Ich-Orientierte tun sich gleichermaßen mit allem schwer, was ihrer freien und spontanen Selbstbestimmung Grenzen setzt. Der Einblick in die Entfremdungsdynamik des Ich-Orientierten hat zu erkennen gegeben, dass die Ich-Orientierung eine Reaktionsbildung gegen die Wahrnehmung der Abhängigkeit von »gemachtem« Vermögen und des damit einhergehenden defizitären Ich-Erlebens ist. Dieses resultiert aus dem Verlust von menschlichen Eigenkräften und aus der Schwächung von Ich-

Kompetenzen und bewirkt, dass sich der Ich-Orientierte unbewusst passiv, ohnmächtig, schwach, hilflos und isoliert fühlt. Aus dieser Konstellation ergibt sich eine Reihe weiterer Merkmale für die Unterscheidung zwischen einem nicht-produktiven ich-orientierten Charakter und einem produktiven Charakter. Letzterer nämlich kennt die Not nicht, seiner negativen Selbstwahrnehmung nicht bewusst sein und werden zu dürfen und deshalb Vorkehrungen treffen zu müssen, um ja nicht durch Dritte mit ihr konfrontiert zu werden. Manche der folgenden Merkmale wurden bereits oben bei der Darstellung der Ich-Orientierung als einer Fehlkonstruktion angesprochen.

– Abgesehen von Masochisten und Menschen, die an einem negativen Narzissmus leiden, sowie manchen psychisch Traumatisierten oder an Persönlichkeitsstörungen Leidenden neigt kein Mensch dazu, sich passiv, ohnmächtig, schwach, hilflos und isoliert fühlen zu *wollen*. Der *Umgang mit* solchen *negativen Selbstwahrnehmungen* ist deshalb für die meisten Menschen schwierig. Und doch lässt sich gerade in dieser Hinsicht ein produktiv Orientierter von einem nicht-produktiven Ich-Orientierten meist deutlich abgrenzen. Der Ich-Orientierte tut alles, um solche Gefühle unter keinen Umständen wahrnehmen zu müssen. Er kennt sie nicht nur bei sich selbst nicht, sondern ist auch unfähig, sie bei anderen wahrzunehmen und mitzuspüren. »*Mitleid*« mit Schwachen, Ohnmächtigen, Hilflosen als Gefühlswahrnehmung ist ihm fremd. (Darum spielt Mitleid auch keine Rolle mehr, wenn es um solidarisches Handeln bei Ich-Orientierten geht.) Wie sehr der Ich-Orientierte die genannten negativ erlebten Gefühle bei sich und anderen verleugnen muss, wird an den wichtigsten Charakterzügen des aktiven und des passiven Typs deutlich: Er ist der positive Macher und sucht überall nur gute Kontakte.

Der produktive Postmoderne zeichnet sich einerseits dadurch aus, dass er sich und andere *auch* als passiv, ohnmächtig, schwach, hilflos und isoliert erleben kann. Er muss sich nicht immer und überall als der positiv denkende und fühlende Macher beweisen beziehungsweise muss nicht immerzu mit Gott und der Welt auf Du und Du stehen. Andererseits aber kann er mit anderen mitleiden und mitfühlen und mit den Ohnmächtigen auch ohnmächtig sein, das heißt solche Gefühle teilen und mitteilen.

– Nicht nur beim Umgang mit negativen Selbstwahrnehmungen zeigen sich markante Unterschiede zwischen dem produktiven und dem nicht-produktiven Postmodernen, sondern auch beim *Umgang mit konfliktträchtigen und aggressiven Beziehungswahrnehmungen.* Für den Ich-Orientierten ist kennzeichnend, dass er Kritik oder einen Konflikt gar nicht erst aufkommen lassen will. Er zeigt ein deutliches *Vermeidungsverhalten,* weil für ihn Kritik und Konflikte bedrohlich sind. Kritik stellt immer die Kreativität des ich-orientierten Machers in Frage und wird als Bedrohung der guten Kontakte und der kollegialen Atmosphäre erlebt. Kritiker und solche, die Konflikte artikulieren, werden im beruflichen Bereich als Spielverderber, als nicht positiv und nicht kreativ gemieden; im persönlichen Bereich taugen sie nicht zu einer postmodernen Partnerschaft. Beim nicht-produktiven Umgang wird Kritik einfach ignoriert; Konflikte werden verleugnet oder schöngeredet, notfalls durch »kreative« Lösungen unter den Teppich gekehrt. Lassen sie sich auch dadurch nicht aus der Welt schaffen, trennt man sich lieber mit hohen Abfindungen vom Kontrahenten, oder man mobbt ihn weg, oder es wird versucht, ihn irgendeiner »political incorrectness« zu überführen. *Eine Auseinandersetzung aber findet nicht statt.*

Die ich-orientierte Angst vor Kritik und Konflikten und das daraus resultierende Vermeidungsverhalten zeigt *der produktiv Orientierte* nicht. Sicher hat auch er kein Interesse daran, Kritik und Konflikte zu suchen, aber er *muss ihnen nicht aus dem Wege gehen.* Er kann sich ihnen stellen, weil sein »Machen« nicht in »gemachtem« Vermögen, sondern in der Praxis seines menschlichen Vermögens begründet ist und weil sein Verbundensein mit anderen im Verbundensein mit seinen ihm innewohnenden Eigenkräften wurzelt, das durch eine Trennung von anderen nicht zerstört werden kann. *Er kann sich auseinander setzen,* weil er klar zwischen sich und anderen, zwischen seinen Bedürfnissen und Fähigkeiten und denen eines anderen, zwischen seinen Verletzlichkeiten und den Empfindlichkeiten des anderen trennen kann. *Er kann trennen und notfalls auch sich trennen.*

Der tiefere Grund für die Unfähigkeit des nicht-produktiven Postmodernen zu Auseinandersetzungen liegt in seinem *Unvermögen, sich trennen zu können.* Dies klingt widersprüchlich, denn der Ich-Orientierte zeichnet sich doch gerade dadurch aus, dass er sich an nichts gebunden fühlt – an keine Vorgabe, keine Maßgabe, keine Verbindlichkeit und Verpflichtung, die nicht von ihm selbst frei und spontan »verfügt« ist. Der Blick hinter die Kulissen des Ich-Orientierten hat gezeigt, dass der Ich-Orientierte auf Grund der projektiven Identifikation mit dem »gemachten« Vermögen von diesem existenziell abhängig ist und ohne »den Therapeuten« nicht leben kann. Psychoanalytisch gesehen ist der Ich-Orientierte wegen dieser Abhängigkeit auch unfähig, sich zu trennen. Die Trennung vom »gemachten« Vermögen würde ihn völlig isolieren und ohnmächtig machen. Beide Wahrnehmungen aber, diejenige der Abhängigkeit und die der Trennungsunfähigkeit, dürfen nicht bewusst werden. Sie werden stattdessen in abgewehrter Form als *freie* und *spontane* Selbstbestimmtheit, als *ungebundenes* Macher- und *kreatives* Gestalterbedürfnis, als *selbstbestimmtes* Verbundensein und *kompetentes* »Im-Griff-Haben« wahrgenommen.

– Lässt sich bereits beim Umgang mit Kritik und Konflikten klar zwischen einem produktiven und einem nicht-produktiven Postmodernen unterscheiden, so wird der Unterschied überdeutlich, wenn man die Aufmerksamkeit auf die mit Konflikten einhergehenden Gefühle richtet. Der Ich-Orientierte zeigt eine auffällige *Absenz von eigenen Gefühlen der Feindseligkeit und des Rivalisierens*. Es ist zwar nicht so, dass er selbst überhaupt keine aggressiven Gefühle auslebt. Er kann aber nur solche Gefühle zeigen, die ihn nicht direkt in einen Konflikt verwickeln und die nicht die eigene emotionale Betroffenheit ausdrücken. Deshalb kann er sehr wohl rücksichtslos, gewalttätig, überheblich, zynisch, entwertend und arrogant sein, aber er spürt und *zeigt weder Eifersucht noch Neid, noch ist er nachtragend oder gar rachsüchtig*. Dass ihm solche Gefühle nicht völlig fremd sind, er ihnen aber im Erleben entfremdet ist, erkennt man daran, dass er sich von feindseligen, rivalisierenden, eifersüchtigen, neidischen und rachsüchtigen Gefühlen durchaus beleben lassen kann, wenn sie – wie beim unerbittlichen Kampf des Guten gegen das Böse im Kino – ihren Ursprung nicht in ihm selbst haben.

Eine solche *Verleugnung aller eigenen aggressiven Betroffenheit* ist bei einem produktiven Postmodernen unvorstellbar. Damit ist nicht gesagt, dass produktive Menschen feindselige, rivalisierende, eifersüchtige, neidische und rachsüchtige Menschen sind. Vielleicht sind sie nicht ganz frei von diesen Gefühlen. Sie unterscheiden sich aber dadurch von nicht-produktiven Postmodernen, dass sich bei ihnen weder die auffällige Verleugnung dieser Gefühle konflikthafter Nähe beobachten lässt noch das besondere Interesse an ihrer Inszenierung außerhalb des direkten eigenen Erfahrungsbereichs.

– Ein weiterer signifikanter Unterschied zwischen produktiven und nicht-produktiven Postmodernen ist beim *Umgang mit Angst-, Schuld- und Schamgefühlen* zu erkennen, jenen affektbesetzten Vorstellungen, die auf weiten Strecken die Beziehungen zu uns selbst und zu der uns umgebenden Wirklichkeit steuern. Wie nicht erst die Neurobiologie (vgl. G. Hüther 1997), sondern schon Sigmund Freud mit seinem Konzept der Signalangst (vgl. S. Freud 1926d) zeigte, wären wir ohne angstbesetzte Vorstellungen Bedrohungen hilflos ausgesetzt, weil erst durch sie die uns schützenden körperlichen und psychischen Abwehrkräfte mobilisiert werden. Eine ähnliche regulative Funktion haben schambesetzte Vorstellungen zur Sicherung der Selbstachtung (des »Stolzes«) und der unantastbaren Würde (der »Ehre«, des »Respektierens«) von uns selbst und von anderen (vgl. L. Wurmser 1993; M. Hilgers 1996). Von der enormen Bedeutung schuldbesetzter Vorstellungen als psychisches Regulativ wurde bereits im Zusammenhang mit der Funktion des Gewissens (S. 188–190) gehandelt.

Das Problem des nicht-produktiven Postmodernen ist nun nicht, dass er sich dieser affektbesetzten Vorstellungen als innerer psychischer Regulatoren nicht bedienen würde. Doch er darf sich ihrer nicht bewusst sein und geht deshalb kontraphobisch mit ihnen um. Statt sich angsthaft, schuldhaft und schamhaft zu erleben, *fühlt und gibt er sich angstlos, schuldlos und schamlos* und rationalisiert sein Verhalten mit den postmodernen Idealen von Angstfreiheit, Schuldlosigkeit und Gewissensfreiheit sowie Respektlosigkeit und Schamfreiheit (wobei Letztere heute die öffentliche Unterhaltung weitgehend bestimmt). Der nicht-produktive Postmoderne ist an solchen *Reaktionsbildungen auf affektbesetzte Vorstellungen* identifizierbar, die sich – wie alle Reaktionsbildungen – besonders durch ihre Übertreibung als solche zu erkennen geben.

Verunmöglichen bestimmte Umstände (wie etwa ein Gerichtsverfahren oder eine lebensbedrohliche Erkrankung), dass der nicht-produktive Postmoderne kontraphobisch mit den genannten affektbesetzten Vorstellungen umgehen kann, und spürt er sie tatsächlich, dann wird er von *zerstörerischen* Angst-, Schuld- und Schamgefühlen heimgesucht. Sie sind etwa jenen Gefühlswahrnehmungen vergleichbar, die Postmoderne sonst höchstens von ihren Alpträumen her kennen.

Die Fähigkeit, sich *auch* ängstlich, schuldig und »gewissenhaft«, schamvoll und respektvoll zu fühlen und zu zeigen, ist ein Erkennungsmerkmal des produktiven Postmodernen. Damit wird nicht dem unterwürfigen, ängstlichen, von Schuldgefühlen und Schamkomplexen gepeinigten Masochisten oder Gläubigen vergangener Tage das Wort geredet. *Der Produktive zeichnet sich dadurch aus, dass er auch zu diesen affektbesetzten Vorstellungen stehen kann,* und zwar dann, wenn sie von der Situation her gefordert werden und in seinem Innern als psychische Regulative am Werk sind.

– Schließlich ist nochmals auf jene Merkmale des Unterschieds zwischen produktivem und nicht-produktivem postmodernem Charakter zu verweisen, die sich beim nicht-produktiven aus der Ich-Regression und der Schwächung der Ich-Funktionen auf Grund der Inszenierung *illusionärer* Wirklichkeit ergeben. Von ihnen war in Teil III (S. 178–188, bes. S. 186–188) schon ausführlich die Rede. Sie lassen sich in zwei Hauptmerkmalen zusammenfassen:

(1) *Der produktive Postmoderne* ist zu einer *realitätsgerechten Wahrnehmung* von sich (seinen Wünschen, Bedürfnissen, Erwartungen, Impulsen, Versagungen usw.) und seiner Umwelt (und deren Möglichkeiten, Risiken, Erfordernissen, Gefahren, Bedürfnissen usw.) fähig und *vermag deutlich zwischen Realität und Illusion zu unterscheiden.* Der *nicht-produktive* hingegen neigt zu einer *illusionären Wahrnehmung* mit Hilfe eines »gemachten« Vermögens, das Illusionen fördert, so dass er *zunehmend Mühe hat, klar zwischen Wirklichkeit und Illusion zu unterscheiden.*

(2) *Der produktive Postmoderne* ist fähig, die eigene und die nicht-eigene Wirklichkeit in ihrer *Ambiguität* als bedrohlich *und* beheimatend, befriedigend *und* enttäuschend, werdend *und* ster-

bend zu sehen und zu akzeptieren, und entwickelt eine ihr entsprechende *gefühlsmäßige Ambivalenzfähigkeit*; der *nicht-produktive Postmoderne* hingegen zeigt eine deutliche Tendenz, *nur eine Seite* der eigenen beziehungsweise der nicht-eigenen Wirklichkeit wahrzunehmen und *nur* noch die *dieser Seite entsprechenden Gefühle* zu spüren.

In beiden Fällen hat die Destabilisierung der nicht-produktiven Orientierung gravierende persönliche (und oft auch berufliche und die Beziehung betreffende) Folgen. In ihren Alpträumen erleben sich nicht-produktive Ich-Orientierte ihren regressiven Wünschen ausgeliefert. Sie sind dann völlig passiv und ohnmächtig und haben kein eigenes Gestaltungsvermögen mehr. Oder sie können ihre Impulse und Antriebskräfte (oft symbolisiert im Auto) nicht steuern. Manchmal werden sie von bösen Mächten verfolgt oder von paranoiden Ängsten gequält, weil sie das Mögliche vom Wahrscheinlichen nicht mehr unterscheiden können (denn ihre Realitätsprüfung ist geschwächt). Sie leiden im Traum unendlich darunter, dass sie warten müssen, zu kurz kommen oder vergessen werden (weil das »gemachte« Vermögen sie verlassen hat). Sie träumen sich in trostlosen, öden, menschenleeren Welten lebend, wo es keine Lebensfreude, keine Beziehung, nur Versagung gibt. Oder aber – wenn der Traum selbst die Ersatzbefriedigung inszeniert – sie leben in Paradiesen, in denen es keine Angst- und Frustrationstoleranz braucht, weil man alles sofort und reichlich bekommt und weil einem andere Menschen eine stete Lust sind und nie zur Last fallen oder Angst machen (vgl. R. Funk 2003a).

Jede Des-Illusionierung – auch jene, dass man der inneren und äußeren Wirklichkeit nur dann gerecht wird, wenn man sie in ihrer Ambiguität und Begrenztheit wahrnimmt und man deshalb letztlich immer mit ambivalenten Gefühlen zurechtkommen muss – wird als äußerst bedrohlich und schmerzhaft erlebt. Man kommt nämlich nicht umhin, ein Leben, das auf einem »gemachten« Vermögen aufbaut, das Illusionen produziert, selbst als eine Illusion zu begreifen. Je mehr ein illusionäres »gemachtes« Vermögen das menschliche Vermögen im Umgang mit der äußeren und inneren Wirklichkeit ersetzt hat, desto weniger kann man auf sein menschliches Vermögen zurückgreifen, wenn es zur

Des-Illusionierung kommt. Darum bleibt nur ein Weg, der Illusionierung und den Schmerzen der Des-Illusionierung zu begegnen: die eigenen körperlichen, seelischen und geistig-intellektuellen Eigenkräfte zu praktizieren und mit ihnen auf dem Boden einer bedrückenden *und* faszinierenden Realität zu bleiben.

Anhang

Tabellarische Übersicht über Erkennungsmerkmale der postmodernen Persönlichkeit

Die nachfolgenden Tabellen versuchen, die in Teil II (S. 65–89) ausführlich beschriebenen Erkennungsmerkmale der aktiven und passiven Ich-Orientierung des postmodernen Menschen zusammenzufassen und zu vergleichen.

Dabei ist zu beachten, dass manche Erkennungsmerkmale und Persönlichkeitszüge auch auf andere Charakterorientierungen hinweisen. Die Merkmale lassen also nie einen eindeutigen Schluss hinsichtlich des Persönlichkeitstypus beziehungsweise der Charakterorientierung zu. Nur weil jemand gerne seine Gefühle inszeniert, lässt er sich noch lange nicht dem postmodernen Anbietertypus zuordnen. Auch wenn jemand gerne Einkaufsparadiese aufsucht, kann es hierfür viele Gründe geben und lässt sich dieses Merkmal unterschiedlichsten Persönlichkeitstypen und Charakterorientierungen zuschreiben. Die hier vertretene *psychoanalytische* Charaktertheorie erlaubt eine direkte Zuschreibung zu einem Persönlichkeitstypus erst, wenn in einem Persönlichkeits- oder Charakterzug jene Grundorientierung eindeutig erkennbar ist, die dem Persönlichkeitstypus oder der Charakterorientierung ihren Namen gibt, in unserem Fall also die aktive oder passive Ich-Orientierung. Oft wird eine solch eindeutige Zuschreibung erst möglich sein, wenn verschiedene Verhaltensmerkmale und Persönlichkeitszüge bei ein und demselben Menschen die gleiche Charakterorientierung zweifelsfrei erkennen lassen.

Diese Besonderheit eines psychoanalytischen Verständnisses von Charakter beziehungsweise Persönlichkeit ist der Grund dafür, dass am Ende von Teil II (S. 90–100) einige signifikante Charakterzüge der postmodernen Ich-Orientierung noch einmal eigens dargestellt wurden. Auf diese Weise lässt sich verdeutlichen, dass es immer auf die *Orientierung* ankommt, die einem Charakter- oder Persönlichkeitszug eine bestimmte psychische Qualität gibt. Nur so lassen sich Aussagen machen über die Bedeutung eines konkreten Verhaltens oder Charakterzugs und über seine Wirkung.

1. Erkennungsmerkmale hinsichtlich des *Bezogenseins auf die äußere Wirklichkeit* und *auf andere Menschen*

aktiver Anbietertypus	passiver Nutzertypus
Wirklichkeit ist neu zu schaffen und zum Leben zu bringen, ohne Einschränkungen durch Vorgegebenes und Aufgegebenes	*Wirklichkeit soll neu und anders erlebt werden*, ohne Einschränkungen durch eigene Begrenztheiten oder Vorgaben anderer
die *Beziehung zur Wirklichkeit ist selbst zu bestimmen und aktiv zu gestalten*, und zwar so, dass sie zu einem passt; entscheidend ist der *selbstbestimmte* Bezug zur *selbst hergestellten* Wirklichkeit	an angebotenen Wirklichkeiten will man *aktiv teilhaben beziehungsweise in sie eintauchen*; entscheidend ist, an der selbstbestimmten Wirklichkeit Anteil zu haben, *dabei zu sein* und *dazuzugehören*
die *Umwelt* dient nicht als Lebensraum, sondern wird als Baukasten zur Selbsterzeugung des Ichs instrumentalisiert	die *Umwelt* wird primär als Erlebnisraum begriffen; als vorgegebener Lebensraum hat sie ausgedient und wird durch Lebenswelten ersetzt
Unkonventionelles und Illusionäres findet man attraktiv, Konventionelles und	*Unkonventionelles und Illusionäres findet man attraktiv*, Konventionelles und Desillusionierendes wird gemieden
inszenierten Wirklichkeiten wird der Vorzug gegeben vor überbrachten bzw. nicht selbstbestimmten	*von inszenierten Erlebniswelten wird man mehr angezogen* als von natürlichen und überkommenen
Widerständiges und *Problematisches* wird unkonventionell oder durch einen Paradigmenwechsel gemeistert	*Widerständiges* und *Problematisches* wird durch gemeinsame Anstrengung oder durch den Wechsel der Erlebniswelt oder des Lebensstils aus der Welt geschaffen
auf andere Menschen ist man *selbstbestimmt bezogen, ohne emotionale Bindung* (und entsprechende Gefühle) und *ohne Pflichtgefühl* für andere; Ideal eines Lebens als *Single* mit vielen Kontakten	*mit anderen Menschen will man* durch gemeinsame Erlebniswelten *verbunden sein, ohne gebunden zu sein*; Idealisierung von lebensstilorientierten Wohnmodellen und *Wohngemeinschaften*
in Beziehungen gilt es, *autonom und autark zu sein*	man will *zu den Menschen gehören, die zu einem passen*

gegenüber *anderen* ist man bis zur
Gleichgültigkeit *tolerant,* vor allem
gegenüber allen Selbstinszenierern

fair und kooperativ verhält man sich
gegenüber allen, die das Leben auch als
Spiel und Projekt sehen und es aktiv
gestalten, *ignorant* aber gegenüber
denen, die nicht mitspielen

Partnerschaften werden *selbstbestimmt
und projektbezogen ge*pflegt; Beziehungen sind temporär, zum Teil nur für
eine Nacht oder für einen Lebens-
abschnitt

Familie wird als Ensemble von ich-
orientierten Lebenskünstlern
verstanden, in dem jeder für sich selbst
verantwortlich ist und nach seiner
Fasson glücklich werden soll

die *Fähigkeit zu unmittelbarem
Bezogensein* wird mit Hilfe von Drogen
und Stimulanzien herbeigeführt und in
Sexualisierungen erlebt

Beziehungsfähigkeit wird bevorzugt als
Kontaktfreude begriffen, indem man
grenzenlos redet und sich pausenlos
gegenüber anderen in Szene setzt

das aktive *Herstellen von Kontakten* macht
Freude (aktives »networking«) als Ersatz
für emotionale Bindungen

Kommunikation bedeutet vor allem Selbstinszenierung und Offerieren von Erlebnissen ohne emotionale Bindung

Unterhaltung heißt *unterhaltsam sein*

Toleranz und *Interesse* gibt es gegenüber
allen, die einen ähnlichen Geschmack
haben; gegenüber »Nestbeschmutzern«
ist man *gleichgültig* oder destruktiv

Fairness und *Hilfsbereitschaft* werden all
denen entgegengebracht, die an der
gleichen Erlebniswelt Anteil haben;
gegenüber allen, mit denen man nicht
verbunden ist, ist man *ignorant*

Partnerschaften werden als *nutzenorientiertes Verbundensein und Wir-Erleben*
in geteilten Erlebniswelten und
Lebensstilen gesucht

Familie wird als gutes, generationenüber-
greifendes Team verstanden, das zeitlebens Bestand hat (weshalb auch erwachsene Kinder noch bei den Eltern
wohnen)

die *Fähigkeit zu unmittelbarem Bezogensein* wird als *Eintauchen* in eine bele-
bende Beziehung oder Gruppenerfah-
rung verstanden, oftmals mit Hilfe von
Drogen

Beziehungsfähigkeit wird als *Wahrnehmen
von Kontaktangeboten* und als *Kontaktpflege* begriffen

man will (interaktiv) *in Kontakt sein und
Kontakte sichern,* um Anteil zu haben
und dazuzugehören

Kommunikation bedeutet in erster Linie
Verbundensein mit anderen ohne
emotionale Nähe und Ansprüche

Unterhaltung heißt *unterhalten werden
wollen* oder *etwas gemeinsam machen*

Trennungen werden als *Beendigungen von Projekten* (notfalls mit Hilfe von Mediatoren) und als selbstbestimmte eigene Weiterentwicklungen begriffen; man ist weder traurig noch nachtragend	*Trennungen* werden als sinnvolle *Wechsel von offerierten Lebenswelten*, Lifestyles oder Erlebniswelten angesehen, die in Partnern, Institutionen, Vereinen und anderen Gruppierungen repräsentiert sind
Einsamsein wird durch Inszenierung von Kontakten und Beziehungsprojekten *vermieden*	*Isolierung wird vermieden* durch Verbundsysteme und permanente Kontaktpflege
Kritikfähigkeit ist die Fähigkeit, alles Vorgegebene in Frage zu stellen, ohne der »Versuchung« zu erliegen, eine bessere Antwort geben zu wollen	*Kritikfähigkeit* wird mit *Konsum von Parodie, Comedy, Satire und Zynismus* identifiziert
entgegengebrachte Kritik wird *verleugnet* und durch neue Projekte oder Kontaktaufnahmen beseitigt	*entgegengebrachte Kritik* wird *verleugnet,* notfalls entgeht man ihr durch eine neue Gruppenzugehörigkeit oder Erlebniswelt
bei Konflikten und Problemen wird ein *positionsloser* oder *zynischer Umgang* bevorzugt (Mobbing, Abfindungen zahlen)	*Konflikte und Probleme versucht man anderen zu überlassen* und bringt sich selbst in die Position des interessierten Beobachters

2. Erkennungsmerkmale hinsichtlich des *Bezogenseins auf sich selbst* und des *Selbsterlebens*

aktiver Anbietertypus	**passiver Nutzertypus**
das *Selbsterleben ist das Produkt einer Ich-Setzung* (»ich bin ich, weil ich *ich* bin«)	das *Selbsterleben ist das Produkt eines Wir-Erlebens* (»ich bin ich im *Wir*-Erleben«)
Selbsterleben wird durch vorbildlose und unverbindliche *Selbstinszenierung* ermöglicht (»auf dich wartet niemand«)	*Selbsterleben* wird durch *Anteilhaben an inszenierten Erlebniswelten* ermöglicht (»hier bist du du selbst«)
man will sich *als Macher*, der etwas aus sich macht, *aktiv und kreativ erleben*	man will sich *als Konsument* von Erlebnisangeboten *aktiviert erleben*
man will *sich anders erleben* und *anders sein* als die anderen	man will *anders sein* und sich anders erleben *mit* den anderen

man will sich und seine Lebenswelt je neu
aus sich selbst definieren und kreieren

man will sich projektorientiert *selbst
entwickeln* und selbstbestimmt
profilieren

man will *authentisch sein*, und authentisch
ist, wer immer sagt, was er denkt und
fühlt

man ist *extrovertiert* und offenherzig,
»unverschämt« und schamlos offen

man *lässt* ungehemmt und ungebremst
seinen *Gefühlen freien Lauf*

man erzeugt Sentimentalität, indem man
sich emotional und gefühlsstark, sensitiv
und sinnlich präsentiert

man ist *cool* und meint damit, affektiv
engagiert zu sein

man ist *kompetent* durch selbstbestimmte
Ich-Setzung

man fühlt und verwirklicht sich *sexuell frei*
(alles ist erlaubt, auch die Enthaltsamkeit)

man ist *mobil*, um sich besser selbst
verwirklichen zu können

man ist *offen* für Neues, anderes,
Unkonventionelles, um sich neu zu
schaffen

man *stellt alles in Frage*, sich selbst auch,
weil es nichts gibt, was bleibende
Gültigkeit beanspruchen könnte

man ist *selbstironisch* und *zynisch*, um sich
einer Identifikation und Festlegung zu
entziehen

man will sich *durch die Zugehörigkeit zu
wechselnden Lebenswelten* je neu
erleben

man will sich *im Wir erleben* und *im Wir
aufgehen*

man will sich *authentisch erleben* mit Hilfe
von hyperrealen Wirklichkeiten und
authentischen Marken

man *partizipiert voyeuristisch an den*
Schamlosigkeiten anderer

man *lässt sich von der Gefühlsinkontinenz*
anderer beleben und *mitreißen*

man *konsumiert inszenierte Gefühlsangebote* (Sentimentalität) und lebt Gefühle mit

man ist *cool* und meint damit, durch
Erlebniswelten belebt zu werden

man ist *kompetent* durch Vernetzung,
Teilhabe und Dazugehören

man fühlt sich *sexuell frei* und nimmt
entsprechende Erlebnisangebote wahr

man ist *mobil*, um an den Erlebnisangeboten teilnehmen zu können

man ist *offen* für Neues, anderes,
Unkonventionelles, um neu *belebt* zu
werden und im Trend zu sein

man *stellt alles Eigene in Frage*, was die
Zugehörigkeit zum derzeit bevorzugten
Lebensstil gefährden könnte

man *distanziert sich von sich selbst* nur im
Verbund mit der Gruppe, dem Lifestyle,
der Lebenswelt

man ist *spontan* und versteht darunter eine wunschbesetzte Eigenwilligkeit (»weil *ich* jetzt gerade Lust dazu habe«)

man ist *spontan* und versteht darunter meist eine Kontaktversicherung (»weil ich gerade an dich denken musste«)

man ist *intuitiv,* weil man ein »feeling« für die eigenen Wahrnehmungen hat

man will sich *an Stimmungsmachern* und Ideengebern *orientieren*

man ist *risikobereit* und will die eigenen *Grenzen überschreiten*

man will *seine Individualität* durch Massen- und Großevents *überwinden*

man will *widersprüchlich sein,* weil Widersprüchlichkeit ein Kennzeichen selbstbestimmter Ich-Orientierung ist

man will *widersprüchlich sein,* weil dies das Verbindende der eigenen Szene oder des eigenen Lebensstils ist

Erfahrungen des *Begrenzt- und Abhängigseins* werden *vermieden* und durch ein als Autonomie deklariertes Streben nach *Autarkie* ersetzt

Wahrnehmungen von Grenzen und des Unterschieds zwischen Mein und Dein werden verleugnet und manchmal durch *übergriffiges Verhalten* kompensiert

negative Gefühlswahrnehmungen (wie Gefühle von Scham, Langeweile oder Ohnmacht) werden durch *Inszenierung positiver Gefühle* aus der Welt geschafft

negative Gefühlswahrnehmungen (wie Gefühle von Scham, Langeweile oder Ohnmacht) werden durch das *Eintauchen in positive Erlebnisangebote* vermieden

3. Erkennungsmerkmale hinsichtlich *beruflicher Arbeit* sowie des *Freizeit- und Konsumverhaltens*

aktiver Anbietertypus

statt das Leben und Überleben durch *Reproduktion* zu sichern, ist in die *Neuschaffung* von Ressourcen zu investieren

passiver Nutzertypus

Leben und Überleben lässt sich durch Teilhabe an den *Zugängen zu den Ressourcen* sichern (um den »Anschluss« nicht zu verlieren)

der Glaube an die *Machbarkeit des Lebens* und an die *Produktion von Märkten* ist das *Movens* in Wirtschaft, Politik und Gesellschaft

produzierte Welten und *inszenierte Erlebniswirklichkeiten* sind »lebendiger« und belebender und deshalb attraktiver

nicht Eigentum und Besitz, sondern das *Produzieren, Anbieten und Kontrollieren von Zugängen* ist der Garant für wirtschaftliche Produktivität

nicht das Besitzen, sondern das *Zugang- und Anteilhaben und das Nutzen* ermöglichen persönlichen und ökonomischen Erfolg

242

die *Produktion von Erlebnissen und Erlebniswelten* wird zum *wichtigsten* Wirtschaftszweig

Arbeit (und Freizeit) wird als Abfolge von verschiedenen *Selbstverwirklichungsprojekten* verstanden

die *Leistungsbereitschaft* ist stark *intrinsisch motiviert* und resultiert aus einer Lust am »Machen«

den *aktiven Managertypus* zeichnen aus: *Risikobereitschaft* und »Macherqualitäten«, Durchsetzungsstärke und Freude am »Jonglieren« (Gamesman-Typ)

Schwächen des aktiven Managertypus sind: mangelnde Empathie, Verleugnung sozialer Belange und Widerstände, rücksichtsloser (aber nicht autoritärer) Führungsanspruch

das *Berufsleben dominiert;* es schließt ein familiäres Leben weitgehend aus, nicht aber ein genussvolles und schönes Leben (»bella vita«)

Urlaub und *Freizeit* werden als aktiv gestalteter Erlebnisraum verstanden, um in neue, unbekannte Welten vorzustoßen und bisherige Begrenzungen zu transzendieren

Konsumieren wird als Möglichkeit der Selbstinszenierung und als Vollzug der Selbstverwirklichung erlebt

konsumiert wird, was zu mir und meinem Selbstentwurf passt, deshalb »*schön*« ist und genossen werden kann

Einkaufen (»Shoppen«) dient der eigenen »Neuinszenierung« und Neuschöpfung und wird als quasireligiöse Möglichkeit erlebt

der *wichtigste Konsumbereich sind* Erlebnismöglichkeiten

berufliche *Arbeit* wird bevorzugt als *Zugehörigkeit zu einer Betriebsfamilie* definiert (»corporate identity«)

die *Leistungsmotivation* resultiert aus der *Gruppenzugehörigkeit* und der Unternehmensphilosophie

den *passiven Managertypus* zeichnen aus: *Verantwortungsgefühl*, Sensibilität für den Markt und Sorge um das Arbeitsklima und soziale Belange

Schwächen des passiven Managertypus sind: Abhängigkeit von kollegialer Atmosphäre, mangelndes Rivalisieren, geringer Ehrgeiz

das *Berufsleben steht in* einem permanenten *Konflikt* mit dem Privatleben; Attribute des Privatlebens (»ein Zuhause«) will man im Berufsleben wieder finden

Urlaub und *Freizeit* dienen dazu, in angebotene Erlebnisräume einzutauchen, um an neuen Erfahrungen und Lebensstilen Anteil zu bekommen

Konsumieren bedeutet Zugang und Anteil haben an der zu mir passenden Lebenswelt

konsumiert werden die von mir gewünschten und deshalb »*schönen*« *Erlebniswelten und Events*

Einkaufen dient dazu, sich Symbolisierungen des eigenen Lebensstils anzueignen, und hat religiöse Erlebnisqualität bevorzugte *Konsumgüter* sind Kunst, Designerwaren, Luxusgüter, Unikate, artifizielle oder hochtechnische Produkte, nostalgische Konsumgüter und alles, was *Eventqualität* hat

bevorzugte *Konsumgüter* sind Markenartikel und Symbolisierungen jener Lebenswelten und -stile, die *Eventqualität* haben und zu denen man gehören möchte

die Inszenierung *kultureller Ereignisse* ist höherwertig als die Befriedigung von materiellen Bedürfnissen oder Beziehungswünschen

der Konsum von *kulturellen Angeboten* steigert die Lebensqualität, weil die eigene Erlebnisfähigkeit von Erlebnisangeboten abhängt

4. Erkennungsmerkmale hinsichtlich *Bildung und Kultur* sowie hinsichtlich *sozialer und politischer Verantwortung*

aktiver Anbietertypus

Bildung zielt nicht auf die Vermittlung und Aneignung von Wissen, sondern auf das *Erlernen des Lernens* und die *Erschließung von Quellen* des Wissens

Fortbildung wird als lebenslanger Lernprozess verstanden, welcher der Entwicklung und Einübung von je anderen eigenen Kompetenzen dient

Lernen vollzieht sich in erster Linie beim eigenen *Erzeugen und Inszenieren von Wirklichkeit* (»learning by doing«, lernen durch Rollenspiele)

Lernen muss *Erlebnisqualität* haben, die *selbst hergestellt* wird (Waldkindergarten, Erlebnispädagogik)

Lernen geschieht durch *eigenes kreatives Denken, Wahrnehmen und Handeln*, und zwar möglichst ohne Rückgriff auf Vorgedachtes und bereits Bestehendes

Erziehung heißt vor allem, selbst gestaltete Erlebnisse und kreative Produkte *wertzuschätzen*

passiver Nutzertypus

Bildung hat vor allem mit dem fortwährenden *Nutzen von Lernangeboten* und zur Verfügung gestelltem *Know-how* zu tun

Fortbildung wird als lebenslanger Aneignungsprozess von jenem Know-how angesehen, das andere entwickelt haben

gelernt wird in erster Linie durch *Miterleben* und durch *Wiederholung des Miterlebten* (Visualisierungsmöglichkeiten und Medien dominieren)

Lernen muss *Erlebnisqualität* haben, die *angeboten* und zur Verfügung gestellt wird

Lernen geschieht durch *Aneignung und Benützen dessen, was andere gedacht, wahrgenommen und gemacht* haben (im Internet fündig werden ist Lernen)

Erziehung heißt vor allem, *Erlebnisangebote zu machen* und zu unterhalten (um keine Langeweile aufkommen zu lassen)

Informationen, vor allem empirische Daten und statistische Ergebnisse, sind bei der Konstruktion von Wirklichkeit *wichtiger als Theorien*	*Informationen* müssen Unterhaltungswert haben und lassen sich nur als Erlebnisangebote vermitteln (Infotainment)
Wissen und Informationen sind kein Besitz, sondern werden in Form von »Ratgebern« *produziert* und *anderen zugänglich gemacht*	nicht der Besitz von Informationen und Wissen zählt, sondern die *Vernetzung mit* und der *Zugang zu angebotenen Quellen und Ratgebern*
Wissenschaft ist dann attraktiv, wenn sie zu *ungewöhnlichen und spektakulären Neuschöpfungen* fähig ist (wie etwa in der Genforschung oder in der Simulationstechnik)	*Wissenschaft* ist dann attraktiv, wenn sie die sinnlichen Begrenztheiten überwinden kann und *Zugang zu neuen und konstruierten Erlebniswelten* ermöglicht
Denken in Theorien und Ismen ist ideologieverdächtig; es zählt die je neue und absichtslose *Komposition und Organisation von Information und Wissen*	statt in theoretischen Konzepten und Geschichtsbildern zu *denken*, wird auf deren *Inszenierung* und *Unterhaltungswert* gesetzt
Kultur ist nicht »Pflege« von Können und Kunst, sondern *Inszenierung von Wirklichkeiten und Erlebniswelten*; ihr »Wert« misst sich an ihrem Eventcharakter	*Kultur* ist *Rezeption und Teilhabe an inszenierten Welten* und misst sich an deren *Erlebniswert*
Interkulturalität und *kulturelle Offenheit* sind Selbstverständlichkeiten; das kulturell Fremde hat einen stimulierenden Effekt auf die eigene Kreativität	*Interkulturalität* und *kulturelle Offenheit* dienen der Steigerung der eigenen Erlebnisfähigkeit und werden an ihrem *Erlebniswert* gemessen
soziales und *politisches Engagement* resultiert aus dem Wunsch, *etwas bewirken* und soziale und politische Wirklichkeit *neu schaffen zu können*	*soziales* und *politisches Engagement* ist weitgehend von der Lust am Dabeisein bestimmt und hängt vom *Erlebniswert* des Engagements ab
soziales und *politisches Engagement* findet bevorzugt projektorientiert und ohne Bindung statt und muss der Selbstverwirklichung dienen (self-enhancement im Engagement für andere)	*soziales* und *politisches Engagement* findet vor allem in interessengeleiteten Gruppierungen statt und muss zugleich das Bedürfnis nach Geselligkeit und Spaß befriedigen
Sozialität, Solidarität und Verantwortungsgefühl dienen immer auch der Durchsetzung von Selbstinteressen und der eigenen Ich-Setzung und Ich-Erzeugung	*Sozialität, Solidarität und Verantwortungsgefühl* dienen immer auch der Pflege und Aufrechterhaltung des Ich-Erlebens im Verbundensein

Altruismus wird nicht als Tun um eines anderen willen definiert, sondern als ein Tun, bei dem ich etwas für mich tue, wenn ich etwas für andere tue	*Altruismus* wird nicht als Tun um eines anderen willen definiert, sondern als ein »cooles« Engagement, das belebt, weil man sich mit anderen *verbunden erlebt*

5. Erkennungsmerkmale hinsichtlich *Lebensstil und Alltagsästhetik*

aktiver Anbietertypus	**passiver Nutzertypus**
der *Lebensstil* wird nach eigenem Geschmack und eigenen Vorstellungen kreativ *gestaltet und inszeniert; schön* ist, was selbstbestimmt ist und die eigene Art zu leben ausdrückt	für die *eigene Art zu leben* bedient man sich *Logos, Marken, Lifestyle-Symbolen,* um an deren symbolisierten Lebenswelten teilzuhaben; *schön* ist, was die eigene Art zu leben ausdrückt
der eigene Lebensstil muss *das eigene Ich* und die selbstbestimmte Persönlichkeit *unverwechselbar* zum Vorschein bringen	man schmückt sich mit dem, was den eigenen *Lebensstil symbolisiert* und zum Ausdruck bringt
alles *Gestaltbare* (vom Körper bis zur Wohnungseinrichtung) wird aus Lust an einer je neuen Selbstinszenierung *zur Ich-Performance genutzt*	alles *Gestaltbare* wird dem Lebensstil entsprechend, dem man sich gerade zugehörig weiß, *zur Ich-Performance genutzt*
unterschiedlichste Stile passen zueinander, und *alles ist kombinierbar*	*unterschiedlichste Stilelemente können kombiniert* werden, sofern sie das Wir-Gefühl symbolisieren
Kreativität ist die selbstbestimmte *Inszenierung* von etwas Neuem und anderem	*Kreativität* ist angeleitete und meist im Verbund mit anderen vollzogene *Expressivität*
postmoderner Lebensstil ist *event-orientiert* und *entgrenzend* (»Transgression« des Vorgegebenen)	Lifestyleangebote müssen *Erlebnisangebote* sein, in die man *eintauchen* kann (»Immersion«)
das *Leben selbst* wird *als Event,* als Fest und Feier begriffen, weshalb der aktive Ich-Orientierte sich als *Eventanbieter* und *Eventmanager* begreift	das *Leben selbst* wird *als Event,* als Fest und Feier begriffen, so dass man an allem, was nach Event aussieht, Anteil haben möchte und *dabei sein* muss

öffentliche und private *Feste, Feiern, Happenings* werden *mit Lust* und viel Aufwand *inszeniert* bzw. mitgestaltet	bei öffentlichen und privaten *Festen, Feiern, Happenings* muss man dabei gewesen sein
die Lust am *Neuen, Spielerischen, Uneindeutigen und Widersprüchlichen* kennzeichnet die selbst gestaltete Lebensphilosophie und Lebenskunst	die Lust am *Neuen, Spielerischen, Uneindeutigen und Widersprüchlichen* kennzeichnet die Lebensphilosophie und Lebenskunst, an der man Anteil hat
Widersprüchliches wird gesucht und konfliktfrei *ausgelebt,* weil man auf diese Weise seinen eigenen Stil zur Schau stellen kann	*Widersprüchliches wird* nur dann gesucht und konfliktfrei *ausgelebt,* wenn es ein Markenzeichen der gewählten Erlebniswelt ist
das Leben selbst, aber auch der Tagesablauf wird als *Abfolge von selbstbestimmten Projekten* begriffen, die im Widerspruch zueinander stehen können	das Leben und der Alltag werden als *Abfolge von* unterschiedlichen *Zugehörigkeiten* gesehen, die nichts miteinander zu tun haben müssen
die *Trennung von öffentlichem und privatem Bereich* wird einerseits aufgehoben (man ist »schamlos offen«), andererseits will man den totalen Schutz der Privatsphäre	man will an der *Veröffentlichung von Intimitäten Anteil haben* und öffnet seine eigene Privatsphäre innerhalb der vertrauten Lebenswelt

6. Erkennungsmerkmale hinsichtlich *gesellschaftlicher und individueller Wertorientierungen* sowie der *Lebenskunst*

aktiver Anbietertypus	**passiver Nutzertypus**
Werte sind unabhängig von Vorgaben selbst zu bestimmen (»erlaubt ist alles, was geht, und alles, was geht, ist erlaubt«)	*Werte bestimmen sich vom passenden Lebensstil her,* den man teilt (»erlaubt ist, was passt«)
wertvoll ist, was einen *anders* sein lässt als die gesellschaftlich *vorgegebenen Wertorientierungen*	die *anderen Orientierungen der Lebenswelt,* zu der man gehört, bestimmen, was für mich *wertvoll* ist
wertorientierte Weltanschauungen sind ideologieverdächtig und haben der *Vielfalt* der *Wertorientierungen von selbst bestimmten Lebenswelten* zu weichen	*wertorientierte Weltanschauungen* sind durch *erlebnisorientierte Angebote* gesellschaftlichen Zusammenlebens zu ersetzen

ob *positive Werte* (wie Liebe oder positives Denken) oder *negative Werte* (wie Hass oder Misstrauen) *bevorzugt* werden, hängt davon ab, womit man sich besser in Szene bringen kann	ob *positive* oder *negative Erlebniswelten* bevorzugt werden, hängt davon ab, was einen mehr belebt; wertvoll ist, was einem mehr Spaß macht und einen dazugehören lässt
gelebte Wertorientierungen werden grundsätzlich *toleriert*, es sei denn, sie machen einem das Recht auf eigene Wertsetzungen streitig	*gelebte Wertorientierungen* werden unterschiedlich *toleriert*; je nachdem, ob sie zum eigenen »way of life« passen
die »Kohabitation« *widersprüchlicher Werte* ist ein Markenzeichen der Ich-Orientierung und der Kreativität bei der Selbstinszenierung	die »Kohabitation« *widersprüchlicher Werte* wird akzeptiert, wenn sie zur Abgrenzung der eigenen Lebenswelt von anderen dient
herkömmliche Abgrenzungen auf Grund soziologischer Gruppenzugehörigkeiten (Geschlecht, Alter, Stand, Bildung usw.) werden *aufgehoben* und durch unkonventionelle *ersetzt*	*herkömmliche Abgrenzungen der Gruppenzugehörigkeit* werden *aufgehoben* und durch lebensstilbestimmte Gruppenzugehörigkeitsmerkmale *ersetzt*
institutionalisierte *Religion* wird als System des Gebundenseins abgelehnt und höchstens *zur Selbstinszenierung von Lebensschwellen* (Geburt, Ende der Kindheit, Eheschließung, Tod) in Anspruch genommen	*Religion* hat als Angebot *ungebundenen Verbundenseins* eine neue Attraktivität; dies umso mehr dann, wenn religiöse Rituale als *Erlebnisangebote für besondere Lebenssituationen* inszeniert werden
statt überbrachte Formen der religiösen und spirituellen Hingabe zu übernehmen, ist jeder selbst der *Schöpfer* seiner eigenen *Religiosität* und *Spiritualität*	statt überbrachte Formen der Religiosität zu übernehmen, werden (bevorzugt nicht-kirchliche) *religiöse und spirituelle Angebote mit Erlebniswert ausprobiert*
Religion wird als Bedürfnis gesehen, das eigene Selbst *auf eine höhere Wirklichkeit und auf ein spirituelles Selbst hin zu transzendieren* (wobei selbst gewählte Anleihen vor allem bei der östlichen Weisheit und der Mystik möglich sind)	Religion wird als ein freies *Angebot zur spirituellen Selbsterfahrung* wahrgenommen, bei der man mit *jenseitigen*, magischen, mystischen, esoterischen *Dimensionen in Kontakt kommen* kann
Lebenskunst wird als *selbst hergestellte »pleasure«*, als »fun« und »enjoyment« verstanden (»don't worry, be happy!«)	*Lebenskunst* wird als *Eintauchen* in die Comedy- und Spaßwelt verstanden, die »das höchste der Gefühle« ist

der *Lebenssinn* wird gemäß der neuen Lebenskunst als *selbstbestimmtes Genießen* begriffen (»wo ich tun und lassen
kann, was *ich* will« – die »bella vita«)

der *Lebenssinn* besteht im Aufsuchen und
Genießen von Angeboten eines (möglichst gemeinschaftlich erlebten) »schönen Lebens«

7. Erkennungsmerkmale hinsichtlich der *Denk- und Wahrnehmungsmuster* sowie hinsichtlich des *Raum- und Zeiterlebens*

aktiver Anbietertypus

das *Denken* ist weniger kausalargumentativ
und an der Aufdeckung von Wirkungs-
zusammenhängen interessiert als vielmehr *assoziativ*; es springt vom einen
zum anderen und strebt nach neuen
Kompositionen

denkerische Kreativität zeigt sich nicht in
Theoriebildungen, sondern im *unkon-
ventionellen Zusammenfügen* von zuvor
Analysiertem und in eigenwilligen Deutungen

die Wahrnehmung ist bevorzugt *bildlich*
(visuell); was nicht in visualisierter Form
(oder in stereotypisierten oder aufdringlichen akustischen Tonbildern oder in
bildlicher Sprache und in treffenden Begriffsbildungen) präsentiert wird, hat
wenig Chancen, erlebt zu werden (vom
Anbieter wie vom Nutzer)

die *Wahrnehmung* basiert auf schnell
wechselnden *sinnlichen Reizen*, die
nicht mehr verarbeitet und beantwortet,
sondern nur noch erlebt werden können; die Wahrnehmung wird *kaleidos-
kopisch*, denn wie bei einem Kaleidoskop gibt es nur eine zufällige Abfolge
von eindrucksvollen Bildern, ohne dass
eine Logik erkennbar wäre

passiver Nutzertypus

assoziative, collage-ähnliche *Denkbewe-
gungen* werden als plausibler angesehen, haben einen höheren Unterhaltungswert und beflügeln das Lernen
mehr als stringentes Denken in Kausal-
zusammenhängen

denkerische Kreativität zeigt sich dort, wo
man *spielerisch* und *assoziativ* die Möglichkeiten eines Mediums nutzt und zu
neuen Kombinationen gelangt

die *Wahrnehmung* reduziert sich weitgehend auf das Wahrnehmen und Rezipieren *von bildhaften Erlebnisangeboten* (Bilder, Filme, Grafiken, Tonbilder,
Sprachbilder, Begriffsbilder, griffige For-
mulierungen); die Fähigkeit zu eigenen
Vorstellungen geht gleichzeitig stark
zurück

der passive Postmoderne setzt immer mehr
auf die *angeeignete Wahrnehmung*; er
bevorzugt, was ihm *an sinnlichem Erleben angeboten* wird; die Wahrnehmung
reduziert sich dabei oft auf das Erleben
von Reizen; *erleben* heißt nicht, dass
etwas durch einen Reiz im Menschen
zum Leben kommt, sondern ist eine kaleidoskopartige Abfolge von unverarbeiteten Reizen

das *Bewusstsein* ist keinem Subjektsein beziehungsweise individuellen Selbst und Sosein (Identität) entspringend und durch diese strukturiert, sondern *relational zur selbstbestimmten und -gewählten Wirklichkeit*. Man ist sich immer nur der Wirklichkeit bewusst, die man erzeugt bzw. zu der man einen frei gewählten Bezug herstellt und offeriert

das *Bewusstsein* kennt kaum vorgängige Inhalte und Attribute, sondern entsteht (wie bei einer relationalen Datenbank) erst durch die Verknüpfung und Vernetzung mit angebotenen Kontexten und Inhalten und ist deshalb *relational*. Es definiert sich aus den angebotenen Kontexten, auf die man selbstbestimmt zugreift

die *Einstellung zur Tradition ist ambivalent*. Grundsätzlich wird alles Überkommene als Fremdbestimmung erlebt und die Wirklichkeit als fließend; dieser *Traditionslosigkeit* steht ein *nostalgischer Umgang mit Tradition* gegenüber, wenn eine Tradition zur ungewöhnlichen Neuinszenierung von Wirklichkeit tauglich ist

die *Einstellung zur Tradition ist ambivalent*. Man ist *traditionslos* (»was kümmert mich, was gestern war«) und/oder *traditionsgebunden* (»Nostalgie ist alles«), wenn das Überkommene als Event angeboten wird und man in wieder belebte Erinnerungswelten und Traditionen eintauchen kann.

Raum (als Umwelt, Lebensraum, Wohnraum, Körper, Innenleben) ist nichts Gegebenes, sondern etwas, das neu geschaffen, gestaltet und geschmückt wird und *anzubieten* ist; vorgegebene Räume gilt es deshalb neu zu beleben und zum Erlebnisraum zu verwandeln

Räume haben *Erlebnisräume und Lebenswelten* zu sein; darum gilt es, *angebotene Räume zu nutzen* (zu kaufen, zu mieten, sich Zugang zu ihnen zu schaffen, sie nachzubilden, zu imitieren usw.), weil von ihnen Aktivität, Leben, Belebung und Erleben ausgehen

der *Umgang mit Zeit* ist vor allem dadurch gekennzeichnet, dass man *souverän* über die eigene Zeit *verfügen* kann (selbstbestimmtes Zeitmanagement) und möglichst an keine Zeitvorgaben durch andere gebunden sein will

der *Umgang mit Zeit* ist vor allem dadurch gekennzeichnet, dass man *Zeitangebote* selbstbestimmt *wahrnimmt* (imitiertes Zeitmanagement) und man sich Zugang zu *Zeiten des Erlebens* nach eigenen Bedürfnissen *kaufen* oder mieten kann

beim *Umgang mit der Zeit* dominiert das *Gegenwärtig- oder Zeitlossein*: Das Zeiterleben wird entgrenzt durch ein Leben im Augenblick, im Hier und Jetzt, in Zeitreisen, in der Vernichtung der Dauer durch Schnelligkeit, aber auch durch »Relaxing« und »Entschleunigung« oder durch die »Entdeckung der Langsamkeit«

beim *Umgang mit der Zeit* dominiert der Wunsch, *Zeit vergessen zu können*: Weil Zeit auf Grund mangelnder innerer Aktivität fast nur als Dauer erlebt wird, bedeutet Zeit vor allem Langeweile, die es zu vermeiden gilt durch das Aufgehen in Angeboten, die durch ihren Eventcharakter Langeweile vergessen lassen der *Umgang mit der Zukunft* ist *anti-utopisch* und »*verantwortungslos*«: Es zählt nur das Heute (»wir sind die Zukunft«); soziale und gesellschaftspolitische Zukunftsentwürfe oder ökologische Konzepte der Nachhaltigkeit sind obsolet und ideologieverdächtig

der *Umgang mit der Zukunft* ist *utopistisch* oder *zukunftsverleugnend*; utopistisch etwa ist die Flucht in eine fiktive zukünftige Welt (science fiction); zukunftsverleugnend ist die Gleichgültigkeit gegenüber der Enkelgeneration

Literaturnachweise

Bauman, Z., 1999: *Unbehagen in der Postmoderne (Postmodernity and its Discontents)*, Hamburg (HIS Verlags-Gesellschaft).

Beck, U., 1986: *Risikogesellschaft: Auf dem Weg in eine andere Moderne*, Frankfurt am Main 1986; hier zitiert nach der 10. Auflage 1993.

– 1997 (Hg.): *Kinder der Freiheit*, Frankfurt am Main (Suhrkamp).

– 1999: *Schöne neue Arbeitswelt: Vision: Weltbürgergesellschaft*, Frankfurt am Main (Campus).

– 2001: »Das Zeitalter des ›eigenen Lebens‹«, in: AP*u*Z *(Aus Politik und Zeitgeschichte:* Beilage zur Wochenzeitung *Das Parlament*) B29 / 2001, S. 3–6.

– und Bonss, W. (Hg.), 2001: *Die Modernisierung der Moderne*, Frankfurt am Main (Suhrkamp, Taschenbuch Wissenschaft 1508).

– und Sopp, P., 1997: *Individualisierung und Integration. Neue Konfliktlinien und neuer Integrationsmodus?*, Opladen (Leske und Budrich).

Beigbeder, F., 2002: *Neununddreißigneunzig (99 Francs)*, Reinbek bei Hamburg (Rowohlt).

Bensel, J., 2003: Vortrag beim Südwestrundfunk in der Reihe »Die Aula« am 19.10.2003, hier zitiert nach dem im Internet zugänglichen Manuskript, <http://www.swr.de>.

Bilden, H., 1998: »Das Individuum – Ein dynamisches System vielfältiger Teil-Selbste«, in: H. Keupp und R. Höfer (Hg.): *Identitätsarbeit heute: Klassische und aktuelle Perspektiven der Identitätsforschung*, Frankfurt am Main (Suhrkamp).

Bion, W., 1959: »Attacks on Linking«, in: *International Journal of Psycho-Analysis*, Band 40.

Bolz, N., 1999: *Die Konformisten des Andersseins. Ende der Kritik*, München (Wilhelm Fink).

– und Bosshart, D., 1995: KULT-*Marketing. Die neuen Götter des Marktes*, Düsseldorf (Econ).

Boros, I. et al., 2003: *Wir Boros und das Schwarzwaldhaus*, Bergisch-Gladbach (Lübbe).

Busch, H.-J., 2002: »›Internet – bin ich drin?‹ – Zum Strukturwandel von Subjektivität im Cyberspace«, in: *Psychosozial*, Nr. 89 (*Schöne neue Cyberwelt?*), 25. Jahrgang (Heft III) 2002, S. 5–12.

Carpy, D. V., 1989: »Tolerating the Countertransference: A Mutative Process«, in: *International Journal of Psycho-Analysis*, Band 70, S. 287–294.

Davis, S. M. und Meyer, C., 1998: *Blur. The Speed of Change in the Connected Economy*, Oxford (Capstone).

Döring, N., 2003: *Sozialpsychologie des Internet. Die Bedeutung des Internet für Kommunikationsprozesse, Identitäten, soziale Beziehungen und Gruppen*, 2. Auflage, Göttingen (Hogrefe).

Dornes, M., 1993: *Der kompetente Säugling. Die präverbale Entwicklung des Menschen*, Frankfurt am Main (Fischer Taschenbuch).

– 1997: *Die frühe Kindheit. Entwicklungspsychologie der ersten Lebensjahre*, Frankfurt am Main (Fischer Taschenbuch).

– 2002: »Der virtuelle Andere. Aspekte vorsprachlicher Intersubjektivität«, in: *Forum der Psychoanalyse*, Heidelberg (Springer), Band 18, S. 303–333.

Dulz, B., 2000: »Der Formenkreis der Borderline-Störungen: Versuch einer deskriptiven Systematik«, in: O. F. Kernberg et al.: *Handbuch der Borderline-Störungen*, Stuttgart und New York (Schattauer), S. 57–74.

Ermann, M., 2003: »Über mediale Identifizierung«, in: *Forum der Psychoanalyse*, Heidelberg (Springer), Band 19 (Heft 2–3), S. 181–192.

Flade, U., 1994: »Wie kommt man an?«, in: *Südwestpresse*, Ulm, 20.07.1994, S. 26.

Frank-Rieser, E., 2002: »Politische (Gruppen-)Psychoanalyse – Stiefkind zwischen Mythos und Aufklärung«, in: *Texte. Psychoanalyse – Ästhetik – Kulturkritik*, Innsbruck, Band 22 (Heft 4, 2002), S. 40–69.

– 2003: »Fragen an ›Historie‹ und ›Szene‹: Zu gegenwärtigen Tendenzen in der klinischen und nicht-klinischen psychoanalytischen Fallarbeit«, in: *Materialien des Innsbrucker Arbeitskreises für Psychoanalyse*, Innsbruck, Nr. 13, 2003, S. 1–9.

Freud, A., 1936: *Das Ich und die Abwehrmechanismen*, London 1936/1964 (Imago Publ.), München (Kindler) o. J. bzw. Frankfurt am Main (Fischer) 2003.

Freud, S.: *Gesammelte Werke* (G. W.) [hier zitierte Ausgabe], Bände 1–17, London 1940–1952 (Imago Publishing Co.) und Frankfurt 1960 (Fischer). – *Sigmund Freud. Studienausgabe* (Stud.) Bände 1–10 Ergänzungsband (Erg.), Frankfurt 1969–1975 (Fischer).

– 1898b: *Zum psychologischen Mechanismus der Vergesslichkeit*, G. W. Band 1, S. 517–527.

– 1900a: *Die Traumdeutung.* G. W. Band 2 und 3; Stud. Band 2.

– 1901b: *Zur Psychopathologie des Alltagslebens*, G. W. Band 4, S. 5–310.

– 1908b: »Charakter und Analerotik«, G. W. Band 7, S. 201–209; Stud. Band 7, S. 23–30.

– 1915d: *Die Verdrängung*, G. W. Band 10, S. 247–261; Stud. Band 3, S. 103–118.

– 1926d: *Hemmung, Symptom und Angst*, G. W. Band 14, S. 111–205; Stud. Band 6, S. 227–308.

– 1930a: *Das Unbehagen in der Kultur*, G. W. Band 14, S. 419–506; Stud. Band 9, S. 191–270.

– 1933a: *Neue Folge der Vorlesungen zur Einführung in die Psychoanalyse*, G. W. Band 15; Stud. Band 1, S. 447–608.

– 1940a: *Abriss der Psychoanalyse*, G. W. Band 17, S. 63–138; Stud. Erg. S. 407–421.

Fromm, E.: *Erich Fromm Gesamtausgabe* (GA) in zwölf Bänden, hg. von Rainer Funk, Stuttgart und München (Deutsche Verlags-Anstalt und Deutscher Taschenbuch Verlag) 1999. Die Bände I bis IX sind mit der 1980/81 publizierten *Erich Fromm Gesamtausgabe* in zehn Bänden identisch. Die Bände XI und XII der Neuausgabe von 1999 sind auch als gebundene Ergänzungsbände bei der Deutschen Verlags-Anstalt erschienen.

Fromm, E., 1930a: *Die Entwicklung des Christusdogmas. Eine psychoanalytische Studie zur sozialpsychologischen Funktion der Religion*, GA VI, S. 11–68.

– 1931b: *Politik und Psychoanalyse*, GA I, S. 31–36.

– 1936a: *Studien über Autorität und Familie. Sozialpsychologischer Teil*, GA I, S. 139–187.

– 1941a: *Die Furcht vor der Freiheit*, GA I, S. 215–392.

– 1944a: »Individuelle und gesellschaftliche Ursprünge der Neurose«, GA XII, S. 123–129.

– 1947a: *Psychoanalyse und Ethik*, GA II, S. 1–157. Neue Taschenbuchausgabe unter dem Titel: *Den Menschen verstehen. Psychoanalyse und Ethik* beim Deutschen Taschenbuch Verlag 2004.

– 1949a: »Das Wesen der Träume«, GA IX, S. 161–168.

– 1951a: *Märchen, Mythen, Träume. Eine Einführung in das Verständnis einer vergessenen Sprache*, GA IX, S. 169–309.

– 1955a: *Wege aus einer kranken Gesellschaft*, GA IV, S. 1–254.

– 1956a: *Die Kunst des Liebens*, GA IX, S. 437–518.

– 1960a: *Psychoanalyse und Zen-Buddhismus*, GA VI, S. 301–358.

– 1962a: *Jenseits der Illusionen. Die Bedeutung von Marx und Freud*, GA IX, S. 37–155.

– 1964a: *Die Seele des Menschen. Ihre Fähigkeit zum Guten und zum Bösen*, GA II, S. 159–268.

– 1968a: *Die Revolution der Hoffnung. Für eine Humanisierung der Technik*, GA IV, S. 255–377.

– 1968g: »Introduction«, in: E. Fromm und R. Xirau (Hg.), *The Nature of Man. Readings selected, edited and furnished with an introduction by Erich Fromm and Ramón Xirau*, New York (Macmillan) 1968; deutsch: »Einleitung«, GA IX, S. 375–391.

– 1972a: »Der Traum ist die Sprache des universalen Menschen«, GA IX, S. 311–315.

– 1973a: *Anatomie der menschlichen Destruktivität*, GA VII.

– 1976a: *Haben oder Sein. Die seelischen Grundlagen einer neuen Gesellschaft*, GA II, S. 269–414.

– 1977i: Fernseh-Interview mit Micaela Lämmle und Jürgen Lodemann: »Die Kranken sind die Gesündesten«, in: *Die Zeit*, Hamburg, 21.3.1980.

– 1979a: *Sigmund Freuds Psychoanalyse – Größe und Grenzen*, GA VIII, S. 259–362.

– 1989a [1974–75]: *Vom Haben zum Sein. Wege und Irrwege der Selbsterfahrung*, GA XII, S. 393–483.

– 1991d [1974]: »Therapeutische Aspekte der Psychoanalyse«, GA XII, S. 259–367.

– 1991e [1953]: »Die Pathologie der Normalität des heutigen Menschen. Vier Vorlesungen aus dem Jahr 1953«, GA XI, 211–266.

– 1991h [1974]: »Ist der Mensch von Natur aus faul?«, GA XII, S. 161–192.

Fromm, E., 1992e [1937]: »Die Determiniertheit der psychischen Struktur durch die Gesellschaft. Zur Methode und Aufgabe einer Analytischen Sozialpsychologie«, GA XI, S. 129–175.

– 1992g [1959]: »Das Unbewusste und die psychoanalytische Praxis«, GA XII, S. 201–236.

– 1992h [1975]: »Die Bedeutung der Psychoanalyse für die Zukunft«, GA XII, S. 369–390.

Funk, R., 1978: *Mut zum Menschen. Erich Fromms Denken und Werk, seine humanistische Religion und Ethik*, mit einem Nachwort von Erich Fromm, Stuttgart (Deutsche Verlags-Anstalt).

– 1985: »Der Mythos auf der Couch: Transzendenzerfahrung und symbolische Sprache des Unbewussten«, in: A. Halder et al. (Hg.): *Mythos und religiöser Glaube heute*, Donauwörth (Ludwig Auer), S. 79–98.

– 1995: »Der Gesellschafts-Charakter: ›Mit Lust tun, was die Gesellschaft braucht‹«, in: Internationale Erich-Fromm-Gesellschaft (Hg.): *Die Charaktermauer. Zur Psychoanalyse des Gesellschafts-Charakters in Ost- und Westdeutschland. Eine Pilotstudie bei Primarschullehrerinnen und -lehrern*, Göttingen und Zürich (Vandenhoeck und Ruprecht), S. 17–73. Text zugänglich unter www.erich-fromm.de

– 2000: »Psychoanalyse der Gesellschaft. Der Ansatz Erich Fromms und seine Bedeutung für die Gegenwart«, in: R. Funk, H. Johach und G. Meyer (Hg.), *Erich Fromm heute. Zur Aktualität seines Denkens*, München (Deutscher Taschenbuch Verlag), S. 20–45.

– 2000a: »Der wichtigste Gegenstand der Produktivität ist der Mensch selbst«, Vortrag bei der Tagung »Produktivität – ökonomische Leitidee *und* Inbegriff gelingenden Lebens?«, in: *Fromm Forum* (deutsche Ausgabe), Tübingen (Selbstverlag), No. 4a (Sonderheft, 2000), S. 23–33.

– 2002: »Psychoanalysis and Human Values,« in: *International Forum of Psychoanalysis*, Oslo (Scandinavian University Press), Band 11 (Nr. 1, März 2002), S. 18–26.

– 2002a: »Destruktivität als Faszination und Folge ungelebten Lebens – Erich Fromms Verständnis der Nekrophilie«, in: M. Zimmer (Hg.): *Der 11. September und die Folgen. Beiträge zum Diskurs nach den Terroranschlägen und zur Entwicklung einer Kultur des Friedens*, Tübingen (Selbstverlag der Internationalen Erich-Fromm-Gesellschaft) 2002, S. 57–89.

– 2002b: »Die allgegenwärtige Marketing-Orientierung«, in: M. Ferst (Hg.): *Erich Fromm als Vordenker. ›Haben oder Sein‹ im Zeitalter der ökologischen Krise*, Berlin (Edition Zeitsprung) 2002, S. 143–158.

– 2003: »Was heißt ›produktive Orientierung‹ bei Erich Fromm?«, in: *Fromm Forum* (deutsche Ausgabe), Tübingen (Selbstverlag der Internationalen Erich-Fromm-Gesellschaft), Nr. 7 (2003), S. 14–27.

– 2003a: »Die unerträgliche Realität und die Leichtigkeit der Illusion. Psychische Folgen einer inszenierten illusionären Wirklichkeitswahrnehmung«, in: *Analytische Kinder- und*

Jugendlichen-Psychotherapie, Frankfurt (Brandes und Apsel), Heft 117, 34. Jahrgang, Nr. 1, 2003, S. 77–108.

Funk, R., 2004: »Erich Fromms Menschenbild und das postmoderne Verständnis von authentisch leben«, in: *Fromm Forum* (deutsche Ausgabe), Tübingen (Selbstverlag der Internationalen Erich-Fromm-Gesellschaft), Nr. 8 (2004), S. 16–31.

– 2005: »Zu Theorie und Methode einer Analytischen Sozialpsychologie«, in: R. Funk, G. Meyer, R. Frankenberger und J. Ueltzhöffer: *Gesellschaft – Milieu – Charakter. Empirische Studien zum postmodernen Charakter* (in Vorbereitung).

Gergen, K. J., 1991: *The Saturated Self. Dilemmas of Identity in Contemporary Life*, New York; deutsch: *Das übersättigte Selbst. Identitätsprobleme im heutigen Leben*, Heidelberg (Auer) 1996.

Gilmore, Th. und Krantz, J., 2003: »Projektive Identifizierung in der Organisationsberatung«, in: *Freie Assoziation*, Heft 2, S. 53–72.

Gordon, D. D., 2002: Interview, in: *Der Brückenbauer*, Zürich, Nr. 40 (1.10.2002), S. 93.

Hamilton, N. G., 1986: »Positive Projective Identification«, in: *International Journal of Psycho-Analysis*, Band 67, S. 489–496.

Haubl, R., 1997: »Postmoderne Fantasien und verdinglichte Moral«, in: H. A. Hartmann und K. Heydenreich (Hg.): *Ethik und Moral in der Kritik. Eine Zwischenbilanz*, Frankfurt (Moritz Diesterweg), S. 68–75.

Heimann, P., 1950: »On Counter-Transference«, in: *International Journal of Psycho-Analysis*, Band 31, S. 81–84.

– 1960: »Counter-Transference«, in: *British Journal of Medical Psychology*, Band 33, S. 9–15.

– 1966: »Bemerkungen zum Arbeitsbegriff in der Psychoanalyse», in: *Psyche*, Band 20, S. 321–361.

Hilgers, M., 1996: *Scham. Gesichter eines Affekts*, Göttingen und Zürich (Vandenhoeck und Ruprecht).

Hüther, G., 1997: *Biologie der Angst. Wie aus Stress Gefühle werden*, Göttingen (Vandenhoeck und Ruprecht).

– 2002: *Bedienungsanleitung für ein menschliches Gehirn*, Göttingen (Vandenhoeck und Ruprecht).

Kernberg, O. F., 2000: »Borderline-Persönlichkeitsorganisation und Klassifikation der Persönlichkeitsstörungen«, in: ders. et al.: *Handbuch der Borderline-Störungen*, Stuttgart und New York (Schattauer), S 45–56.

– Dulz, B. und Sachsse, U., (Hg.), 2000: *Handbuch der Borderline-Störungen*, Stuttgart und New York (Schattauer).

Keupp, H., 1999: *Identitätskonstruktionen – Das Patchwork der Identitäten in der Spätmoderne*, Reinbek bei Hamburg (Rowohlt).

Keupp, H., 2000: *Eine Gesellschaft der Ichlinge? Zum bürgerschaftlichen Engagement von Heranwachsenden*, München (Sozialpädagogisches Institut im SOS-Kinderdorf e. V.).

– und Höfer, R. (Hg.), 1998: *Identitätsarbeit heute: Klassische und aktuelle Perspektiven der Identitätsforschung*, Frankfurt / Main (Suhrkamp).

Klages, H., 1998: »Engagement und Engagementpotential in Deutschland. Erkenntnisse der empirischen Forschung«, in: *APuZ*, B 38 / 1998, S. 29–38.

Klein, M., 1946: »Notes on Some Schizoid Mechanisms«, in: *International Journal of Psycho-Analysis*, Band 27, S. 99–110; deutsch: »Bemerkungen über einige schizoide Mechanismen«, in: M. Klein: *Das Seelenleben des Kleinkindes*, Reinbek bei Hamburg (Rowohlt) 1972, S. 101–125.

Klein, N., 2001: *No Logo! Der Kampf der Global Players um Marktmacht. Ein Spiel mit vielen Verlierern und wenigen Gewinnern*, Gütersloh (C. Bertelsmann).

Körber-Stiftung (Hg.), 1993: *Wieviel Gemeinsinn braucht die liberale Gesellschaft?* Hamburg (Körber-Stiftung).

Lifton, R. J., 1993: *The Protean Self. Human Resilience in an Age of Fragmentation*, New York (Basic Books).

List, E., 2000: »Floating Identities, Terminal Bodies«, in: *Das Argument. Zeitschrift für Philosophie und Sozialwissenschaften*, Nr. 5/6, 2000, S. 777–784.

Lyotard, J.-F., 1999: *Das postmoderne Wissen. Ein Bericht*, hg. von Peter Engelmann, 4., unveränderte Neuauflage, Wien (Passagen).

Meyer, G.: persönliche Mitteilung.

– 2002: *Freiheit wovon, Freiheit wozu? Politische Psychologie und Alternativen humanistischer Politik bei Erich Fromm. Darstellung – Interpretation – Kritik*, Opladen (Leske und Budrich).

Ogden, T. H., 1982: *Projective Identification and Psychotherapeutic Technique*, New York (Jason Aronson Publishing); vgl. den ins Deutsche übersetzten Beitrag: »Die projektive Identifikation«, in: *Forum der Psychoanalyse*, Berlin etc. (Springer), Band 4, 1988, S. 1 ff.

Opaschowski, H. W., 2000: *Kathedralen des 21. Jahrhunderts. Erlebniswelten im Zeitalter der Freizeitkultur*, Hamburg (B. A.T. Freizeit-Forschungsinstitut).

Packard, V., 1958: *Die geheimen Verführer. Der Griff nach dem Unbewussten in jedermann (The Hidden Persuaders)*, Düsseldorf (Econ).

Peppers, P. und Rogers, M., 1993: *The One to One Future. Building Relationships One Customer at a Time*, New York (Currency Doubleday).

Richter, H. E., 2002: *Das Ende der Egomanie. Die Krise des westlichen Bewusstseins*, Köln (Kiepenheuer und Witsch) 2002.

Rifkin, J., 2000: *Access. Das Verschwinden des Eigentums*, Frankfurt und New York (Campus).

Schmid, W., 1998: *Philosophie der Lebenskunst. Eine Grundlegung*, 5. Auflage, Frankfurt (Suhrkamp Taschenbuch).

Schulze, G., 1992: *Die Erlebnisgesellschaft. Kultursoziologie der Gegenwart*, Frankfurt (Campus).

– 2003: *Die Beste aller Welten. Wohin bewegt sich die Gesellschaft im 21. Jahrhundert?*, München und Wien (Hanser).

Sennet, R., 1998: *Der flexible Mensch. Die Kultur des neuen Kapitalismus (The Corrosion of Character)*, Berlin (Berlin-Verlag 1998; Siedler 2000).

Spiegler, J., 2003: »Die Wahl der reinen Vernunft. Fahrbericht VW Touran«, in: *Südwestpresse*, Ulm, 31. 12. 2003.

Thomä, H. und Kächele, H., 1988: *Lehrbuch der psychoanalytischen Therapie*, Band 2: Praxis, Berlin (Springer).

Toffler, A., 1970: *Future Shock*, New York (Random House).

Turkle, S., 1995: *Life on the Screen. Identity in the Age of the Internet*, New York; deutsch: *Leben im Netz. Identität in Zeiten des Internet*, Reinbek bei Hamburg (Rowohlt) 1998.

Ueltzhoeffer, J.: persönliche Mitteilung.

– 1999: »Europa auf dem Weg in die Postmoderne. Transnationale soziale Milieus und gesellschaftliche Spannungslinien in der Europäischen Union«, in: W. Merkel und A. Busch (Hg.): *Demokratie in Ost und West*, Festschrift Klaus Beyme, Frankfurt (Suhrkamp), S. 624–652.

– 2000: *Lebenswelt und Bürgerschaftliches Engagement. Soziale Milieus in der Bürgergesellschaft*, Stuttgart (Sozialministerium Baden-Württemberg).

– Flaig, B. B. und Meyer, Th., 1997: *Alltagsästhetik und politische Kultur. Zur ästhetischen Dimension politischer Bildung und politischer Kommunikation*, 3. Auflage, Bonn (Dietz).

Walser, R., 1990: »Elements of a Cyberspace Playhouse«, in: *Proceedings of National Computer Graphics Association*, No. 90.

Welsch, W., 1997: *Unsere postmoderne Moderne*, 5. Auflage, Berlin (Akademie-Verlag).

Willi, J., 1975: *Die Zweierbeziehung*, Reinbek bei Hamburg (Rowohlt).

– 1978: *Therapie der Zweierbeziehung*, Reinbek bei Hamburg (Rowohlt), hier zit. nach der Ausgabe des Buchclubs Ex Libris, Zürich 1980.

Wurmser, L., 1993: *Die Maske der Scham. Die Psychoanalyse von Schamaffekten und Schamkonflikten*, 2., erw. Auflage, Berlin (Springer).